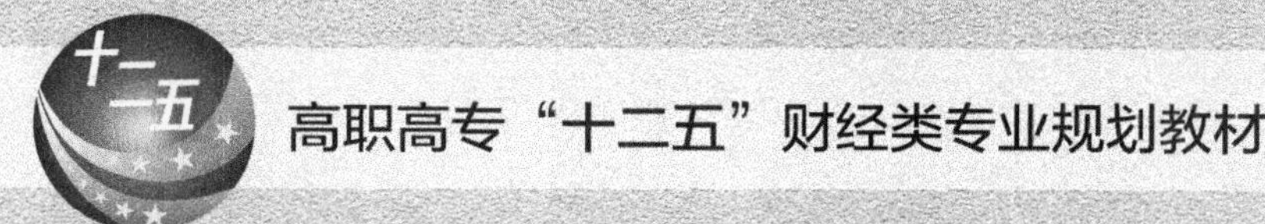

市场营销理论与技能

SHICHANG YINGXIAO LILUN YU JINENG

李素萍　主编

河南科学技术出版社
·郑州·

内 容 提 要

本教材针对高职院校培养目标,以就业为导向,紧紧围绕学生市场营销职业能力的形成这一主线,坚持实用、够用、管用的原则,科学合理地构架教材内容,力图体现职业型人才培养的要求。

全书由市场营销基础知识、市场营销环境、市场营销调研与需求预测、购买者行为分析、市场细分和目标市场营销策略、产品策略、价格策略、分销渠道策略、促销策略、市场营销计划、组织与控制等内容组成。

本教材可以作为高职院校、成人高校、民办院校市场营销等相关专业的教学用书,亦可作为社会从业人员的业务参考书及培训用书。

图书在版编目(CIP)数据

市场营销理论与技能/李素萍主编.—郑州:河南科学技术出版社,2012.8
(2015.3 重印)
(高职高专"十二五"财经类专业规划教材)
ISBN 978-7-5349-5732-1

Ⅰ.市… Ⅱ.①李… Ⅲ.①市场营销学-高等职业教育-教材 Ⅳ.①F713.50

中国版本图书馆 CIP 数据核字(2012)第 185001 号

出版发行:河南科学技术出版社
地址:郑州市经五路 66 号　邮编:450002
电话:(0371)65788001　65788622
网址:www.hnstp.cn
策划编辑:马国宝
责任编辑:马国宝　翟　楠
责任校对:柯　姣
封面设计:张　伟
版式设计:栾亚平
责任印制:张艳芳
印　　刷:河南新华印刷集团有限公司
经　　销:全国新华书店
幅面尺寸:185 mm×260 mm　印张:16.5　字数:380 千字
版　　次:2012 年 8 月第 1 版　2015 年 3 月第 2 次印刷
定　　价:33.00 元

《高职高专“十二五”财经类专业规划教材》编审委员会

《市场营销理论与技能》编写人员名单

主　编　李素萍

副主编　张素勤　刘　琛　王晓娜　谢　甜　刘院丽

编　委　（以姓氏笔画排序）

王玉茹　王晓娜　仝　冰　刘　琛　刘院丽

李素萍　张素勤　项晓娟　谢　甜

前　言

在市场经济环境下，市场营销作为建立在经济学、行为科学和现代管理理论基础之上的一门应用科学，是企业竞争成功的法宝，涉及社会生活的各个方面。而营销活动的开展离不开既懂知识又有技能的高素质技能型营销人才。作为为社会培养高素质技能型人才基地的高职院校更应充分结合市场实际，根据企业对营销人才知识、素质、能力的要求，不断创新课程内容及形式，合理规划课程结构，充分体现高职院校教育特色，推动人才培养模式和教学模式的深刻变革。

本教材的编写是依据国家对课程体系和教学内容改革的相关规定，结合编者多年的教学实践经验与校企合作的经历，以就业为导向，紧紧围绕学生市场营销职业能力的形成这一主线，坚持实用、够用、管用的原则，科学合理地构架教材内容，力图体现职业型人才培养的要求。本教材可作为高职院校、成人高校、民办高校市场营销等相关专业的教学用书，亦可作为社会从业人员的业务参考书及培训用书。与其他教材相比，本教材主要有以下几个特点：

1．定位准确，内容实用

本教材立足高职院校培养高素质技能型人才目标，在注重市场营销基本理论和实用知识的基础上，突出实践性和操作性，力争实现教与学、学与练、课上与课下、校内与校外的有效结合，充分体现高职教材特色。

2．理论完整，技能突出

本教材打破了以往只重理论、不重技能的做法，将每章内容分为本理论和技能训练两个模块。其中，基本理论模块通俗易懂、系统全面，注重学生对市场营销基础知识的掌握；技能训练模块按照学生的认知特点从低到高分为三个层次，即基本练习、理论运用和能力拓展实训，使学生有一种实境的感受和体验，注重学生市场营销职业能力的培养。

3．案例丰富，目标明确

本教材设计了不同类型的案例，且目标明确。每章的案例导入，可以引发学生思考，让学生带着问题去学习，从而使学生在掌握基本知识的同时，分析问题的能力也得到提升；同步案例的设计，使理论与实践相结合，弥补了理论教学枯燥无味的缺陷，激发学生学习的兴趣；课后案例设计，作为理论运用的平台，进一步巩固学生已学知识，以增强学生解决问题的能力。

4. 面向实践，职教性强

本教材由具有多年校企合作经验的一线教师组织编写，每个知识点都是针对市场营销专业学生应具备的实战能力组织的，符合高职教育的特点。同时，在编写过程中，根据高职院校推广职业资格证书工作的要求，参考了相关的职业资格标准，较好地满足了学生考证的需求。

全书共10章，由李素萍担任主编，负责统稿和定稿，张素勤、刘琛、王晓娜、谢甜、刘院丽担任副主编。具体编写分工为：李素萍（郑州航院信息统计职业学院）负责编写第1章和第2章、仝冰（河南工业贸易职业学院）负责编写第3章、谢甜（河南工业贸易职业学院）负责编写第4章、项晓娟（河南经贸职业学院）负责编写第5章、张素勤（河南工业贸易职业学院）负责编写第6章、王晓娜（河南经贸职业学院）负责编写第7章、王玉茹（郑州华信学院）负责编写第8章、刘院丽（郑州华信学院）负责编写第9章、刘琛（郑州航院信息统计职业学院）负责编写第10章。

在编写过程中，我们参考了一些专家、学者和业内同行的观点，在此表示感谢。同时，市场营销活动千变万化，由于编者学识有限，难免会存在不足之处，恳求读者批评指正。

编　者

2012年5月

目 录

第1章 市场营销基础知识 /1

1.1 基本理论 ······ 2
1.1.1 市场营销概述 ······ 2
1.1.2 市场营销观念 ······ 7
1.1.3 营销人员的素质 ······ 11
1.2 技能训练 13 ······
1.2.1 基本练习 ······ 13
1.2.2 理论运用 ······ 14
1.2.3 能力拓展实训 ······ 15

第2章 市场营销环境 /19

2.1 基本理论 ······ 20
2.1.1 市场营销环境的含义及特点 ······ 20
2.1.2 企业微观营销环境 ······ 21
2.1.3 企业宏观营销环境 ······ 24
2.1.4 市场营销环境分析 ······ 33
2.2 技能训练 ······ 39
2.2.1 基本练习 ······ 39
2.2.2 理论运用 ······ 41
2.2.3 能力拓展实训 ······ 43

第3章 市场营销调研与需求预测 /45

3.1 基本理论 …… 46

3.1.1 市场营销信息系统 …… 46

3.1.2 市场营销调研过程与方法 …… 49

3.1.3 市场需求预测方法 …… 61

3.2 技能训练 …… 68

3.2.1 基本练习 …… 68

3.2.2 理论运用 …… 70

3.2.3 能力拓展实训 …… 71

第4章 购买者行为分析 /73

4.1 基本理论 …… 74

4.1.1 消费者购买行为分析 …… 74

4.1.2 组织购买行为分析 …… 85

4.2 技能训练 …… 93

4.2.1 基本练习 …… 93

4.2.2 理论运用 …… 94

4.2.3 能力拓展实训 …… 95

第5章 市场细分和目标市场营销策略 /97

5.1 基本理论 …… 98

5.1.1 市场细分 …… 98

5.1.2 目标市场的选择 …… 104

5.1.3 市场定位策略 …… 109

5.1.4 市场营销组合策略 …… 115

5.2 技能训练 …… 119

5.2.1 基本练习 …… 119

5.2.2 理论运用 …… 121

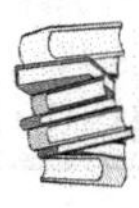

5.2.3　能力拓展实训 …… 122

第6章　产品策略　/125

6.1　基本理论 …… 127

6.1.1　产品与产品组合 …… 127

6.1.2　产品市场生命周期 …… 133

6.1.3　新产品开发策略 …… 136

6.1.4　品牌及包装策略 …… 140

6.2　技能训练 …… 149

6.2.1　基本练习 …… 149

6.2.2　理论运用 …… 150

6.2.3　能力拓展实训 …… 153

第7章　价格策略　/155

7.1　基本理论 …… 156

7.1.1　影响定价的因素 …… 156

7.1.2　定价的一般方法 …… 160

7.1.3　企业定价策略 …… 164

7.2　技能训练 …… 171

7.2.1　基本练习 …… 171

7.2.2　理论运用 …… 173

7.2.3　能力拓展实训 …… 175

第8章　分销渠道策略　/178

8.1　基本理论 …… 180

8.1.1　分销渠道的职能和类型 …… 180

8.1.2　分销渠道策略 …… 185

8.1.3　分销渠道设计与管理 …… 188

8.1.4　中间商 …… 192

8.2 技能训练 …… 194
8.2.1 基本练习 …… 194
8.2.2 理论运用 …… 196
8.2.3 能力拓展实训 …… 200

第9章 促销策略 /202

9.1 基本理论 …… 203
9.1.1 促销与促销组合 …… 203
9.1.2 人员推销策略 …… 207
9.1.3 广告策略 …… 213
9.1.4 销售促进策略 …… 218
9.1.5 公共关系策略 …… 222
9.2 技能训练 …… 225
9.2.1 基本练习 …… 225
9.2.2 理论运用 …… 226
9.2.3 能力拓展实训 …… 227

第10章 市场营销计划、组织与控制 /229

10.1 基本理论 …… 230
10.1.1 市场营销计划 …… 230
10.1.2 市场营销组织结构 …… 237
10.1.3 市场营销控制体系 …… 243
10.2 技能训练 …… 250
10.2.1 基本练习 …… 250
10.2.2 理论运用 …… 251
10.2.3 能力拓展实训 …… 252

参考文献 …… 254

第1章　市场营销基础知识

内容框架

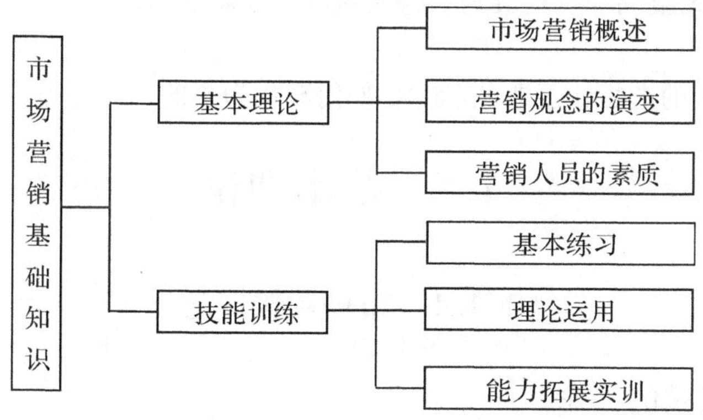

知识目标

1. 理解市场营销的基本含义及相关概念。
2. 掌握市场营销活动管理过程。
3. 认识市场营销理念的演变过程。
4. 了解现代市场营销活动的核心——顾客满意。
5. 熟悉市场营销人员应具备的素质。

能力目标

能运用市场营销的基本理论指导市场营销实践。

案例导入

劳斯莱斯重塑形象

创立于1904年的英国劳斯莱斯汽车公司以生产豪华型轿车而著名。虽有过骄人的成绩，但在1981～1983年，它的汽车销量大跌35%，年产量随之下降到2 400辆左右，曾一度面临严重的财务危机。到1986年，新上任的营销负责人彼得·华德使公司出现了转机。他从改造班特莱轿车着手，塑造了一个更年轻、更有生命力的"劳斯莱斯"的新形象。华德在标准型劳斯莱斯轿车上加上金属边线，使它显得更贴近地面，更有安稳感。同时，增加了涡轮推进引擎，使重达5 500磅的班特莱轿车具有在7秒内启动加速到60英里/小时的能力。此举使班特莱轿车变成意大利跑车与英国豪华轿车的混合体，一改它是“劳斯莱斯”影子的形象。20世纪80年代末到90年代初，班特莱轿车的销售量已占公司总销量的40%，每辆售价也高达16.7万美元。

在改造班特莱轿车的同时，该公司在英、美等国通过广告等手段，为劳斯莱斯扭转了“车主是附庸风雅的有钱人”的形象。在英国，他们的广告强调“买辆劳斯莱斯犒赏自己多年来的辛苦工作”。在美国，他们则套用亨利·詹姆士的名言，大声宣称“尽情享受，这是一个不能不犯的错误”。这一系列的广告不仅化解了人们的抵触情绪，而且吸引了新顾客，还加强了已有顾客的忠诚度。

这个“一石三鸟”之计，取得了良好的效果。1989年，劳斯莱斯公司汽车的销售量攀上了10年来的最高峰，这股增长势头迄今仍未减弱。

问题：

劳斯莱斯公司的产品在遭遇危机时是如何转危为安的？

1.1　基本理论

1.1.1　市场营销概述

一、市场营销的概念

目前，营销已成为人们生活中常用的词语。营销无处不在，你可以从附近商店货架上的丰富商品看到营销；也可以在电视、杂志、邮件和网页等媒介上的广告看到营销；在家里、在学校、在单位，甚至在娱乐场所，你都会随时随地看到营销。良好的营销对企业的成功至关重要，如沃尔玛公司“永远低价”的承诺使其成为世界上最大的零售商；海尔集团“真诚到永远”的经营理念使其创造了奇迹。然而，对市场营销的理解，当前却存在很大的误区，其中误区最大的便是把营销等同于推销，认为市场营销就是把货物推销出去，尤其中小企业持这种观点的不在少数。一提市场营销，就将其与销售、推销、广告等混为一谈；他们发出的招聘营销人员的广告，就是招聘推销人员；他们实施的营销方案，其实就是推销方案。实际上，市场营销作为一门学科，发展到今天，已有近百年的历史，企业的营销活动已经涵盖企业的全部业务活动，而推销或销售仅仅是企业整个市场营销活动的一部分。美国的市场营销专家菲利普·科特勒曾说：“销售是企业市场营销职能之一，但不是其最重要的职能。”彼得·德鲁克甚至说：“可以设想，某些推销工作总是需要的。然而，营销的目的就是要使推销成为多余。营销的目的在于深刻地了解和认识顾客，从而使产品或服务完全适合顾客的需要而形成产品的自我销售。”那么，什么是市场营销？市场营销是指在变化的市场环境中，企业通过一定的市场交易程序，提供和引导商品或劳务到达顾客手中，满足顾客需求与社会需求，从而获取利润的企业综合的、全面的经营活动。营销包括以下四种含义：

第一，营销是满足社会需要的一种经营哲学，一切以顾客为中心，以满足需求为行为准则。

第二，营销是解决经营问题的一种心智过程，在复杂多变的环境中通过事前信息分析、形势判断，精密策划，制定有效竞争方案，以保证营销成功。

第三，营销是一种包括计划、组织、控制等职能在内的管理过程，营销管理是企业管理的核心职能。

第四，营销是一种保证产品顺利销售的系统方法，借助一系列的手段和策略来实施。

二、市场营销的相关概念

1．需要、欲望和需求

营销的基石是人类的需要。所谓需要是指人们感到缺乏的一种状态，包括对食物、衣服、保暖和安全的基本物质需要；对归属感和情感的社会需要；对知识和自我实现的个人需要，等等。这些需要不是营销人员创造的，而是人类固有的。欲望，是指想得到上述需要的具体满足品的愿望，是个人受不同文化及社会环境影响而表现出来的对基本需要的特定追求。市场营销人员无法创造需要，但可以影响欲望，开发及销售特定的产品和服务来满足欲望。需求，是指人们有能力购买并愿意购买某个产品的欲望。市场营销人员总是通过各种营销手段来影响需求，并根据对需求的预测结果决定是否进入某一产品或服务市场。

2．营销供给物

消费者的欲望和需求通过营销供给物得到满足。营销供给物是指提供给某个市场来满足某种需要和欲望的产品、服务、信息和体验的组合。营销供给物不局限于实体产品，还包括那些用来出售的不可触摸、也不会涉及所有权的服务、活动和利益，例如银行、饭店、咨询、家庭装修服务等。许多企业就是过多地注重实物产品，而忽视了产品所提供的利益，造成所谓的“营销近视症”。这些企业正是被直接的欲望所驱动，忽视了对用户需要的深入分析，忘记了产品仅仅是消费者解决问题的工具。冰箱制造商可能认为用户想要的是冰箱，但事实上，用户真正想要的是保鲜。所以，当某种能够更好、更便宜地满足用户需要和欲望的新产品出现时，他们就会遇到麻烦，因为具有这种需要和欲望的用户将转向新产品。因此，聪明的企业不止看到了他们所销售的产品或服务的属性，更是精心安排一些服务和产品，为消费者创造一种品牌体验。例如，迪士尼世界就是一种体验。

3．交换、交易和关系营销

当人们开始通过交换来满足欲望和需求的时候，就出现了营销。所谓交换是指从他人那里取得想要的物品，同时以某种物品作为回报的行为。交换的产生必须具备五个条件：

（1）至少有两个以上的买卖者。

（2）交换双方都拥有另一方想要的产品或服务。

（3）交换双方都有与对方沟通及向另一方提供货物或服务的能力。

（4）交换双方都拥有自由选择的权利。

（5）交换双方都觉得值得与对方交易。

交换是一种过程，在这个过程中，如果双方达成一项协议，我们称之为发生了交易。交易通常有两种方式：

（1）货币交易，如用钱买车、食物等；

（2）非货币交易，如以物易物、补偿性交易等。

关系营销是市场营销者与顾客、分销商、经销商、供应商等建立、保持并加强合作关系，通过互利交换及共同履行诺言，使各方实现各自目的的营销方式。与顾客建立长期合作关系是关系营销的核心内容。因此，营销人员必须保证传递优质的顾客价值从而建立牢固的顾客关系。

4．市场

美国的市场营销学家菲利普·科特勒将市场定义为："市场是由所有潜在客户组成的。这些客户具有一个共同的特殊需求和欲望，并愿意和有能力进行交换以满足这种需要和欲望。"在这里，市场已不简单地是一个商品交换的地点，而是一群有需求、有一定购买力、并且乐意交易的人。用公式表示就是：市场＝人口＋购买力＋购买欲望。

市场这三个要素是相互制约、缺一不可的，只有三者结合起来才能构成现实的市场，才能决定市场的规模和容量。

尽管人们通常认为营销活动是由卖方进行的，但实际上买方也进行营销活动。当消费者按其支付能力寻找所需产品时，就是在营销。图1－1表示现代营销系统的主要参与者。在通常情况下，营销还涉及为市场和最终用户提供服务的竞争者。企业和竞争者都把产品信息直接或通过营销媒介间接地传给最终用户。在这个系统中，所有成员又都受到环境因素的影响。系统中的每一个参与者都为下一个参与者创造价值。因此，一个企业成功与否不仅取决于自己的工作，还在于整个价值链满足最终用户需要的程度。

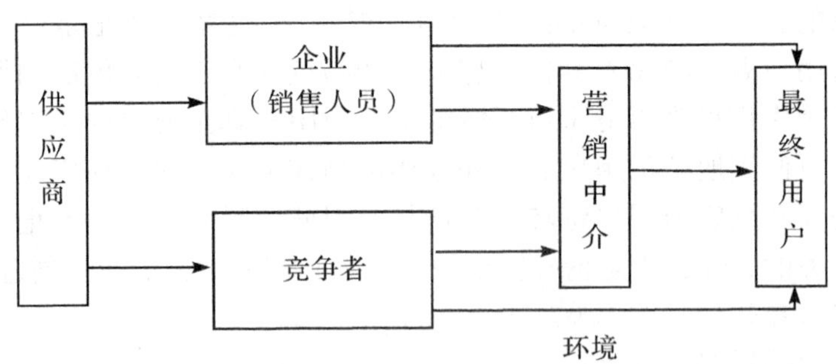

图1－1　现代营销系统的主要参与者

三、市场营销管理

1. 市场营销管理的任务

市场营销管理是指为创造、建立和保持企业与目标市场之间的有效交换和互利关系，而对营销方案进行分析、规划、执行和控制。其任务就是刺激、创造、适应及影响消费者的需求。

企业在开展市场营销活动过程中，通常会预计一个要实现的需求水平，但是，现实中需求会受多种因素的影响，现实的需求水平也会经常与企业预期水平发生偏差，即实际需求可能低于、等于或高于企业预期需求水平。市场营销管理就是要对付这些不同的需求状况。

根据市场需求水平、时间和性质的不同，可归纳出以下八种不同的需求状况，见表1－1。

表1－1　市场营销管理任务及营销方式

需求状况	市场营销管理任务	营销方式
负需求	解释需求	改变市场营销
无需求	产生需求	激发市场营销
潜在需求	发现需求	开发市场营销
下降需求	提升需求	重振市场营销
不规则需求	配合需求	协调市场营销
充分需求	保持需求	维持市场营销
过度需求	减少需求	限制市场营销
有害需求	削减需求	反市场营销

2. 市场营销管理过程

市场营销管理过程，是指企业为实现其任务和目标而发现、分析、选择和利用市场机会的管理过程。具体地讲，市场营销管理过程包括：树立现代营销观念、分析市场机会、选择目标市场、设计营销组合、管理市场营销活动，见图1－2。

图1－2　市场营销管理过程

（1）树立现代营销观念。思路决定出路。企业的营销观念不同，所实施的营销策略也就不同。企业开展营销活动都是在一定的营销观念指导下进行的，因此，企业要有效地开展营销活动，首先要树立正确的营销观念。

（2）识别市场机会。寻找、发现与分析、选择市场机会，是企业制定各项营销战略与策略的依据和基础，是企业市场营销管理过程的首要工作。市场营销人员可以采取以下方法来寻找、发现市场机会：

1）收集市场信息。市场营销人员可以通过上网浏览、阅读报纸、参加展览会、研究竞争者产品、调查消费者的需求偏好等途径来寻找、发现或识别未满足的需求和市场机会。

2）分析产品市场矩阵。市场营销人员可以利用产品市场矩阵，根据不同象限的情况，通过市场渗透、市场开发、产品开发、多元化策略的实施来寻找、发现市场机会。

3）进行市场细分。市场包括多种类型的顾客、产品和需要，因此营销人员可根据人口、地理、心理和行为等因素把市场分为具有不同需要、行为或特征的子市场，从中寻找和发现市场机会。

企业营销管理人员不仅要善于发现市场机会，而且要善于对所发现的市场机会加以评价。一个市场机会能否成为企业的营销机会，要看它是否适合企业的目标和资源，现实市场规模和长远成长性如何，以及行业的竞争态势。只有那些既能发挥企业优势，又符合企业发展目标的市场机会才能转化为企业的盈利机会。

（3）选择目标市场。现代企业面对的是一个十分复杂的市场，存在着各种不同的消费者需求和爱好，任何一个企业，不论实力大小，都不可能满足所有顾客的全部需要。面对千差万别的市场需求和激烈的市场竞争，企业要想更好地生存和发展，就必须在市场细分的基础上，进行大量的市场营销调研和预测工作，选择适合自身情况的目标市场，并准确地进行市场定位。只有这样，才能充分发挥企业的优势，使企业在竞争中立于不败之地。

（4）设计营销组合。市场营销策略，就是企业根据可能的机会，选择一个目标市场，并试图为目标市场提供一个具有吸引力的市场营销组合。市场营销组合是现代市场营销理论中的一个重要概念，包含的可控制变量很多，美国营销学教授杰罗姆·麦肯锡于1960年在其《营销基础》一书中将其概括为四个基本变量，即产品（production）、价格（price）、渠道（place）和促销（promotion）。由于这四个名词的英文字母头都是P，所以又称为4P组合。1967年，菲利普·科特勒在其畅销书《营销管理：分析、规划与控制》第1版中进一步确认了以4P为核心的营销组合方法。

1）产品。注重开发的功能，要求产品有独特的卖点，把产品的功效诉求放在第一位。

2）价格。根据不同的市场定位，制定不同的价格策略，产品定价的依据是企业的品牌策略，注重品牌的含金量。

3）渠道。企业并不直接面对消费者，而是注重经销商的培育和销售网络的建立，企业与消费者的联系是通过分销商来进行的。

4）促销。注重通过销售行为的改变来刺激消费者，以短期行为促成消费的增长，吸引其他品牌的消费者或导致提前消费来促进销售的增长。

（5）管理市场营销活动。管理市场营销活动是企业整个市场营销管理过程中一个带有关键性的、极其重要的步骤。因为一项好的营销计划必须转化为行动，否则就毫无意义。管理市场营销活动就是要具体做好市场营销的计划、组织、控制等管理性工作。因此在做好营销方案之后应具体地组织实施，并对实施过程进行有效控制，最终实现营销目标。

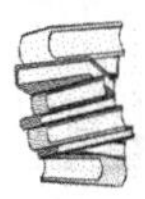

1.1.2　市场营销观念

一、市场营销观念的演变

营销观念是指企业在进行营销管理过程中所依据的指导思想和行为准则，其实质是在处理企业、顾客和社会三者利益关系方面所持的态度、思想和观念。营销观念作为一种指导思想和经营理念，是企业一切经营活动的出发点，支配着企业营销实践的各个方面，直接影响营销活动的效率和效果，进而决定企业在市场竞争中的成败。随着社会经济和市场形势的不断发展变化，支配企业营销活动的观念也发生了很大的变化。迄今为止，营销观念主要经历了六个阶段，即生产观念、产品观念、推销观念、市场营销观念、社会市场营销观念和关系营销观念，其中前三种被称为传统营销观念，后三种被称为现代营销观念。见图 1－3。

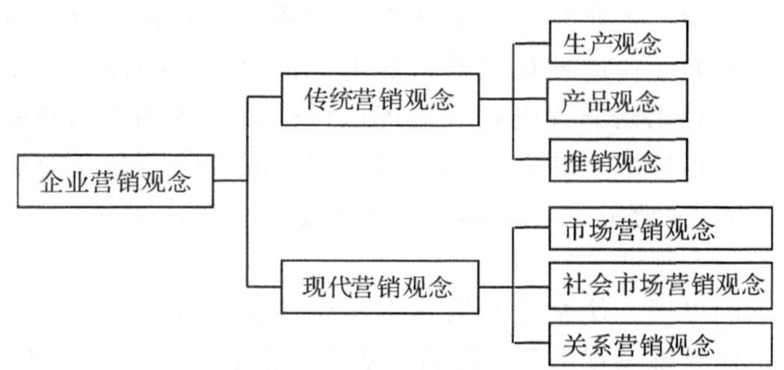

图 1－3　市场营销观念

1. 生产观念

生产观念是指企业的一切经营活动以生产为中心，围绕生产来安排一切业务，生产什么产品就销售什么产品，以产定销。生产观念从工业革命至 1920 年间主导了西方企业的经营策略思想。在这段时间内，西方经济处于一种卖方市场的状态，市场产品供不应求，消费者几乎没有选择的余地，只要价格合适，就会购买。在生产观念指导下，企业的中心任务是集中一切力量增加产量，降低成本，提高销售效率，而很少考虑或者没有必要去考虑是否存在不同的具体需求，因而也谈不上开展营销活动。例如，美国汽车大王亨利·福特曾傲慢地宣称："不管顾客需要什么颜色的汽车，我只有一种黑色的。"显然，生产观念是一种重生产、轻市场营销的商业哲学。

2. 产品观念

随着科学技术和社会生产力的发展，供不应求的市场现象在西方社会得到了缓和，产品观念应运而生。产品观念认为，消费者会选择品质、功能和特色最佳的产品，只要注重提高产品质量，做到物美价廉，顾客就会自动上门购买，无需花大力气开展营销活动。在产品观念的指导下，企业的中心任务是制造质优价廉的产品，并经常不断地加以改造提高。事实上，这种观念与生产观念一样，无视消费者的需求和欲望，因此在市场经济不发达、产品供求大体平衡、竞争不激烈的情况下，常常成为一些企业的经营指导思想。

3. 推销观念

推销观念是生产观念的发展和延伸，产生于20世纪20年代末至50年代初。推销观念认为，消费者通常表现出一种购买惰性或抗衡心理，如果听其自然的话，消费者一般不会足量购买某一企业的产品，因此，企业的中心任务是充分运用推销术和广告术，积极推销和大力促销本企业产品，以刺激消费者大量购买，提高市场占有率，取得较大的利润。这种强调推销的经营理念是从既有产品出发的，因而本质上依然没有脱离以生产为中心、以产定销的范畴，消费者的需求和欲望依然没有成为产品设计和生产过程的基础。

4. 市场营销观念

市场营销观念产生于20世纪50年代，是作为对上述诸观念的挑战而出现的一种新型的企业经营哲学。第二次世界大战以后，社会生产力迅速发展，西方发达国家的工业品和消费品激增，造成了生产相对过剩，市场竞争激烈。这一市场态势迫使企业重视消费者的需求和欲望，企业经营开始从以生产者为重心转向以消费者为重心，从此结束了以产定销的局面。在这种观念的指导下，企业的中心任务在于正确确定目标市场的需要和欲望，并且比竞争者更有效地传送目标市场所期望的物品或服务，进而比竞争者更有效地满足目标市场的需要和欲望。许多成功的著名企业都采用了市场营销观念，例如，“飞行就是服务”（英国航空公司）；“只有你满意，我们才满意”（通用电气公司）。

市场营销观念的出现，使企业经营观念发生了根本性变化，是市场营销学理论上的一次重大革命。但是推销观念和市场营销观念有时也会混淆。表1－2对这两种观念进行了比较。

表1－2　推销观念与市场营销观念的区别

营销观念	出发点	中心	手段	目的
推销观念	企业	现存产品	推销和促销活动	通过增加销售获得利润
市场营销观念	目标市场	顾客需要	协调市场营销活动	通过顾客满意获得利润

5. 社会市场营销观念

社会市场营销观念是对市场营销观念的修改和补充。它产生于20世纪70年代西方国家出现能源短缺、通货膨胀、失业增加、环境污染严重、消费者保护运动盛行的新形势下。因为市场营销观念回避了消费者需要、消费者利益和长期社会福利之间隐含着冲突的现实。社会市场营销观念认为，企业的生产经营不仅要满足消费者的需要和欲望，并由此获得企业的利益，而且要符合消费者和社会的长远利益，要正确处理消费者利益、企业利益和社会利益之间的矛盾，把这三个方面协调起来，做到统筹兼顾。事实上，社会营销观念与市场营销观念并不矛盾，问题在于一个企业是否把自己的短期行为与长期利益结合起来。一个以社会营销观念为自己指导思想的企业，在满足自己目标市场的同时，应该考虑到自己的长期利益目标和竞争策略，把消费者利益和社会利益同时纳入自己的决策系统。只有这样，这个企业才会立于不败之地。

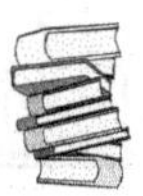

6．关系营销观念

关系营销观念是20世纪70年代由北欧学者提出来的，自20世纪80年代以来得到广泛的传播、发展与应用。关系营销观念是以系统论为基本思想，将企业置身于社会经济大环境中来考虑企业的市场营销活动，认为企业营销是一个与消费者、竞争者、供应商、分销商、政府机构和社会组织发生互动作用的过程。在这种观念的指导下，企业的中心任务就是要形成消费者忠诚，和消费者达成一种良好的、互惠的关系，即发现正当需求、满足需要并保证消费者满意、营造消费者忠诚。

同步案例

2008年5月12日14时28分，四川省汶川县发生里氏8级特大地震，人民生命和财产受到巨大损失，国内外的企业、机构、团体和个人踊跃为灾区捐款捐物。国内一家生产“王老吉”凉茶的企业——广东加多宝集团第一时间为灾区捐款人民币1亿元。一时间“王老吉”随电视和网络红透全中国。随后，一则关于“封杀”王老吉的帖子在网络上迅速热传，几乎各大网站和社区都能看见《让王老吉从中国的货架上消失！封杀他!》等帖子。帖子号召大家“为了‘整治’这个嚣张的企业，买光超市的王老吉！上一罐买一罐!”。很多网友刚看到标题后本来是要进去愤怒驳斥，但看到具体内容后却都是会心一笑并热情回帖。

二、顾客让渡价值与顾客满意

1．顾客让渡价值

1994年，菲利普·科特勒提出了顾客让渡价值理论。顾客让渡价值是顾客总价值与顾客总成本的差额。顾客总价值是指顾客购买某一产品与服务所期望得到的一组利益，包括产品价值、服务价值、人员价值和形象价值。顾客总成本是指顾客为购买某一产品所耗费的成本，包括货币成本、时间成本、体力成本和精力成本，见表1-3。由于顾客在购买产品或服务时，总希望把购买成本降到最低，而同时又希望从中获得更多的实际利益，以使自己的需要得到最大限度地满足，这样，顾客在选购产品过程中，顾客让渡价值最大的产品将成为顾客优先选购的对象。因此，企业要想在竞争中取胜，必须能提供比竞争对手具有更大顾客让渡价值的产品，刺激消费者的购买欲望，引发消费者的购买行为。为此，企业可以从以下两个方面改进自己的工作：一是通过改进产品、服务、人员与形象，提高产品的总价值；二是通过降低生产与销售成本，减少顾客购买产品的时间、精力与体力耗费，从而降低货币与非货币成本。

表1－3　顾客让渡价值的决定因素

顾客总价值	决定因素	顾客总成本	决定因素
产品价值	品质、功能、款式等	货币成本	商品价格、安装维修费用等
服务价值	伴随产品销售的售前、售中、售后服务等	时间成本	收集信息的时间、交货等待时间等
人员价值	员工的知识水平、经营思想、业务能力、工作效益等	精力成本	购买商品时耗费的精力
形象价值	企业的品牌、声誉等	体力成本	购买商品时耗费的体力

2. 顾客满意

在现代社会，企业要赢得长期顾客，必须创造顾客满意。菲利普·科特勒认为，当顾客的感知达到或超出他们的预期时，满意就产生了。顾客满意（Customer Satisfaction）本身是商业经营中一个普遍使用的生活概念，1986年，美国一位心理学家借用这个词来界定消费者在商品消费过程中需求满足的状态，使CS由一个生活概念演变为一个科学概念。企业界在心理学家定义的基础上，对CS的内涵进行了扩展，把它从一种界定指标发展成一套营销战略，直接指导企业营销，甚至经营活动，并称之为CS营销战略。CS营销战略的核心思想是企业的全部经营活动都要从满足顾客的需要出发，以提供满足顾客需要的产品或服务为企业的责任和义务，以满足顾客需要、使顾客满意为企业的经营目的。如果顾客对企业的产品和服务感到满意，也会将他们的消费感受通过口碑传播给其他的顾客，扩大产品的知名度，提高企业的形象，为企业的长远发展不断地注入新的动力。为此，许多企业通过以下途径进行顾客满意度调查，了解顾客对本企业产品或服务的评价：一是建立投诉和建议制度，为顾客投诉和提建议提供方便；二是进行顾客满意度调查，了解顾客对企业业绩各方面的印象；三是分析流失的顾客，了解本企业与竞争对手的差距，控制顾客流失率。

CS营销开辟了企业市场营销的新视野、新观念和新方法，已被企业看作是增强市场竞争力、塑造良好企业形象的主要武器。

同步案例

TCL移动通信的服务承诺：8S金钻服务。1S，即专业服务（special service）：建立以ISO质量服务体系为标准的国际一流的专业服务体系。2S，即全程服务（sweeping service）：售前——免费咨询、免费热线服务；售中——为顾客答疑、产品免费调试、建立用户服务档案；售后——7天包退、1月包换、一年保修、终身维护、免费检测、免费清洗、免费升级、定期对客户进行回访。3S，即快速服务（speedy service）：1小时解决用户问题，并且给用户提供备用机；对经销商、零售商实行24小时回复，72小时解决问题。4S，即微笑服务（smiling service）：TCL移动通信的服务员工始终微笑面对用户，使用标准服务用语，让用户享受服务的整个过程。5S，即个性化服务（self-identity service）：针对不同的产品、用户和问题提供

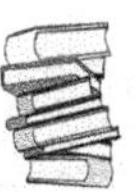

个性化的服务，不断满足用户需求的变化，创造增值服务。6S，即全国联保服务（service of the whole country）：异地购机，全国联保。7S，即全天候服务（service in all day）：全国“800”热线电话全天 24 小时服务，设立天使服务语音信箱。8S，即满意服务（satisfactory service）：提供全优质服务，实现零投诉，做中国移动通信行业最负盛誉的服务供应商。

1.1.3　营销人员的素质

在现代市场经济社会，企业产品销售、市场开拓、信息传播等都离不开高素质的营销人员，他们是企业满足消费者需要、获取最大利润、实现营销目标的关键因素。市场营销人员为了拓展企业业务，每天要与各种各样的人打交道，可以说每天都向公众展示着自己的素质，并由此而展示他所代表的企业的“素质”。那么作为一名优秀的市场营销人员应具备哪些素质呢？综观各大企业对营销人员的要求，可以概括为以下几个方面：

一、品德高尚，勤奋敬业

约定俗成的礼仪规范是社会公德的主要内容，也是人们思想道德素质中最基本、最起码的要求。中国有着优良的道德传统，是注重“诚于中而行于外”的文明古国、礼仪之邦。

营销活动是一项塑造形象、建立声誉的崇高事业。它要求从业人员必须具有优秀的道德品质和高尚的情操，诚实严谨、恪尽职守的态度和廉洁奉公、公道正派的作风。在代表企业进行社会交往和协调关系中，不谋私利，不徇私情，为人正直，处事公道；在本职工作中，尽心尽责，恪尽职守，对企业具有“与兴俱兴，与损俱损”的责任感，有与企业荣辱与共的主人翁精神。

二、知识渊博，善于沟通

现代市场营销观念以消费者需求为出发点，强调企业整体营销活动，即不仅重视产后的推销宣传，也重视产前的调研工作，主张从满足市场需求中获取长期利润。所以市场营销人员必须善于与不同的客户进行沟通交流，了解客户的喜好，寻找共同话题，这就要求营销人员有渊博的知识作后盾，其中包括语文、历史、地理、政治、哲学、法律等一般文化知识；商品、市场、营销、管理、公关、广告、财务等业务知识；同时营销人员还要有广泛的兴趣和爱好，以拓宽自身的知识面，这样才能与客户有更多的共同语言。

三、心理素质好，能随机应变

心理素质渗透在人们的各种活动中，影响着人们的行为方式和活动质量。优秀的营销人员应具备的心理特征是：有浓厚的职业兴趣，能以持久的热情从事营销活动，探索市场营销人员的成功之路；有充分的自信心，相信自己是一名优秀的、敬业的营销人员，相信企业能提供一个发挥才能、实现价值的机会，相信企业所经营的产品是符合消费者利益并能为消费者所认同的值得信赖、值得忠诚的产品，这是决定营销工作能否成功的内在力量。另外，在营销过程中可能会遇到千奇百怪的人和事，因此，营销人员一定要随机应变，灵活应对。

四、饱含激情，持续学习

学习者不一定是成功者，但成功者必然是擅长学习者。当今信息时代，知识更新的周期非常短，营销人员只有不断学习，提高综合素质，才可能满足市场瞬息万变的需要。因此，优秀的营销人员需要保持旺盛的学习热情，见贤思齐，勤勉不懈，持续学习，不断更新业务知识，深入了解社会、行业、客户，掌握更为先进的营销方法与技巧。

五、注重仪表，礼仪规范

面对极富挑战性和创造性的营销工作，营销人员必须注重在顾客心目中塑造良好的形象，使自己成为一名具有企业家头脑、宣传家技巧和外交家风格的合格的“企业大师”。首先，营销人员的服饰要体现时代特点、自身性格和季节特色。其次，要把握交谈礼仪，掌握、运用好体态礼仪，充分展现出个人的气质和修养。

同步案例

顶尖销售应具备的六大基本功：想——要有思路，有思路才有出路；听——兼听则明，善于倾听，获得多方面信息；写——能迅速地把思维文字化、条理化；说——能够进行有效的沟通与表达；教——由“裁判员”向“教练员”转变；做——身先士卒，办事能力强。

本节小结

市场营销是企业在变化的市场环境中，通过一定的市场交易程序，提供和引导商品或劳务到达顾客手中，满足顾客需求与社会需求，从而获取利润的综合的全面的经营活动。市场营销管理过程包括以下步骤：树立现代营销观念、分析市场机会、选择目标市场、设计营销组合、管理市场营销活动。

营销观念是企业在进行营销管理过程中所依据的指导思想和行为准则，其实质是在处理企业、顾客和社会三者利益关系方面所持的态度、思想和观念。随着社会经济和市场形势的不断演变，企业的营销观念主要经历了六个阶段的演变过程，即生产观念、产品观念、推销观念、市场营销观念、社会市场营销观念和关系营销观念，其中前三种被称为传统营销观念，后三种被称为现代营销观念。

营销工作是一项极富挑战性和创造性的工作，它要求营销人员必须具备以下素质：品德高尚、勤奋敬业；知识渊博，善于沟通；心理素质好，能随机应变；饱含激情，持续学习；注重仪表，礼仪规范。

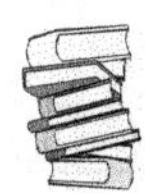

1.2　技能训练

1.2.1　基本练习

一、名词解释

1. 市场营销　　2. 需求　　3. 营销供给物　　4. 市场
5. 市场营销管理过程　　6. 营销观念　　7. 顾客让渡价值　　8. 顾客满意

二、不定项选择题

1. 市场营销中的4P理论是（　　）提出来的。
   A. 麦肯锡　　B. 菲利普·科特勒
   C. 罗伯特·劳特伯思　　D. 唐·E. 舒尔茨
2. 美国汽车大王亨利·福特曾宣称："不管顾客需要什么颜色的汽车，我只有一种黑色的。"这反映出福特汽车公司的营销理念是（　　）。
   A. 生产观念　　B. 推销观念
   C. 产品观念　　D. 市场营销观念
3. 执行推销观念的企业，称为推销导向企业，其宗旨是（　　）。
   A. 我们生产什么就卖什么　　B. 我们卖什么就让人们买什么
   C. 市场需要什么就生产什么　　D. 好酒不怕巷子深
4. 从关系营销的角度，市场应定义为（　　）。
   A. 市场是利益攸关者的集合
   B. 市场是卖方、买方、竞争者的集合
   C. 市场是某种商品的购买者集合
   D. 市场是商品交换的场所
4. 当前企业营销管理的焦点已经转向（　　）。
   A. 销售量　　B. 利润
   C. 客户满意　　D. 产品
5. 顾客总价值包括（　　）。
   A. 产品价值　　B. 服务价值
   C. 人员价值　　D. 形象价值
6. 围绕顾客满意，下列说法正确的是（　　）。
   A. 如果对产品使用后的感知效果与期望一致时，顾客就会满意
   B. 提高顾客满意可以通过增加顾客让渡价值达成
   C. 顾客满意了就会成为忠诚顾客
   D. 夸大产品宣传会导致顾客不满意

三、判断题

1. 市场是商品交换的场所。（　　）
2. 市场营销观念坚持以生产者为中心。（　　）

3. 市场营销就是推销。 （ ）
4. 顾客价值是指顾客从企业所给定产品和服务中得到的所有利益。 （ ）
5. 顾客满意水平是通过将预期期望与最终绩效进行比较而得出的。 （ ）

四、简答题

1. 什么是市场营销？企业的市场营销管理活动包括哪些方面？
2. 简述市场营销观念的演变过程。
3. 什么是顾客满意？企业通过什么途径了解顾客对企业产品或服务的满意程度？
4. 企业营销人员应具备哪些素质？

1.2.2 理论运用

案例 1

铱星陨落的教训

铱星系统是地球上最大的无线电通信系统，也是世界上第一个大型低轨卫星通信系统。正是凭着史无前例的高技术，“铱星”成为了科技史上最耀眼的一颗明星。中国的科学家们把铱星公司的手机评为 1998 年世界十大科技成就之一。然而，当时正在太空中飞行的 66 颗通信卫星不久便飞离轨道，直至一两年后从宇宙空间中彻底消失，它给人类留下的是一段美丽的记忆、惊叹和惨痛的教训。

耗资 50 多亿美元建造了 66 颗低轨卫星系统的铱星公司，于 1998 年 11 月宣布在全球范围内提供业务。然而，在真正运营不到一年的时间里，市场危机、财务危机便纷至沓来，因无法偿还 1999 年 8 月 11 日到期的债务，甚至是利息，于 1999 年 8 月 13 日向美国破产法院申请破产保护；2000 年 3 月 17 日 23 点 59 分整个卫星电话系统的服务全部中断。至此，铱星公司已负债 40 亿美元。

铱星公司的失败绝不是偶然的。可以说一开始就埋下了伏笔。“他们在错误的时间，错误的市场，投入了错误的产品。”这是业界权威人士对“铱星”陨落总的评价。“铱星”的陨落，从市场营销导向的角度看，主要是过于关注技术而忽视了市场，具体体现为：①基本创意错误。有意向的投资者们早就发现了创意和市场现实之间的脱节。一位贝尔公司的高级管理人员回忆说，20 世纪 90 年代初他们观看摩托罗拉的“铱星”演示时，被一张幻灯片惊得目瞪口呆，“它说用户的灵活度是使用该服务最重要的前提”。换句话说，用户必须首先将自己置于电话天线和卫星之间没有任何障碍物的地点，才能顺利地使用电话，否则，电话就通不了。因此，贝尔公司最后拒绝投资“铱星”计划。②市场预测错误。从市场角度看，摩托罗拉启动“铱星”计划的时候没有做过认真的市场分析。当绝大部分城市、城市近郊的农村、交通干线、旅游胜地都被地面网络覆盖，当移动电话的国际漫游成为可能，卫星移动电话的市场无疑在被不断地压缩着，用户群的规模相应地不断减少。地面移动电话网络在成本费用、手机轻便性等方面占据了相当的优势。于是，10 年前可行的方案 10 年后失去了存在的基础；10 年前存在的用户群 10 年后却已无法达到支撑业务运行的最小规模。没有了市场，就没有了收益，也就失去了控制自己命运的能力。而且全球开放的通信市场远未形成，由

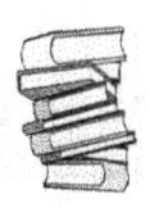

此造成铱星公司在开拓全球市场时的力不从心。③市场定位错误。谁也不能否认“铱星”的高科技含量，但用66颗高技术卫星编织起来的世纪末的科技童话在商用之初却将自己定位在了“贵族科技”。铱星公司的手机价格每部都高达3000美元，还有高昂的通话费用。它开业的前两个季度，在全球只发展了1亿用户，这使得铱星公司前两个季度的亏损即达10亿美元。尽管铱星公司的手机后来降低了收费，但仍未能扭转颓势。

问题：

1. 结合本案例说明企业是否可以因为有卓越的技术而忽视市场？
2. 结合本案例说明营销是否可以成为企业的核心竞争力？

案例2

差别带来差距

甲和乙同时受雇于一家超级市场。两人的起点一样，都是从最底层做起。可是不久以后，情况发生了变化。甲得到了总经理的赏识，一再被提升，很快从主管做到了部门经理。而乙却仍在底层，做最脏、最累、报酬又很低的工作。有一天，乙终于忍受不了，向总经理提出辞职，并借机斥责了总经理，说他没有眼光，只会提拔那些阿谀奉承的人，却不提拔辛勤工作的人。总经理很平静地听完乙的话，为了让乙心服口服，总经理想出一个办法。他对乙说：“在你辞职离开之前，请再为我去做几件事。你现在到集市去，看看今天有什么可买的。”乙匆匆地跑出去，很快从集市上回来。他告诉总经理：“刚才集市上只有一个农民在卖土豆。”总经理又问：“一车大约有多少袋？”乙赶快戴上帽子又跑到集市上，一会儿，他从集市回来，说：“共有10袋。”“价格是多少？”乙又第三次匆匆跑到集市。

等到乙气喘吁吁地跑回来，总经理对他说：“你先休息一会儿，看看甲是怎么做的。”说完，他把甲叫过来，对他说：“你现在马上到集市去，看看今天有什么可买的。”甲很快就从集市上回来，告诉总经理，到现在为止，只有一个农民在卖土豆，整整一车有10袋，价格适中，质量很好。他还特意带了几个土豆给总经理看，并告诉总经理，这个农民过一会儿还会运几筐西红柿来卖，价格也还算公道，而超市又正好需要一些西红柿，可以进一些货。所以，他带回几个西红柿做样品。而且，把那个卖菜的农民也带来了，正等在外面。

总经理立即说：“请他进来。”目睹这一切的乙羞得面红耳赤。

问题：

为什么同样的情况，在不同营销员眼中却有如此巨大的差异？

1.2.3　能力拓展实训

一、实训目的

1. 理解市场营销的基本理论。
2. 理解客户满意对企业经营的重要性。

二、实训题目

1. 结合地区经济发展的状况，对某一具体的企业市场行为进行调查，应用营销基本原理分析企业行为的科学性。

2. 20 世纪 90 年代初，中央空调开始大规模进入中国市场，国外品牌凭借其先发优势，迅速建立起了技术优势、产品优势和品牌优势，国内市场早期也认同了“国外品牌优势论”。即使在今天，一些部门的采购项目有意无意地排斥国产品牌，其实也是此种论调的延续。

2008 年年初，我国南方许多地区遭遇了历史罕见的低温雨雪冰冻天气，雪灾严重影响了当地群众的正常生活。在抗击这场特大自然灾害的过程中，中央空调成为医院、商场、办公楼等大型公共建筑和普通居民家庭中最重要的取暖设备之一，给受灾地区群众送去了浓浓暖意和温馨关怀。

大自然是最无情的，也是最公平的裁判。在恶劣的天气条件下，中央空调充分显示了其制热速度快、制热量大等优点。但是，各家中央空调品牌的优劣势在雪灾期间也暴露无遗。中国家电联盟负责人表示，雪灾期间，在论坛中频频出现针对中央空调质量情况的投诉。据用户反映，部分中央空调品牌的表现并不尽如人意，还存在制热效果差和售后服务滞后等问题。

事实真的正如有些人所坚信的“国外品牌优势论”那样吗？国产品牌技术、质量真的不如国外品牌吗？中国的国产品牌究竟出了什么问题？中国的国产中央空调企业如何提高客户的满意度和忠诚度？

三、实训方案

1. 人员：5 ~7 人组成小组，以小组为单位进行实训。
2. 时间：与第 1 章教学同步。
3. 步骤：
（1）由指导教师介绍实训的目的和要求，调动学生实训操作的积极性。
（2）根据实训背景进行资料收集。
（3）撰写分析报告。
（4）每个小组提交 Word 文档，并以 PPT 形式展示分析结果。

四、实训考核

（1）组员自评：由小组成员自己评出个人成绩，参照表 1 –4。

（2）组长评定：由小组长依据组员在实训过程中的贡献情况评定出所有组员的成绩，参照表 1 –5。

（3）小组互评：由其他小组成员根据评价指标对展示小组的成果进行评价，参照表 1 –6。

（4）指导教师评定：指导教师依据评价指标评出各小组成绩，参照表 1 –6。

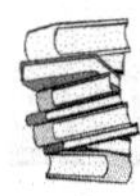

表1-4 小组成员个人成绩自我评价表

班级：________学号：__________姓名：__________团队名称：__________

等级 评价标准	很好	较好	一般
参与态度			
团队贡献			
沟通表现			
创造力			

表1-5 小组成员个人成绩评价表（由组长提供）

团队名称：__________

等级 小组成员	优秀	良好	及格	不及格

表 1－6　小组团队成绩分析评价表

团队名称：________

<table>
<tr><td colspan="3">成果展示与评价</td><td colspan="5">分析报告及 PPT 形式答辩</td></tr>
<tr><td rowspan="7">分析报告（60%）</td><td colspan="2">分析报告</td><td>完整性</td><td>研究程度</td><td>创新性</td><td>合作程度</td><td>文字表达</td></tr>
<tr><td colspan="2">评价标准</td><td>资料齐全，报告或案例完整</td><td>研究深入，有说服力</td><td>有创新的观点和思路</td><td>合作默契，有团队精神</td><td>思路清晰，语言流畅</td></tr>
<tr><td colspan="2">应得分</td><td>20</td><td>20</td><td>20</td><td>20</td><td>20</td></tr>
<tr><td rowspan="2">评价</td><td>教师评价（60%）</td><td></td><td></td><td></td><td></td><td></td></tr>
<tr><td>学生评价（40%）</td><td></td><td></td><td></td><td></td><td></td></tr>
<tr><td colspan="2">实得分</td><td></td><td></td><td></td><td></td><td></td></tr>
<tr><td colspan="2">报告最后得分</td><td></td><td></td><td></td><td></td><td></td></tr>
<tr><td rowspan="7">PPT 形式答辩（40%）</td><td colspan="2">PPT 答辩要求</td><td>时间</td><td>语言表达</td><td>PPT 制作水平</td><td>展现形式</td><td>仪表礼仪</td></tr>
<tr><td colspan="2">评价标准</td><td>时间把握准确</td><td>语言精练，表达准确</td><td>PPT 制作技术含量高</td><td>汇报形式新颖</td><td>仪表端庄、大方</td></tr>
<tr><td colspan="2">应得分</td><td>15</td><td>30</td><td>20</td><td>15</td><td>20</td></tr>
<tr><td rowspan="2">评价</td><td>教师评价（60%）</td><td></td><td></td><td></td><td></td><td></td></tr>
<tr><td>学生评价（40%）</td><td></td><td></td><td></td><td></td><td></td></tr>
<tr><td colspan="2">实得分</td><td></td><td></td><td></td><td></td><td></td></tr>
<tr><td colspan="2">答辩最后得分</td><td></td><td></td><td></td><td></td><td></td></tr>
<tr><td colspan="3">项目综合得分</td><td colspan="5"></td></tr>
</table>

第 2 章　市场营销环境

内容框架

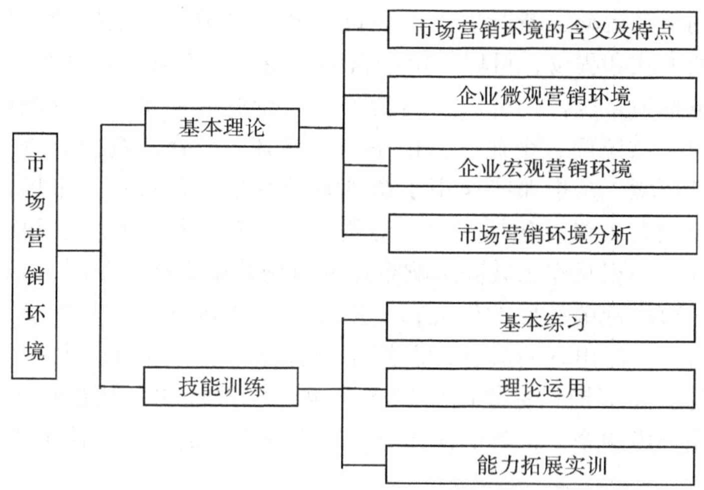

知识目标

1. 正确把握市场营销环境的含义、特点及其构成要素。
2. 了解营销环境要素之间的相互联系和相互作用。
3. 掌握企业营销环境的发展趋势。
4. 能够识别市场机会和市场威胁。

能力目标

能对特定企业所面对环境进行 SWOT 分析，准确判断市场态势，制定营销对策。

案例导入

惨淡经营的小饭店

某市有一家紧邻学校和都市村庄的饭店，主要经营家常小菜，注册资金 50 万元，十几名员工。自 2003 年以来，各大酒店纷沓而来，经营规模日趋扩大；各种风味小吃店接连开张，生意红火，收入逐年递增。而该饭店历经四次易主，不管是采用“吃一送一”的方式还是“推出特价菜”的模式，至今不能改变饭店的亏损状况。

问题：

假定你是该饭店的老板，你如何使饭店走出困境？

2.1 基本理论

2.1.1 市场营销环境的含义及特点

一、市场营销环境的含义

企业的市场营销环境是指影响企业营销活动及其目标实现的各种因素和力量。这些因素和力量的交叉运动不断产生出市场机会和环境威胁。根据营销环境对企业营销活动发生影响的方式和程度，可以将市场营销环境分为微观营销环境和宏观营销环境。微观营销环境也称为直接营销环境，是指那些与企业关系密切、直接影响企业营销活动的诸因素，包括供应商、企业、营销中介、顾客、公众、竞争者等。宏观营销环境也称为间接营销环境，是指那些作用于微观营销环境，并对企业市场营销活动施加影响的一系列社会约束力量，包括人口、经济、政治和法律、自然、科学技术、社会文化等。这两种环境的相互作用共同影响企业的市场营销活动。见图 2－1。

企业通过对市场营销环境的研究，可以监测其周围环境的发展变化，自觉地利用存在的机会，避开可能出现的威胁，发挥企业优势，克服企业劣势，谋求企业外部环境、内部环境与企业营销目标之间的动态平衡。实践证明，凡是善于分析研究环境、适应环境、利用环境的企业，就能抓住有利于企业发展的机会，使企业不断发展壮大。

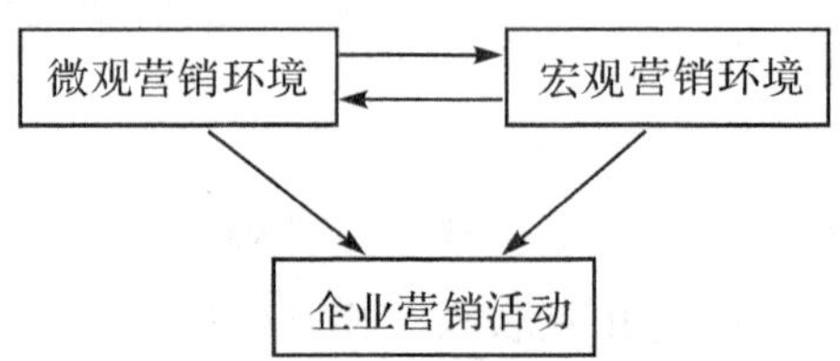

图 2－1　营销环境对企业营销活动的影响

二、市场营销环境的特点

1．客观性

市场营销环境作为企业生存和发展的条件，是不以营销者的意志为转移的，对企业营销活动具有强制性和不可控制性的特点。不管你承认不承认，企业只要从事市场营销活动，就必然会受到各种各样环境因素的影响和制约。例如，企业不可能控制和改变国家的大政方针、政策法令和社会风俗习惯等，更不可能控制人口的增长。但企业可以主动适应环境的变化和要求，制定并不断调整市场营销策略。主观地臆断营销环境及发展趋势，必将导致营销活动的失败。因此，企业决策者必须清醒地认识到这一点，要及早做好充分的思想准备，随时应对企业面临的各种环境的挑战。

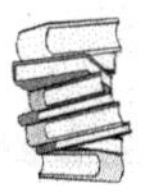

2．唯一性

虽然企业所面临的营销环境具有客观性，但是对每个企业而言，它又面对着自己唯一的营销环境。即使是处于同一行业又相互竞争的两个企业，由于他们本身的特点和管理者的眼界不同，对环境的认识和理解也是不同的。环境的这种唯一性要求企业进行营销环境分析时，必须具体问题具体分析。不仅要抓住企业所处环境的共性，也要抓住其个性。同时，企业的营销战略选择不能套用现成的战略模式，一定要突出自己的特点，形成自己独特的战略风格。

同步案例

美国有两名推销员到南太平洋某岛国去推销企业生产的鞋子，他们到达后却发现这里的居民没有穿鞋的习惯。于是，一名推销员给公司发了一份电报，称岛上居民不穿鞋子，这里没有市场，随之打道回府。而另一位推销员给公司的电报则称，这里的居民不穿鞋子，市场潜力很大，只是需要开发。他让公司运了一批鞋来免费赠给当地的居民，并告诉他们穿鞋的好处。逐步地，人们发现穿鞋确实实用，既舒适又美观，渐渐地，穿鞋的人越来越多。这样，该推销员通过自己的努力，打破了当地居民的传统习俗，改变了企业的营销环境，获得了成功。

3．可变性

市场营销环境是由多方面的因素构成的，每一个因素都会随着社会经济的发展而不断发生变化，任何企业都不会处于一个永恒不变的环境之中，静止是相对的，变化是绝对的。营销环境的变化，既会给企业提供机会，也会给企业带来威胁。虽然企业难以准确无误地预见未来环境的变化，但可以通过设立预警系统，追踪不断变化的环境，及时调整营销策略。

4．相关性

市场营销环境作为一个系统，系统内的各个因素是相互制约、相互作用和相互依存的。例如，随着人们生活水平的不断提高，方便实用的家用电器日益受到人们的青睐，但在节约能源呼声增强电力供应有限的情况下，企业不得不做进一步权衡，在可利用资源的前提下去开发新产品。

2.1.2 企业微观营销环境

企业营销部门的工作就是通过创造顾客价值和用户满意来吸引顾客，并与顾客建立联系。但是，营销部门只靠自己的力量是不能完成这项任务的。营销的成功与否取决于多种因素，如企业首先要从供应商那里获得各种原材料或其他物料，然后经过企业内部各职能部门和车间的协作生产出产品，最后要通过各层中间商才能最后到达顾客手中。同时，由于能向某一目标市场提供产品或服务的企业不止一个，所以，企业必须在很多竞争者的包围和进攻下开展营销活动。另外，社会公众对某些产品和营销活动的态度也深刻地影响或制约着企业的行为。因此，企业营销部门必须与企业内部其他部门、供应商、中间商、顾客、竞争对手和各类公众建立起联系，这些因素构成

了企业的微观营销环境。如图2－2。

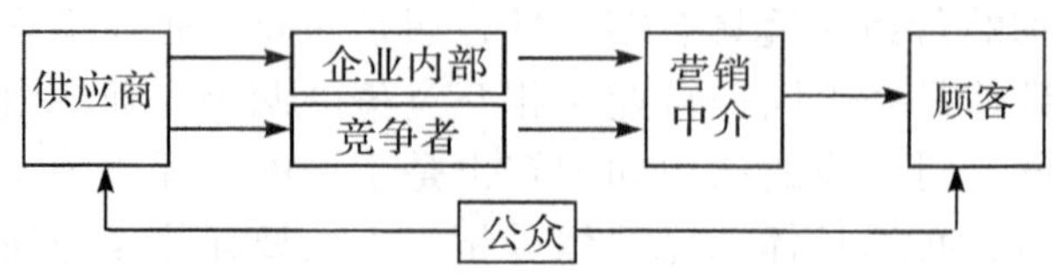

图2－2　企业微观营销环境因素

一、企业内部门

一个企业的市场营销部门不是孤立的，它面对着许多其他的职能部门，如管理高层等。这些部门之间的配合是否默契，都会影响到企业的营销管理决策和营销方案的实施。因此，在制订和实施营销计划时，必须考虑其他部门的意见，处理好同其他部门的关系。

管理高层是企业的领导核心，负责确定企业的宗旨和目标，制定企业的总体战略和政策。营销部门必须在管理高层制定的战略范围之内作决策，并且营销计划在实施之前要经过其批准。同时，营销部门还必须与企业内的其他部门密切配合，财务部门负责为实施营销计划筹集和分配资金；研发部门致力于设计既安全又有吸引力的产品；采购部门关心的是如何保证零配件和原材料供应；生产部门负责生产出规定质量和数量的产品。所有这些部门对于营销部门的计划和行动都产生影响。

二、供应商

供应商是指向企业及其竞争对手供应各种所需资源的企业或个人，这些资源包括原材料、设备、能源、人力、技术和资金等。供应商对企业营销活动的影响主要表现在：资源供应的可靠性，即资源供应的保证程度，直接影响企业产品的产量、质量和交货期；资源供应的价格及其变动趋势，将直接影响企业产品的成本。因此，营销人员必须对供应商的情况有比较全面的了解和透彻的分析，重视与供应商的合作和采购工作。

三、营销中介

营销中介是指在促销、销售以及把产品送到最终购买者方面给企业帮助的那些机构，包括中间商、物流配送机构、营销服务机构、金融机构。

（1）中间商。中间商是指在制造商与消费者之间“专门媒介商品交换”的经济组织或个人。中间商可以按照不同的标准进行分类：按照中间商是否拥有商品所有权，可将其划分为经销商和代理商 ；按照销售对象的不同，可将其划分为批发商和零售商。

（2）物流配送机构。物流配送机构是指协助制造商储存产品或负责把产品从原产地运送到销售地的企业，主要包括仓储企业和运输企业。

（3）营销服务机构。营销服务机构是指协助企业选择目标市场、推销产品的组织，包括市场调查公司、广告代理公司、宣传媒介和营销咨询公司等。

（4）金融机构。金融机构是指负责为企业和顾客之间的交易融通资金的机构，包

括银行、投资公司、保险公司、担保公司等，对企业的营销活动有着显著的影响。

四、顾客

顾客也就是企业的目标市场，是企业进行营销活动的出发点和归宿。企业的目标市场分为以下两种类型：

（1）消费者市场，即为了消费而购买物品或服务的全部个人和家庭所构成的市场。

（2）组织机构市场，即以某种组织为购买单位的购买者所构成的市场，包括生产者市场、中间商市场和政府市场。购买的目的是为了生产、销售、维持组织运作或履行组织职能。

企业要对目标市场进行细致的分析，了解目标市场的变化趋势，制定相应的营销策略，以不同的产品和劳务满足不同市场的需求。

五、公众

公众是指对企业实现其目标的能力有实际的或潜在的兴趣或影响的任何团体或个人。主要分为以下几类：

（1）融资公众。指影响企业融资能力的金融机构，如银行、投资公司、证券经纪商、股东等。

（2）媒介公众。指联系企业和外界的大众传媒，如报纸、杂志、广播、电视、互联网等。

（3）政府公众。指与企业营销活动有关的政府机构，如税务部门、工商管理部门等。

（4）社团公众。指有权监督企业，并对企业经营活动进行评论、指正的相关团体和组织，如消费者协会、环境保护组织等。

（5）社区公众。指与企业同处于某一区域的其他组织和个人。

（6）一般公众。指并不购买企业的产品，但深刻地影响着消费者对企业及其产品看法的个人。

（7）内部公众。指企业内部的全体员工，包括董事长、总经理、一般管理人员和员工。

六、竞争者

市场经济是一种竞争经济。当企业选择了自己要服务的对象时，就已经有了一定数量的竞争对手。

分析与研究竞争者的首要问题就是识别竞争者。通常，从顾客作出的购买决策过程来看，企业的竞争者包括以下几种类型：

（1）愿望竞争者，是指提供不同产品以满足消费者目前各种不同愿望的竞争者。它的存在将使购买力的投向在不同行业或不同产业之间发生转移，从而使不同行业或产业的市场规模发生或大或小的变化。

（2）一般竞争者，是指提供满足同一需求的不同产品的竞争者。它的存在将使购买力的投向在不同行业的生产经营相关产品的企业之间发生转移。其竞争程度主要取决于科技进步所带来的相关产品的多少以及相互替代的程度。

（3）产品形式竞争者，是指向一家企业的目标市场提供种类相同，但质量、规格、型号、款式、包装等有所不同的产品的其他企业。

（4）品牌竞争者，是指向企业的目标市场提供种类相同、产品形式也基本相同，但品牌不同的产品的其他企业。

同步案例

1999年年初，蒙牛集团刚成立，资金只有一千多万，蒙牛集团的创办人是从伊利集团出来的牛根生及几位同行。当时蒙牛集团的生存环境非常恶劣，蒙牛集团怎样生存、如何发展成了蒙牛人不得不认真思考的问题。

1. 避其锋亡

面对当时的经营环境，蒙牛人作出了一个聪明的选择，不与势力雄厚的伊利集团争奶源。蒙牛集团制定了“三不”政策：一是凡伊利集团有奶站的地方，蒙牛集团不建奶站；二是凡伊利奶站的产品，蒙牛集团不收；三是凡是跟伊利收购标准价格不一致的，蒙牛不干。这样的措施将蒙牛集团和伊利集团的利益区隔开来，避免了与伊利直接冲突，成功地保护了自己。

2. 培育品牌

2000年后，蒙牛集团提出了“创内蒙古乳制品第二品牌”的创意，当时乳制品市场第一品牌当然是伊利。蒙牛集团通过把标杆确定为伊利，使消费者通过伊利知道了蒙牛，而且留下的印象是，蒙牛集团似乎也很大。蒙牛集团通过户外广告牌集中宣传“创内蒙古乳制品第二品牌”，千里草原腾起伊利、兴发、蒙牛等品牌，使很多人记住了蒙牛，记住了蒙牛乳业。

3. 挑战第一

在成长到一定程度后，蒙牛集团及时修订了跟随战略，开始以平等地位和伊利并驾齐驱，并开始放眼全国，提出了“中国乳都”的宣传口号。蒙牛集团把自己的命运和整个内蒙古经济的腾飞牢牢联系在一起。在提出“乳都”概念的同一时期，蒙牛集团依靠从摩根斯坦利等知名投资机构得到的巨额投资，为蒙牛超常规发展奠定了基础。2004年，蒙牛成功在中国香港上市，逐渐走向国内其他区域市场，成为中国乳品行业第一品牌。

2.1.3 企业宏观营销环境

企业及其所处的微观环境都处于宏观环境的制约和影响之下。企业的宏观营销环境因素有六大类：人口、经济、政治与法律、自然、科学技术和社会文化。这些因素给企业营销提供机会，同时也造成威胁，是企业所不能控制的。见图2－3。

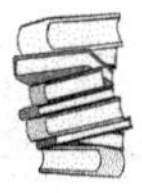

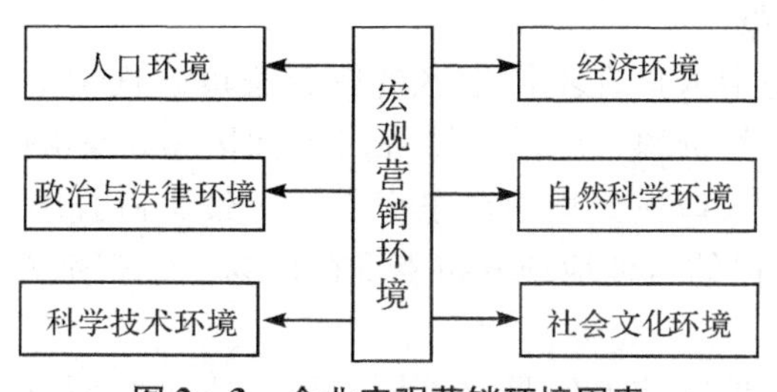

图2－3　企业宏观营销环境因素

一、人口环境

对于企业营销人员而言，首先感兴趣的宏观环境因素就是人口，因为市场是由那些想买东西而且有购买力的人构成的。因此，人口的多少直接决定市场的潜在容量，而人口的年龄结构、家庭状况的变化、人口的地理分布等又会对市场需求格局产生深刻影响。

1．人口数量和增长速度

我国是世界上人口最多的国家，根据2010年第六次全国人口普查，全国总人口（不含港、澳、台）近13.4亿人，同第五次全国人口普查相比，七年共增加7390万人。人口决定市场规模，人口的增长必然促使社会总需求的增长，从而为企业带来市场机会。但是，巨大的人口数量也必然使我国的人均自然资源占有量进一步下降，其中淡水、耕地、森林、能源等方面的问题尤为突出，有限的资源难以达到或维护多数人所渴望的生活水平。

2．人口年龄结构的变化

不同年龄阶段的消费者对商品和服务的需求也不相同，如婴儿需要奶粉、尿布，儿童需要糖果、玩具，青少年需要书籍、文具，老年人需要医药、保健等，由此形成了各具特色的市场。

随着社会的发展，人口的年龄结构也在不断发生变化。据《2010年中国人口结构统计报告》显示，大陆31个省、自治区、直辖市和现役军人的人口中，0～14岁人口占16.60%；15～59岁人口占70.14%；60岁及以上人口占13.26%。同2000年第五次全国人口普查相比，0～14岁人口的比重下降6.29个百分点，15～59岁人口的比重上升3.36个百分点，60岁及以上人口的比重上升2.93个百分点。人口老龄化速度加快。因此，企业可以预计在健康护理服务、保健食品、娱乐、旅游等方面的产品需求潜力非常可观。美国的吉宝公司多年来的广告口号是“婴儿是我们的事业，我们唯一的事业”，但是前些年悄悄放弃了这个口号，转而向老年人推销人寿保险，改用的口号是：“吉宝现在像对婴儿一样地对待50岁以上的人。”

3．家庭结构的变化

家庭是商品购买和消费的基本单位。在我国，“四世同堂”的现象已属罕见，“三位一体”的小家庭则很普遍，并逐步由城市向乡镇发展。家庭数目的增加，对家具、炊具、家用电器等的需求必然增加；而家庭人数的减少，使得小型炊具的市场规模越来越大，大型炊具市场将日趋萎缩。

4. 人口的地理分布

人口的地理分布是指人口在不同地区的密集程度。任何一个国家或地区，由于地理位置、气候条件、自然资源、风俗习惯等多方面因素的影响，人口的分布绝不会是均匀的。从我国来看，人口主要集中在东南沿海一带，占我国总人口的94%，而西北地区人口仅占6%。人口的这种地理分布表现在市场上，就是人口的集中程度不同，则市场大小不同。

同时，居住在不同地区的人们具有不同的消费需求，而且其购买习惯与消费行为也存在差别。如，在天气炎热的南方，人们对空调的需求量很大，而在寒冷的北方则需要暖气设备和御寒服装；南方人以大米为主食，而北方人则更喜欢面食，等等。人口的地理分布可以为企业准确地寻找自己的目标市场提供依据，对它的正确了解也可以帮助企业对产品的流向与流量作出判断。

5. 人口的流动性

随着经济的发展，人口的区域流动性越来越大。主要表现为以下四个主要特点：

（1）人口从农村向城市流动。

（2）人口从城市向郊区流动。

（3）人口从内地向沿海经济开放地区流动。

（4）人口从发达地区向新发展地区流动。

人口的流动对企业的生产和营销都有着极大的影响。例如，随着人们从农村流向城市，商品化程度提高，对高质量产品和高层次文化的需求将增加；而城市人口向郊区流动，使得郊区也出现了现代化的购物中心。此外，随着人口的流动，不同地区的生活习惯也有了逐渐融合的趋势。

同步案例

根据《中国流动人口发展报告（2010）》，中国未来的人口流动将呈现四大基本态势。首先，流动人口规模不断增加，但增速逐步放缓。如果中国人口流动迁移政策没有大的变化，到2050年流动人口规模可达3.5亿人左右，但每年新增流动人口由近600万人逐步下降到2050年的300万人左右。其次，经济危机为区域产业结构的调整带来了契机，促进了人口的重新分布。长距离人口流动减少，短期内沿海地区人口集聚趋势有所弱化，出现以省会城市为中心的流动态势，但流动人口继续向沿海、沿江、沿主要交通线地区聚集的长期趋势不会改变。第三，未来中国流动人口的分布将逐步形成以东部沿海连绵城市带为重心，以内陆城市群为中轴，以西部中心城市为集聚点的流动人口分布格局。第四，人口流动由生存型向发展型转变。流动人口受教育年限比全国平均水平略高，年龄结构趋于成年化，性别结构逐步均衡，举家迁移比例上升，在流入地长期定居倾向明显，流动人口的民生问题和服务管理体制改革压力增大。

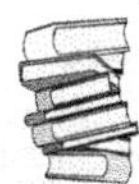

二、经济环境

经济环境是指企业市场营销活动所面临的社会经济条件及其运行状况和发展趋势，是市场营销宏观环境当中的重要因素。进行经济环境分析时，要着重分析以下主要因素：

1. 经济发展状况

（1）经济发展阶段。企业的营销活动直接受一个国家和地区的整体经济发展阶段的影响和制约。处于不同经济发展阶段的国家存在不同的需求，企业采取的营销策略也有所不同。

（2）地区与行业发展状况。我国各地区经济发展不平衡。在东部、中部和西部三大地区之间，其经济发展的水平客观上存在着东高西低的总体区域趋势。同时，在各个地区的不同省市，还呈现出多极化发展趋势。这种各地区经济的不平衡发展，对企业的营销战略制定等会带来巨大影响。

我国行业发展也存在差异。今后一段时间，我国将继续重点发展农业、能源和高新科技行业。这些行业的发展将带动商业、交通、通信、金融等行业和部门的相应发展，也给市场营销带来一系列影响。因此，企业要根据与本企业联系紧密的行业或部门的发展状况，制定切实可行的营销策略，以适应中国的行业发展需要。

同步案例

英国《每日电讯报》和意大利新闻社 ANSA 等欧洲媒体 2012 年 1 月 20 日公布国际货币基金组织（IMF）《世界经济展望》报告草稿的部分内容。根据报告，IMF 下调了 2012 年全球经济增长预期，并敦促欧洲央行提高流动性以防止欧元区危机深化。主要内容包括：一是将全球经济增速预期从 4% 下调至 3.3%。二是预计欧元区整体经济将萎缩 0.5%，而 IMF 去年 9 月份的预期为增长 1.1%，这较世界银行早些时候公布的调整后欧元区经济预期更为悲观。三是由于财政紧缩举措影响加剧以及银行放贷意愿不强，意大利和西班牙的经济将分别萎缩 2.2% 和 1.7%；预计英国经济将增长 0.6%，增速略低于英国预算责任办公室预期的 0.7%，而英国 2013 年经济增速将反弹至 2%。四是美国和中国仍将是两大经济增长国。预计 2012 年美国经济增长 1.8%，与此前预期一致；预计中国经济增速从 9% 下调至 8.2%。五是当前最迫切的政治挑战是重建信心并终结欧元区危机，支持经济增长。IMF 鼓励欧洲央行实施更具适应性的货币政策，以防止出现信贷紧张。

2. 消费者收入的变化

消费者收入是指消费者从各种来源所得到的货币收入，通常包括工资、奖金、津贴、利息、股息、红利、租金等。消费者收入主要形成消费人口的购买力，收入水平越高，购买力就越大，但消费者收入不会全部用于消费。因此，对企业营销而言，有必要区别以下几个概念。

（1）个人可支配收入，是指个人收入中扣除各种税款（所得税等）和非税性负担（如工会费、养老保险、医疗保险等）后的余额。它是消费者个人可以用于消费或储蓄的部分，形成实际的购买力。

（2）个人可任意支配收入，是指个人可支配收入中减去用于维持个人与家庭生存所必需的费用（如水电、实务、衣服、住房等）和其他不定支出后剩余的部分。这部分收入是消费者可任意支配的，因而是消费需求中最活跃的因素，也是企业开展营销活动所要考虑的主要对象。

（3）家庭收入，是指共同生活的家庭成员全部货币收入和实物收入的总和。许多产品的消费是以家庭为单位的，如冰箱、电视、空调等，因此家庭收入的高低会影响许多产品的市场需求。

（4）绝对收入和相对收入。绝对收入是指消费者货币收入的绝对量；相对收入是指消费者本人的收入与周围其他收入的比较，以及自己现期收入与过去收入的比较。

（5）实际收入和名义收入。实际收入是指消费者绝对收入可以实际买到的消费资料（包括消费服务）的数量。名义收入是指用货币数量表现的收入。物价下跌，则实际收入上升。

企业不仅要研究分析消费者的平均收入，而且要研究分析各个阶层的消费者收入。此外，由于各地区的工资水平、就业情况有所不同，不同地区消费者的收入水平和增长率也有所不同。

3．消费者支出模式的变化

随着消费收入的变化，消费者支出模式也会发生相应的变化。德国统计学家恩格尔1857年根据对英国、法国、德国、比利时等国许多工人家庭收支预算调查研究，发现了关于工人家庭收入变化与各方面支出变化之间比例关系的规律性，即恩格尔定理。恩格尔定理表明：家庭收入越少，在食品上的支出占收入的比重就越大，反之，则越小。通常把食品支出与家庭收入之比称为恩格尔系数。恩格尔系数的高低表明生活水平的高低。根据联合国粮农组织提出的标准，恩格尔系数在59%以上为贫困，50%～59%为温饱，40%～50%为小康，30%～40%为富裕，低于30%为最富裕。企业通过分析恩格尔系数可以了解目前市场消费水平、变化趋势及对营销活动的影响。

4．消费者储蓄和信贷的变化情况

在一般情况下，消费者并非将其全部收入完全用于当前消费，而是会把收入中的一部分以各种形式储蓄起来。储蓄，是指城乡居民将可任意支配收入的一部分储存待用。储蓄的形式多种多样，可以是银行存款，可以购买有价证券，也可以是手持现金。储蓄是一种推迟了的、潜在的购买力。在消费者收入不变的情况下，如果储蓄增加，用于现时消费的支出便会减少；反之，如果储蓄减少，用于现时消费的支出就会增加。因此，企业应当全面了解消费者的储蓄情况，尤其是要了解消费者储蓄目的的差异。储蓄目的不同，往往影响潜在需求量、消费模式、消费内容和消费发展方向。

信贷，是指金融或商业机构向有一定支付能力的消费者融通资金的行为，主要表现为短期赊销、分期付款、消费信贷等。消费信贷使消费者可用贷款先取得商品使用权，再按约定期限归还贷款。消费信贷的规模与期限在一定程度上影响着某一时限内

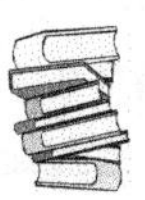

现实购买力的大小，也影响着提供信贷的商品的销售量，如住宅、汽车等。但消费信贷的产生是社会生产发展和人们消费结构变化的客观要求，缓和了消费者有限的购买力与不断提高的生活需求之间的矛盾，对开拓销售市场、促进生产和流通有积极作用，因此企业应予以关注。

三、政治法律环境

企业的营销活动是社会经济生活的组成部分，而政治法律因素时刻对经济基础发挥着巨大的作用。因此，企业的管理者要明确了解、把握政治法律环境对营销活动的影响，根据政治法律环境来制定营销战略，维护企业的正当利益。

1．政治环境

政治环境是指那些对企业营销活动有一定影响的各种政治因素的综合，它主要包括一个国家或地区的政治制度、政治体制、政治局势、经济政策等因素。企业要善于分析当前国内外的政治形势和经济形势，估计可能遇到的阻力和风险，及时制定和调整营销战略。对政治环境的分析可以从政治的稳定性和政府实行的经济政策着手。

（1）政治的稳定性。政治的稳定性主要体现在两个方面：一个是政治冲突，另一个是政策的稳定性。政治冲突包括社会不稳定、政局动荡、战争、暴力阴谋等国内外重大事件和突发性事件。这类事件在和平与发展为主流的时代从未绝迹，对企业市场营销工作的影响或大或小，有时会带来机会，有时会带来威胁。政策的稳定性是指政府政策的相对长期性、连续性和可预见性。政体的变更或政府的更迭会改变前政府许下的承诺。

（2）政府的经济政策。随着全球经济的相互渗透和国际经济一体化，各国在不断调整本国的经济政策，其目的就是保护、扶持本国经济，有限度地干预外国经济的渗透。企业在国内开展营销活动，需要分析、掌握诸如国家的产业政策、人口政策、能源政策、价格政策、财政政策、货币政策等各项方针政策带给企业的机会和威胁。如果企业在国外开展营销活动，需要研究目标市场国政府对国际营销活动的干预程度，包括进口限制、外汇控制、市场控制、劳工限制等。

2．法律环境

一个国家的法律体现了该国政府的政策倾向，政府的政策往往是通过法律来实施的。因此，每一项新的法令法规的颁布或调整，都会影响企业的营销活动。一国政府对营销活动实行法律干预或保护，主要基于以下几个方面的考虑：第一，保护企业不受来自其他企业的伤害，如专利法、商标法、反不正当竞争法等。虽然企业都赞同公平竞争，但当竞争带来威胁时，有的企业有时也会试图违背公平原则，因此要通过法律保护企业的权益，避免不正当竞争。第二，保护消费者，维护消费者利益，制止企业生产劣质产品、做虚假广告、通过包装和价格欺骗消费者，如消费者权益保护法。第三，保证全社会的共同利益不会受到无规范商业活动的侵害，避免“外部不经济”，如环境保护法。由于获利企业的经营并不一定能提高生活质量，因而制定一些法律可以保证企业为其生产或产品的社会效益负责。

总之，政治法律环境对企业的营销活动的影响主要表现在两个方面：一是保障作用；二是规范作用。因此，企业进行市场营销活动必须注意以下几个方面：第一，企业的市场营销活动要遵守目标市场国家的有关法律法规。第二，企业的市场营销活动要服从国家有关发展战略与政策的要求。第三，企业要积极利用国家政策给市场带来的机会。第四，企业要积极运用国家法律法规武器，保护自己在市场营销活动中的合法权益。

同步案例

斯坦福·布卢姆是美国一家体育用品公司的推销员，1977 年以前，他已成功地推销了招贴纸、汗衫和臂章等商品。为了再大干一番，他用 25 万美元买下了在美国使用米莎小黑熊商标的专利权。因为米莎小黑熊将正式作为在莫斯科举行的 1980 年夏季奥运会的标记（吉祥物）。在随后的两年中，布卢姆和他的体育用品公司为销售米莎产品四处奔波，他们允许 58 家公司使用米莎商标。当四种颜色描制的憨态可掬的小黑熊的大幅广告出现在几十种杂志上时，便有千百万个胖乎乎的小米莎被制造出来，分送到全国各地的玩具商店和百货公司。事情进展的非常顺利。布卢姆估计可获得 5 000 万到 1 亿美元的毛利。但是，就在这时发生了意想不到的事情：苏联突然出兵侵略阿富汗，并拒绝撤军。美国总统因此宣布美国将不参加在莫斯科举行的奥运会。顷刻之间，昔日令人喜爱的小动物变成了邪恶的象征，不再有人问津，尽管布鲁姆毫无过错，但他的希望却化为泡影。

四、自然环境

企业在市场营销研究中所涉及的自然环境，主要是指影响企业生产和经营的物质因素，如企业生产需要的物质资料、企业生产过程中对自然环境的影响等。当前，自然环境对企业影响的主要动向是自然资源日益短缺、能源成本过高、环境污染日益严重、政府对自然资源管理的力度加大。

面对资源短缺，企业应重点发展节约能源、降低原材料消耗的产品，如开发节能，节电，节约时间、空间的产品；寻找替代品、开发新能源，如以太阳能、风能、核能、地热能等新能源替代煤炭、石油等传统能源，大力发展人工合成材料，使产品轻型化、小型化、多功能化等。

面对环境污染，各国纷纷对进口商品提出了“环保检验”的有关标准，以此作为新的非关税壁垒，这些标准包括绿色关税和市场准入、绿色技术标准、绿色环保标志、绿色包装等。这些动向对那些造成环境污染的行业和企业是一种市场威胁，迫使他们在社会舆论的压力和在政府的干预下，不得不采取措施控制污染；另一方面，这种动向也给控制污染、研究与开发制止环境污染的行业和企业创造了新的市场机会。

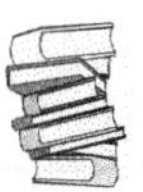

同步案例

由中国科学院编纂、科学出版社出版的《2008中国可持续发展战略报告》列出了中国可持续发展领域存在的八大主要问题：一是在环境保护和可持续发展领域的宏观协调能力有所降低；二是新型工业化的理念虽先进，但实现新型工业化缺少具体的路径指导；三是可持续城镇化道路尚未确立，资源环境保护没能适时融入城市发展的主流工作；四是在节能减排领域，效率指标比较符合实际，而在减排方面采取的总量指标，需要付出高昂的代价；五是许多政策决策没有建立在完善的基础数据和信息的基础上，使有限的资金不能实现优先的政策目标；六是生态保护与建设工程缺少长期规划，从而降低工程及政策的有效性和可持续性；七是实现可持续发展和建设节约型社会的基本制度安排和政策保障不足；八是资源环境问题的跨部门、跨行政区性质与行政管辖范围的不对称使目前的制度安排和政策措施难以有效发挥作用。

五、科学技术环境

科学技术是人类在长期实践活动中积累的经验、知识和技能的总和，是宏观环境中变化最快、最强的因素，是促使企业技术改造和产品创新的主要动力。它在推动生产力发展的同时，也不断地促进社会分工的深化和社会需要的产生。科学技术的这种发展趋势，既给企业带来新的市场机会，又可能给某些企业带来威胁。

第一，科学技术的发展，产生了许多新兴的工业部门和新的行业，新技术、新材料、新产品不断涌现，如原子能、电子技术、生物工程、空间技术等，极大地促进了经济增长，同时也使某些技术陈旧的老产品备受打击，甚至造成行业萎缩或消失。

第二，科学技术的发展，改善了企业的经营管理。随着计算机的出现，许多企业开始在经营管理中使用电脑、传真机、光纤通信等设备，大大提高了企业生产经营的工作效率，使企业经营管理逐步迈向现代化。

第三，科学技术的发展，使消费者的生活方式发生很大的变化，消费需求、消费习惯、消费结构、消费方式也都发生变化，例如，由于电脑电话系统的迅速发展，出现了电视购物和网络购物等购物方式，新的营销方式——网络营销也将成为企业很重要的营销方式。

同步案例

海尔洗衣机十几年来的发展表明：海尔一直都在不断地创新。1996 年打破洗衣机淡季规律的第一台小小神童洗衣机的推出，2002 年世界第四种“双动力”洗衣机在海尔诞生，2003 年世界首台真正不用洗衣粉的洗衣机问世，2009 年带来了健康洗衣三大革命性改变的全球首创“芯变频”滚筒洗衣机的推出，还有实现洗衣“零缠绕”的“匀动力”洗衣机和全球最高的复式滚筒洗衣机的出现，以及创造了吉尼斯世界纪录的 mini 洗衣机的产生……这些令全球瞩目的创新举动，开创了洗衣新理念，同时也为海尔赢得了“创新者”的美誉。

正是因为牢牢占据了创新技术的制高点，海尔洗衣机开始主导着中国乃至全球洗衣机行业的发展路线。为了给全球消费者带来更符合需求的高品质产品，海尔洗衣机一直不断地整合全球优秀资源进行技术创新研发。截至目前，海尔已先后与 GE、宝洁、VDE、FPA 等全球著名企业、机构联合，创造出一项又一项全球顶尖的洗衣新技术，给用户提供了超出需求预期的好产品。

六、社会文化环境

社会文化是人类在创造物质财富的过程中所积累的精神财富的总和，它体现着一个国家（或地区）社会文明程度的高低，包括价值观念、生活方式、宗教信仰、职业与教育程度、风俗习惯、社会道德风尚等。这种环境是通过对消费者的需求心理、消费习惯及购买行为的影响，进而影响企业的营销活动。

1. 价值观念

价值观念是人们对社会生活中各种事物的评价标准。价值观念随人们所处的社会文化环境不同而有所差异。人们在价值观上的差异主要表现在对时间、风险和金钱的态度。例如，在对时间的态度上，美国人生活节奏快、讲究效率，谈生意喜欢开门见山，而阿拉伯国家和欧洲部分国家则偏向于做事四平八稳，谈生意时需要花较长时间交谈与生意无关的事情；在对金钱的态度上，美国人崇尚现实消费的满足，常常超前消费、追求方便和舒适的产品，是一次性产品的庞大市场，而在其他一些相对保守的国家则难以接受这种观念和消费方式。因此，企业应针对不同的价值观念采取不同的营销策略，以适应不同价值观念影响下人们的购买偏好。

2. 宗教信仰

宗教作为文化的重要组成部分，影响和支配着人们的生活态度、价值观念、风俗习惯和消费行为。目前，世界上传播范围最广泛的宗教主要有基督教、佛教和伊斯兰教。宗教对营销活动的影响主要表现在：对人们道德和行为规范的影响；宗教的要求和禁忌对于需求和营销手段的限制；宗教习惯与宗教节日对需求波动的影响等。例如，中国海尔空调商标上的“海尔兄弟”图案在法国受到欢迎，因为购买空调的多为女性，她们喜爱孩子；但在中东地区却禁止该标志出现，因为这两个孩子没穿上衣。

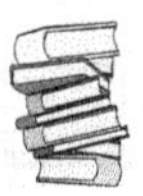

同步案例

欧洲一冻鸡出口商曾向阿拉伯国家出口冻鸡，他把大批优质鸡用机器屠宰好，收拾得干干净净，只是包装时鸡的个别部位稍带点血，就装船运出。当他正盘算下一笔交易时，不料这批货竟被退了回来。他迷惑不解，便亲自去进口国查找原因，才知退货原因不是质量有问题，只是他的加工方法犯了阿拉伯国家的禁忌。阿拉伯国家人民信仰伊斯兰教，规定杀鸡只能用人工，不许用机器；只许男人杀鸡，不许妇女伸手；杀鸡要把鸡血全部洗干净，不许留一点血渍，否则便被认为不吉祥。这样，欧洲商人的冻鸡虽好也仍然难免退货的厄运。

3. 风俗习惯

风俗习惯是人们在长期的生活中形成的习惯性的行为模式和行为规范，具有高度的持续性和强烈的区域性。消费习俗是风俗习惯在消费领域的表现，体现在人们的衣、食、住、行、婚、丧、嫁、娶、节日、人际交往等各个方面，不同国家、地区、民族的人们有着不同的消费习惯，因此形成不同的消费需求偏好和价值判断。例如，在美国，购买食品被认为是一种琐事，因而妇女们到超市采购的次数较少，但每次购买量很大；而在法国，家庭主妇在购物过程中与店主和邻居交往是其日常生活中的一个组成部分，因而她们的采购是多次数、少批量的。正因如此，广告对美国主妇的影响很大，而现场陈列对法国主妇最有效。另外，美国家庭冰箱的容积要比法国家庭的大些。

同步案例

20 世纪 80 年代初期，山东荣成布鞋厂为滨州一家大商店赶制了一种海蓝色涤纶坡跟鞋，不料，这家商场很快要求退货。原来，滨州当地有这么一种风俗，只有谁家办丧事，妇女们才穿海蓝色布鞋，以示悼念。结果，布鞋的款式虽新，却由于颜色为当地所忌，成了“冷门货”。吃了这个苦头后，该厂懂得了采风的重要性。一次厂方了解到即墨地区每逢寒食节，所有头年结婚的新媳妇都要给七大姑八大姨每人送一双鞋，便马上组织力量生产了 4 000 双各种规格的布鞋，抢在寒食节前几天发到即墨，结果不到一天的时间就销售一空。

4. 教育水平

教育是通过正规或非正规的训练对受教育者施以影响的一种活动。一国教育水平的高低会影响消费结构和消费者购买行为，在教育水平高的国家，对知识、技术、文化含量高的产品需求较大，对文字广告理解较快，容易接受新产品、新技术、新消费方式，购买行为较理性；而在教育水平低的国家则相反。因此，教育状况影响企业目标市场的选择，以及产品的分销和促销策略。

2.1.4　市场营销环境分析

如前所述，影响企业营销活动的市场营销环境包括微观环境和宏观环境，它们又各自包含若干因素。这些因素数量多、变化快、相互关联、错综复杂，但它们并不一定都与该企业的营销活动相关，即使同一环境因素对不同企业营销活动的影响程度也是不一样的。所以，企业应从变幻纷繁的环境中监测与企业营销活动有关的环境因素的变化，然后进行分析，预测它行将或已经对企业营销活动的影响，提出相应的对策，以缓解或消除环境变化带来的威胁，利用环境变化带来的机会。

SWOT 分析法是一种目前运用最广泛的企业战略分析方法，它是通过对企业内部环境中的优势（strength）与劣势（weakness）和企业外部环境中的机会（opportunity）与威胁（treats）的分析，扬企业之长，避企业之短，寻找最佳营销决策方案的方法。

一、SWOT 分析步骤

（一）分析企业内部的优势和劣势

优势是指一个企业超越其竞争对手的能力，这种能力有助于企业实现以营销为目的的主要目标。反之为劣势。但是，企业的优势并不一定完全体现在较高的盈利率上，也可以是指产品线的宽度，产品的质量、可靠性、适应性、风格和形象以及各种附加服务，即消费者认同的一个企业或它的产品优于其他竞争对手的任何东西。

由于企业是一个整体，并且竞争优势的来源具有广泛性，所以，在进行优、劣势分析时必须从整个价值链的每个环节上，将企业与竞争对手进行详细对比。如果一个企业在某一方面或几个方面的优势正是该行业企业应具备的关键成功因素，那么，该企业的综合优势也许就更强一些。衡量一个企业及其产品是否具有竞争优势，必须站在现有和潜在顾客的角度上，而不是站在企业的角度上。见图 2 -4。

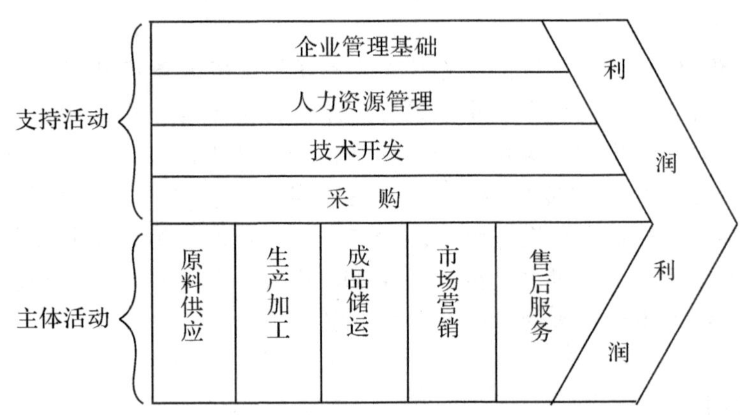

图 2 -4　企业的价值链

（二）分析企业外部环境中的机会与威胁

1. 市场机会分析

（1）市场机会的含义。发现市场机会是企业进行市场营销的首要任务。从某种意义上来说，企业的营销活动就是围绕如何利用市场机会来进行的。所谓市场机会是指某种特定的营销环境条件，在该营销环境条件下企业可以通过一定的营销活动创造利益。市场机会的产生来自于营销环境的变化，如新市场的开发、竞争对手的失误以及新产品新工艺的采用等，都可能产生新的待满足需求，从而为企业提供市场机会。

同步案例

美国人吉姆·罗杰斯，与曾引发亚洲金融危机的乔治·索罗斯同为量子基金的创始人。在1970～1980年二人合作的10年里，量子基金的复合收益率达37%，超过了同期沃伦·巴菲特的29%，和彼得·林奇的30%。1980年，罗杰斯与索罗斯分道扬镳，开始了自己的投资生涯。他的投资方式别具一格：驾车做环球旅行。1990年开始的第一次环球旅行耗时22个月，行程10万多千米，足迹遍及中国等50多个国家。所到之处，他都用金融家的眼光探寻投资机会，并亲身实践。其中，最意外的发现是在非洲的博茨瓦纳。在那里，城里到处跑的都是高级轿车，货币可以自由兑换，国家有3年的外汇储备，政府预算和外贸都是顺差，而股票市场只有7名职员和7只股票，股价很低还有现金红利。罗杰斯当即购买了全部股票，并告诉经纪人为他买下以后上市的每一只股票。结果是：2002年博茨瓦纳被《商业周刊》评为当时世界上增长最快的国家。

（2）市场机会矩阵。对于不同的企业，由于不同的市场机会其市场容量大小不同，同样的环境由此带来的潜在吸引力也不一样。另外，企业在利用各种机会时，所能超越其他竞争对手而取得成功的可能性也有大有小。因此，分析评价市场机会主要有两个方面：一是考虑机会给企业带来的潜在吸引力的大小；二是考虑成功的可能性，即成功的概率。如图2－5所示。

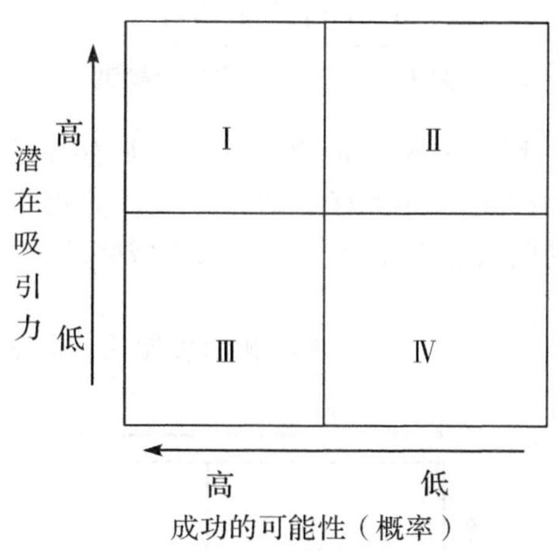

图2－5　市场机会分析矩阵图

在市场机会矩阵图中，纵轴表示潜在吸引力，用机会潜在吸引力对企业产生的利润额来表示；横轴表示成功的可能性，用成功的概率值来表示。从矩阵图中可以看出，对于企业来讲，两种因素的组合可能会出现以下四种情况：

区域Ⅰ：是最好的营销环境机会，其潜在的吸引力和成功的可能性都很大，企业一般应该抓住这一机会，求得更大的发展。

区域Ⅱ：潜在吸引力较大，但是企业成功的可能性较小，面对这种情况，企业应该尽快找出成功可能性较低的原因，然后设法扭转不利因素，使企业的自身条件加以改善。

区域Ⅲ：潜在吸引力较小，但企业成功的可能性较大，企业应该密切关注市场发展趋势的变化，并根据其变化情况及时采取措施。

区域Ⅳ：不仅潜在的吸引力较小，而且成功的可能性极小，企业几乎没有机会可言。

通过对上述营销环境及其变化给企业带来的机会进行分析、评价，可以使企业准确地发现本身所面临的最有利的市场营销机会，积极开拓市场，扩大销量，巩固市场地位。

2. 环境威胁分析

（1）环境威胁的含义。环境威胁是指某种特定的营销环境，在该环境下企业的营销活动会受到许多不利因素的影响，或者是企业可能会遭受一些损失，甚至会伤害到企业的市场地位，使企业陷入困境。根据迈克尔·波特的管理理论，企业所面临的环境威胁主要来自五个方面，又称“五力模型”，即行业内部的威胁、购买方的威胁、替代品的威胁、新进入者的威胁和供应商的威胁。如图 2－6 所示。

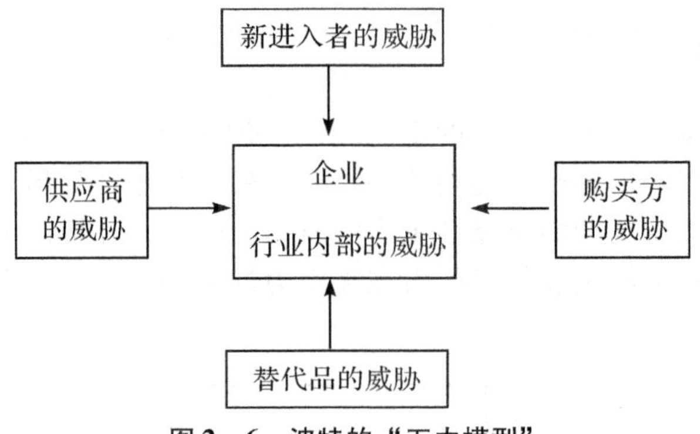

图 2－6　波特的“五力模型”

（2）环境威胁矩阵。环境威胁对企业来讲是客观存在的，但对不同的企业，其影响程度是有差别的，有的严重一些，有的则轻一些。分析企业所面临的环境威胁主要考虑两个因素：一是威胁的潜在严重性，二是出现威胁的可能性。如图 2－7 所示。

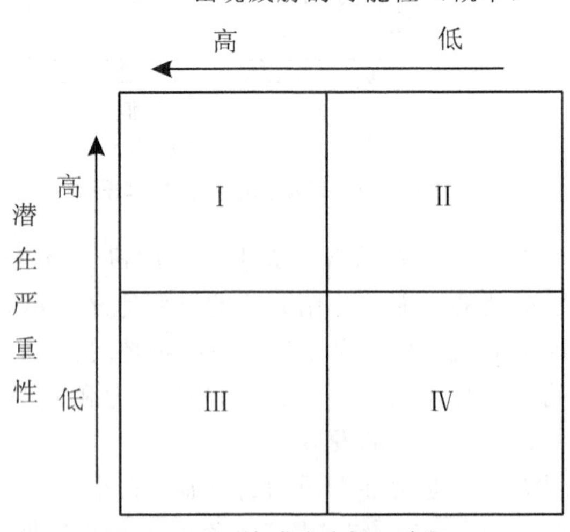

图 2－7　环境威胁分析矩阵图

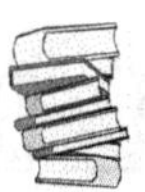

在图 2－7 中，纵轴表示威胁的潜在严重性，即环境威胁出现后给企业带来损失的大小；横轴表示出现威胁的可能性，用概率值来表示。

区域Ⅰ：威胁出现的可能性较大，而且一旦威胁出现，就会给企业带来巨大的损失，甚至是灭顶之灾。因此，企业应处于高度警惕状态，并制定相应的措施，尽量避免损失或者将损失降到最小。

区域Ⅱ：威胁出现的可能性较小，但是一旦威胁出现，其损失是很严重的。因此企业要密切关注其发展变化趋势。

区域Ⅲ：威胁出现的可能性较大，但是就算是威胁出现，对企业的影响也比较小。对这种情况，企业也不能掉以轻心，要给予充分的考虑，制定好应变方案。

区域Ⅳ：威胁出现的可能性以及其潜在的严重性都比较小，即使威胁出现，也不会给企业带来很大的损失。面对这种情况，企业可以暂时不予考虑，但是要经常注意其变化，如果有向其他象限移动的倾向时应制定相应对策。

通过对以上营销环境及其变化给企业带来的威胁进行分析、评价，可以帮助企业准确地发现本身所面临的环境威胁，找出其关键所在，有重点地采取适宜的对策。

同步案例

河里有种鱼叫河豚。春天到了，河水越来越多，水草也变绿了。一只河豚非常高兴，它尽情地享受春天的舒适，在河里欢快地游来游去。当它游到桥下面的时候，由于自己太陶醉了，一不留神撞到桥墩上。桥墩多硬啊，把河豚撞得眼冒金星，差点昏死过去。河豚疼得直咬牙，虽然明明是它自己不对，但是它却愤怒地责怪桥墩撞了它，气得张开双腮，竖起两鳍，肚皮鼓得圆圆的浮在水面上，很长时间都没有动。这时，一只出来觅食的老鹰正好从这里飞过，看到水面上翻着肚皮的河豚，心想今天真是走运，竟然有自动送上门的美餐，于是飞快地俯冲下去，一下子就把河豚抓了起来，飞到树上美美地享受着丰盛的美餐。

（三）SWOT 矩阵分析

企业针对以上内外环境条件中关键战略要素进行匹配，可以设计出 SWOT 矩阵，即四大战略方案。见表 2－1。

表 2－1 SWOT 矩阵分析

内部环境 外部环境	内部优势（S） 成本优势 规模经济 宽市场覆盖面 良好的营销技巧 品牌知名度高 技术能力强 管理水平高 ……	内部劣势（W） 产品创新能力差 过时、过窄的产品线 不良的营销计划 没有信誉 研发能力下降 竞争地位恶化 管理不善 ……
外部机会（O） 核心业务拓展 开发新的细分市场 扩大产品系列 打破进入壁垒 市场增长迅速 有利的政策 ……	SO 战略 （依靠内部优势，利用外部机会）	WO 战略 （克服内部劣势，利用外部机会）
外部威胁（T） 公司核心业务受到攻击 国内外市场竞争加剧 用户议价能力增强 新竞争者相继加入 市场饱和 不利的政策 ……	ST 战略 （依靠内部优势，避开外部威胁）	WT 战略 （克服内部劣势，避开外部威胁）

（1）SO 战略，即着重考虑优势因素和机会因素，目的在于努力使这两种因素都趋于最大。此时，企业可采用成长型战略，如开发市场、增加产量等。

（2）ST 战略，即着重考虑优势因素和威胁因素，目的是努力使优势因素趋于最大，使威胁因素趋于最小。企业可采用多经营战略，如企业可以利用技术的、财务的、管理的和营销的优势来克服来自新进入者的威胁。

（3）WO 战略，即着重考虑劣势因素和机会因素，目的是努力使劣势趋于最小，使机会趋于最大。企业可采用扭转型战略，设法清除内部不利条件，或者在内部发展弱势领域，或者从外部获得该领域所需要的能力，以尽快形成利用环境机会的能力。

（4）WT 战略，即考虑劣势因素和威胁因素，目的是努力使劣势因素和威胁因素都趋于最小。处于这种局面的企业，可采用防御型战略，如通过联合等形式取长补短。

同步案例

碧桂园位于广东顺德与番禺交界地。1993年，碧桂园和广东上百个别墅楼盘一样，由于位置不佳，前来看盘的人冷冷清清，楼盘销售也像一池死水。1994年10月，焦急万分的碧桂园老板杨国强请来了王志刚，一番交谈后杨国强被王志刚的想法所折服，当场拍板聘王志刚为碧桂园营销总策划师。王志刚提出的“给你一个五星级的家”，以办学带动楼盘销售的营销战略立竿见影，不但为杨国强带来了3亿多元的教育储备金，而且迅速拉动了楼盘的销售。

碧桂园从实施“学校+地产”营销模式开始，到目前的“学校+会所+地产+酒店+度假”营销模式，现已成长为中国第一个实践复合地产开发的地产项目。

对于任何一个企业而言，研究其内外部环境是一项复杂工程，这就要求企业充分明确当前的竞争地位和资源条件，以及面临的环境机会和挑战，采取合适的营销策略，积极适应环境的变化，增加企业成功的机会，帮助企业获得市场竞争优势。

本节小结

企业的市场营销环境是指影响企业营销活动及其目标实现的各种因素和力量。这些因素和力量的交叉运动不断产生出市场机会和环境威胁。市场营销环境具有客观性、唯一性、可变性和相关性等特点。

企业市场营销环境分为微观营销环境和宏观营销环境。微观营销环境是指那些与企业关系密切、直接影响企业营销活动的诸因素，包括供应商、企业各部门、营销中介、顾客、公众、竞争者等。宏观营销环境是指那些作用于微观营销环境，并对企业市场营销活动施加影响的一系列社会约束力量，包括人口、经济、政治和法律、自然、科学技术、社会文化等。这两种环境的相互作用共同影响企业的市场营销活动。

企业营销者对环境分析主要采用SWOT分析法。SWOT分析法，是指通过对企业内部环境中的优势与劣势和企业外部环境中的机会与威胁的分析，来扬企业之长、避企业之短，寻找最佳营销决策方案的方法。对企业内部优劣势进行分析，主要着眼于企业自身的实力以及与竞争对手的比较；对企业外部环境进行机会与威胁分析，主要着眼于外部环境变化对企业可能造成的影响，这种影响既给企业带来机会，也会使企业面临风险。

2.2　技能训练

2.2.1　基本练习

一、名词解释

1. 市场营销环境　　2. 宏观市场营销环境　　3. 微观市场营销环境
4. 营销中介　　5. 公众　　6. 愿望竞争者

7. 一般竞争者　　8. 产品形式竞争者　　9. 品牌竞争者
10. SWOT 分析法　　11. 市场机会　　12. 环境威胁

二、不定项选择题

1. 下列（　　）属于企业的不可控因素。
   A. 营销环境　　B. 营销组合　　C. 促销策略　　D. 产品组合
2. 西方人普遍认为“13”这个数字是不吉利的，常以 14（A）或 12（B）代替，这属于（　　）环境因素。
   A. 经济　　B. 科学技术
   C. 社会文化　　D. 政治法律
3. 企业的营销环境中，属于经济环境的有（　　）。
   A. 经济发展阶段　　B. 地区与行业的经济发展
   C. 购买力水平　　D. 家庭状况的变化
   E. 环境保护、资源开发利用方面的法律
4. 家庭数量的剧增必然会引起对下面（　　）需求的迅猛增长。
   A. 大米　　B. 食盐　　C. 住房　　D. 衣服
5. 影响汽车、住房以及奢侈品等商品销售的主要因素是（　　）。
   A. 个人可支配收入　　B. 可任意支配收入
   C. 个人收入　　D. 人均国内生产总值
6. 人口老龄化对（　　）企业来说是一种机会。
   A. 化妆品　　B. 娱乐
   C. 保健品　　D. 运动服装
7. “捷安特”自行车公司是“桑塔纳”轿车生产厂的（　　）。
   A. 愿望竞争者　　B. 一般竞争者
   C. 产品形式竞争者　　D. 品牌竞争者
8. 一个国家中央银行利率下调后，本国的进口业务将会（　　）。
   A. 顺利进行　　B. 遇到困难
   C. 无关紧要　　D. 持续增长
9. SWOT 分析中的“T”是指（　　）。
   A. 优势　　B. 弱势
   C. 机遇　　D. 威胁
10. 企业的营销活动不可能脱离营销环境而孤立地进行，企业营销活动要主动地去（　　）。
   A. 控制环境　　B. 征服环境
   C. 改造环境　　D. 适应环境

三、判断题

1. 企业营销的微观环境和宏观环境各自独立地影响着企业的营销活动。（　　）
2. 市场营销的间接环境是客观的、不可控的因素。（　　）
3. 对环境威胁，企业只能采取对抗策略。（　　）

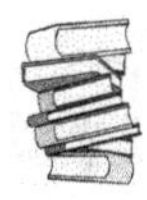

4. 任何企业的市场营销活动都不可能脱离营销环境而孤立地进行。 (　　)
5. 营销中介就是指中间商。 (　　)
6. 公众是指企业所在地附近的居民和社区团体。 (　　)
7. 企业只要做好内部营销，就一定会取得很好的营销效益。 (　　)

三、问答题

1. 什么是企业的市场营销环境？企业为什么要研究营销环境？
2. 市场营销微观环境因素有哪些？宏观环境因素有哪些？
3. 市场营销经济环境包括哪些因素？
4. 什么是 SWOT 分析？
5. 什么是环境威胁？企业的环境威胁来源于哪些方面？

2.2.2　理论运用

案例 1

"非典"冲击波

"非典"传染性非典型肺炎，对中国和世界人民来说，都是一场灾难，也是一场严峻的考验。面对这样的突发事件，有关企业又是如何表现的呢？

莱曼赫斯：无偿派送"威露士"

2003 年 2 月 11 日，广州市政府组织新闻发布会通报了广东省疫情情况。与此同时，政府和专家给出了一些预防病毒感染的建议措施，在这些建议中，勤洗手是关键的措施之一。莱曼赫斯公司立即对这一信息做出反应，迅速挖掘市场，在《广州日报》头版推出平面广告"预防流行性疾病，用威露士消毒药水"，随后又在《南方都市报》等媒体上连续推出通栏广告。

在迅速扩大了品牌知名度之后，威露士开始利用事件建立品牌美誉度。通过新闻媒介《南方都市报》向社会各界，包括学校、机关等人群密集地区无偿派送"威露士"消毒产品总计 37 吨，价值 100 万元。

结合事件中与企业相关的市场诉求点进行企业的产品宣传，同时又使得公司一贯秉承的"关心大众，无私奉献"的企业精神在这次事件营销中得到了很好的诠释，莱曼赫斯公司在这种突发事件中展现了企业深厚的营销功力。通过这一事件，威露士品牌形象得到了迅速提升，在许多消费者心中确立了消毒水第一品牌的位置。

江苏恒顺：快速的醋

政府和专家给出的预防病毒感染的建议措施还包括可用食用醋熏蒸消毒空气。随即，抢购白醋进入高潮。

截至 2003 年 2 月 11 日 16 时，江苏镇江恒顺醋业向广州等地区发货量已达千吨以上，收到货款上百万元。到 14 日，其累积发货量已达 10 多万箱。而与此同时，赫赫有名的山西老陈醋的发货量只有 2 万箱。在非典型肺炎这样的突发事件面前，恒顺醋业显示了其快速反应的优势。这种优势的取得一方面与其销售网络直接相关，另一方面也离不开其生产及运作上的快速反应能力。

迎接“后非典时期”新机遇

到2003年6月初，在中央政府和全国各界共同努力下，“非典”疫情得到有效控制，企业界逐渐把认识外部环境变化、寻求挽回损失、继续发展重新提到首要议事日程。

不可否认，“非典”给中国经济带来了较为广泛的影响，但不可能从根本上改变中国的增长模式，中国经济增长的基本面因素依然强劲。因此，如果把危机解读为“危险中的机会”，则“非典”事件可能是一次行业重新洗牌的机会。“后非典时期”的市场机遇将进一步考验企业的营销智慧。

问题：

1. 从莱曼赫斯公司和恒顺醋业两例中，可以给企业什么启示？
2. 试以威露士为例，对“后非典时期”的外部环境变化趋势进行分析。

案例2

我国汽车业面临新的机遇和挑战

在2009年5月召开的“中国汽车业抢抓机遇实现跨越式发展高层论坛”上，与会汽车企业和专家学者就汽车面临的重大机遇和挑战、汽车骨干企业的责任与使命等问题展开了深入讨论。大家一致认为，在新的形势下，中国汽车业要抢抓战略机遇，努力实现跨越式发展。

当今世界，新能源汽车时代提前到来，既为我国汽车业的发展提供了难得的机遇，又带来了重大挑战。近年来，石油危机频繁出现，环境问题日益突出。面对全球范围日益严峻的能源形势和巨大的环保压力，作为石油消耗和环境污染“大户”的汽车业正在进行一场重大技术变革，发展节能环保的新能源汽车，并由其逐步替代传统燃油汽车已是大势所趋。为抓住汽车技术革命带来的新机遇，一些发达国家已将新能源汽车作为国家能源战略和汽车产业发展战略的重要内容，跨国汽车企业纷纷加大了对新能源汽车的研发投入，各种新技术、新产品不断推向市场，力求在开发新能源汽车方面占得先机。特别是在国际金融危机的冲击下，传统汽车企业普遍遭受重创，更希望通过发展新能源汽车巩固和扩大竞争优势。

就国内而言，有着非凡活力和巨大潜力的城乡汽车市场，为我国汽车业发展带来的机遇与挑战同样是双重的。2008年，我国人均GDP已超过3 000美元，正处于消费结构升级的重要阶段，市场潜力巨大，发展前景广阔。近几年来，我国汽车需求和汽车市场发展迅猛，已成为全球第二大汽车市场。尽管受到国际金融危机冲击的负面影响，但在经济持续增长和中央一系列政策措施的支持下，国内汽车市场持续向好，2009年前5个月国产汽车销量近500万辆。未来一段时间内，我国城乡居民收入仍将持续增加，并为汽车市场稳定发展提供有力支撑；各级政府在改善公路基础设施方面不遗余力地投入，也将继续为汽车市场稳定发展提供保障。2009年2月9日，国务院颁布了《汽车产业调整和振兴规划》，这一规划将有力地促进汽车产业持续、健康、稳定发展。中国的汽车市场在世界上增长最快，地位越来越重要。与此同时，汽车产业发展带来的能源消耗问题、环境污染问题也日益突出。据测算，我国汽车保有量到

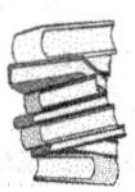

2020年将超过1.5亿辆，年耗油量将突破2.5亿吨。要满足如此巨大的市场需求，同时缓解严峻的能源、环境压力，发展新能源汽车显然是一个重要的战略选择。

发展新能源汽车代表了世界汽车业的发展方向，也正是我国汽车业的机遇和挑战所在。国内广大汽车企业需要进一步明确，加快新能源汽车技术研发，只要不失时机地推动新能源汽车实现实用化、产业化、规模化，就能迅速提高我国汽车技术水平和制造水平，就能主动适应国内汽车市场的迅猛发展，就能在未来的国际汽车市场激烈竞争中赢得主动权。这几年，有关部门不断加大对节能和新能源汽车的政策支持力度，汽车企业也不断增加对新能源汽车及相关零部件的研发投入。目前，我国新能源汽车的技术水平与世界先进技术水平差距不大，尤其在纯电动车方面已处于国际先进水平，燃料电池轿车研发也已进入世界先进行列。这些都表明，我国汽车产业完全有能力抓住新能源革命的历史机遇，赶超国际水平，实现跨越发展。

问题：

1. 根据有关材料，分析我国汽车业目前面临的机会和威胁。
2. 指出我国汽车业今后的发展方向。

2.2.3　能力拓展实训

一、实训目的

深入理解SWOT分析法在营销环境分析中的重要作用。

二、实训题目

我国化妆品行业长期以来被人喻为“暴利下的围城”。然而随着市场环境的变迁，这种暴利的泡沫正在逐渐消散。市场竞争越来越激烈，企业在品牌打造上需投入大量的人力、物力和财力，营销成本的增加导致这种所谓的暴利正逐渐被压缩。专家分析，目前国内化妆品行业的平均净利润为6%～10%，高端市场已被“欧莱雅”等外资品牌占领，而高端产品则意味着更高的利润率。高档化妆品属于精细化工，进入的门槛比较高，在日化用品高端市场上，本土企业无一入围。自20世纪90年代以来，基本上是外资企业教会了我国消费者使用中高端日化用品，所有内资企业近5 000家企业却只能在低端日化用品中分一块市场。市场环境的变化导致化妆品企业的成功率越来越低，低端市场的低利润空间及恶化的市场环境，使企业的生存愈加艰难。“装在瓶子里的事业”，也会因品牌的号召力差、诚信度低而受到消费者的抛弃，因此，中小型化妆品企业的生存空间正在受到来自市场的挤压，盈利能力也日渐下降直至消亡。

三、实训方案

1. 人员：5～7人组成小组，以小组为单位进行实训。
2. 时间：与第2章教学同步。
3. 步骤：

（1）由指导教师介绍实训的目的和要求，调动学生实训操作的积极性。

（2）以小组为单位结合所提供的资料，借助图书馆、网络等途径查找相关资料。

（3）对上述背景资料所涉及的项目进行 SWOT 分析。

（4）每个小组提交 WORD 文档，并以 PPT 形式展示分析结果。

四、实训考核

（1）组员自评：由小组成员自己评出个人成绩，参照表 1－4。

（2）组长评定：由小组长依据组员在实训过程中的贡献情况评定出所有组员的成绩，参照表 1－5。

（3）小组互评：由其他小组成员根据评价指标对展示小组的成果进行评价，参照表 1－6。

（4）指导教师评定：指导教师依据评价指标评出各小组成绩，参照表 1－6。

第 3 章　市场营销调研与需求预测

内容框架

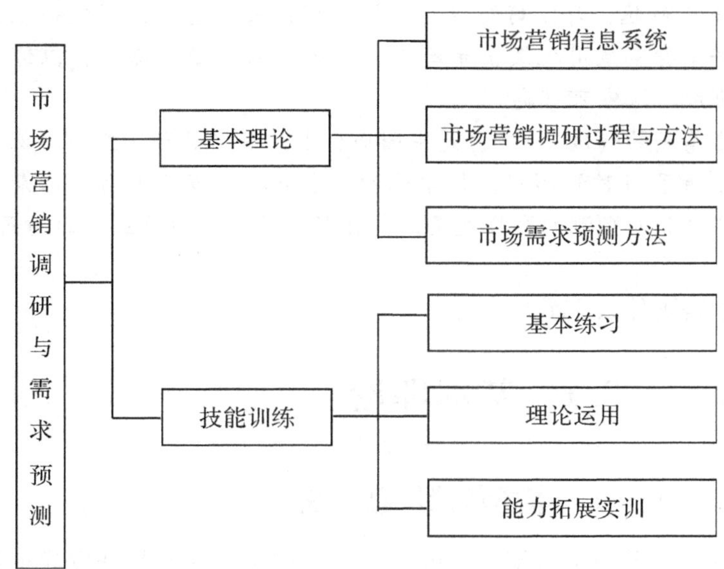

知识目标

1. 全面了解市场营销调研的范围和内容。
2. 充分认识营销调研的重要性。
3. 熟悉市场营销调研的程序和步骤。
4. 掌握询问法、观察法等不同调查方法的特点。

能力目标

1. 能根据不同的调查目标设计、撰写市场调研报告，并付诸实施。

2. 能运用询问调查法、观察法、网络调查法参与基本的调研活动，根据不同调查目标设计常用的调查问卷。

案例导入

来自《隆中对》的启示

“自董卓已来，豪杰并起，跨州连郡者不可胜数。曹操比于袁绍，则名微而众寡，然操遂能克绍，以弱为强者，非惟天时，抑亦人谋也。今操已拥百万之众，挟天子而令诸侯，此诚不可与争锋。孙权据有江东，已历三世，国险而民附，贤能为之用，此可以为援而不可图也。荆州北据汉、沔，利尽南海，东连吴会，西通巴、蜀，此用武之国，而其主不能守，此殆天所以资将军，将军岂有意乎？益州险塞，沃野千里，天府之土，高祖因之以成帝业。刘璋暗弱，张鲁在北，民殷国富而不知存恤，智能之士思得明君。将军既帝室之胄，信义著于四海，总揽英雄，思贤如渴，若跨有荆、益，保其岩阻，西和诸戎，南抚夷越，外结好孙权，内修政理；天下有变，则命一上将将荆州之军以向宛、洛，将军身率益州之众出于秦川，百姓孰敢不箪食壶浆，以迎将军者乎？诚如是，则霸业可成，汉室可兴矣。”

这篇短文，节选自诸葛亮的《隆中对》，是中国历史上最有名的预测经典案例。在此篇中，诸葛亮精辟地分析了当时的形势，科学地预测了其后的发展趋势。后来的天下大势基本上就是按照诸葛亮所预测的那样发展，最后形成了“三国鼎立”的局面。

问题：

请问你从这篇短文中得到什么启示？

3.1　基本理论

3.1.1　市场营销信息系统

现代营销观念把市场调查看做是营销活动的起点，要求企业在产品开发或项目上马之前，必须及时搜集、准确分析、迅速地利用市场信息。企业越来越重视对市场信息系统的有效研究，市场信息是营销决策的基础，为保证市场信息的准确性、即时性，企业必须建立一个规范、系统、完善的现代市场营销信息系统。

菲利普·科特勒在《营销管理》一书中，给市场营销信息系统（marketing information system ，MIS）所下的定义是：由人、设备和程序组成，它为营销决策者收集、挑选、分析、评估和分配所需要的、适时的和准确的信息。所谓市场营销信息系统，是指一个由人员、机器和计算机程序构成的相互作用的综合体，企业借以收集、挑选、分析、评估和分配恰当的、及时的和准确的信息，为企业营销决策提供依据。

一、市场营销信息的含义

信息是客观存在的，是客观世界中各种事物发展变化和运动特征的反映，是客观事物状态经过传递后的再现，是一种能创造价值和能交换的知识与情报的总和，又是一种具有新内 容、新知识的消息，而非一般意义上的消息、数据和资料。信息、物质、能源是客观世界的三大要素。

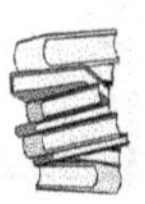

市场信息是社会信息的重要组成部分。市场信息反映市场的动态，表现市场供求、消费心理、竞争及市场营销活动，并不断扩散。市场信息是企业了解市场，掌握市场供求发展趋势，了解用户，为用户提供产品和服务的重要资源。没有准确、及时、有效的市场信息，企业就无法做出有效的经营决策。由此可见，市场信息是市场经济活动中各种事物发展变化和特征的真实反映，是反映它们的实际状况、特性、相关关系的各种消息、资料、数据、情报等的统称。

二、市场信息的作用

1．市场信息是营销活动的起点

企业营销必须根据顾客需要，从产品定价、促销、分销渠道等方面全方位开展。市场营销的这些活动，无疑都是以市场信息为起点的。观察市场、了解市场、确定目标市场、选择目标市场策略、掌握市场动态，是企业进行有效市场营销的必要活动，也是掌握信息的重要手段。

2．市场信息是营销决策的前提

“运筹帷幄，决战千里”，企业不依靠大量准确的市场信息，就无法进行正确有效的营销决策。为此，决策的科学化要求企业建立现代化的信息处理系统，并以此作为指导企业营销决策活动的前提。

3．市场信息是营销管理的基础

管理离不开市场信息。企业不仅要及时掌握市场供求的信息，还要系统收集有关科技、工艺、设备、质量、财务等方面的信息。没有这些信息作为基础，营销管理无从下手，就成了无本之木。

4．市场信息是营销沟通的工具

企业必须使自身的营销活动与市场营销环境相协调，在协调中求生存，谋发展。为此，企业必须与外界环境进行营销沟通，市场信息是企业营销沟通的重要手段。只有通过大量的信息交流，才能有效地了解、掌握市场环境，改善企业与外界环境的各种关系，使之统筹兼顾、相互协调。

三、市场营销信息系统的构成

市场营销信息系统由四个子系统构成。如图 3－1 所示。

1．内部报告系统

内部报告系统的主要工作任务是向管理人员提供有关销售、成本、存货、现金流量、应收账款等各种反映企业经营现状的信息。市场营销管理人员必须以产品、地区、推销员为基础进行分类，并深入分析有关目前与过去销售成本的信息。

2．营销情报系统

营销情报系统是指市场营销管理人员用以了解有关外部环境发展趋势的信息的各种来源与程序。借助该系统，将环境新发展的信息传递给有关的管理人员。它与内部报告系统的区别在于前者主要提供本企业内部经营成果方面的信息，是“结果资料”，而后者主要是提供环境变化方面的信息，是“进程资料”。

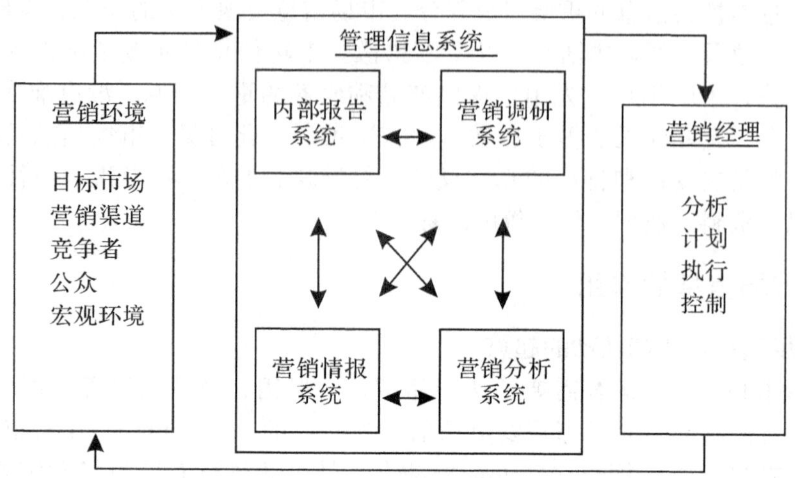

图 3－1　市场营销信息系统

3. 营销调研系统

营销调研系统的主要任务是搜集、评估、传递管理人员决策时所必需的各种信息。企业管理人员常常请求市场营销调研部门从事市场调查、消费者偏好测验、销售研究、广告评估等工作。调研部门的工作主要侧重于特定问题的解决，即针对某一特定问题正式收集原始数据，加以分析、研究，写成报告供管理人员参考。例如：宝洁公司每年的电话与上门访问量超过 100 万次，访问的内容涉及大约 1 000 个调研项目。惠普公司在总部设立了市场研究与信息处理中心，专门处理营销信息，供全世界各地的惠普分部分享。

4. 营销分析系统

营销分析系统的主要任务是从改善经营或取得最佳经济效益的目的出发，通过分析各种模型，帮助市场营销管理人员分析复杂的市场营销问题。它包括一些先进的统计程序和模型，借助这些程序和模型，发掘更精确的调查结果。

完善的营销分析系统，通常由资料库、统计库和模型库三部分组成。

（1）资料库。有组织地收集企业内部和外部资料，营销管理人员可随时取得所需资料进行研究分析。内部资料包括销售、订货、存货、推销访问和财务信用资料等；外部资料包括政府资料、行业资料、市场研究资料等。

（2）统计库。统计库指一组随时可用于汇总分析的特定资料统计程序。其必要性在于：实施一个规模庞大的营销研究方案，不仅需要大量原始资料，而且需要统计库提供的平均数和标准差的测量，以便进行交叉分析；营销管理人员为测量各变数之间的关系，需要运用各种分析技术，如回归、相关、判别、变异分析以及时间序列分析等。统计库分析结果将作为模型的重要投入资料。

（3）模型库。模型库是由高级营销管理人员运用科学方法，针对特定营销决策问题建立的。包括描述性模型和决策模型的一组数学模型。描述性模型主要用于分析实体分配、品牌转换、排队等候等营销问题；决策模型主要用于解决产品设计、厂址选择、产品定价、广告预算、营销组合决策等问题。

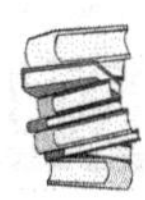

3.1.2　市场营销调研过程与方法

一、市场营销调研概念

根据美国营销协会（AMA）通过的最新解释，市场调研（marketing research）也称营销调研、市场研究，是营销者通过信息与消费者、顾客和公众联系的一种职能。具体来说，市场调研就是运用科学的方法，有目的有计划地系统搜集、整理和分析研究相关的市场信息资料，提出调研报告，帮助营销管理人员判断市场未来的发展趋势，做出市场预测和经营决策，达到预期目标的营销过程。

市场营销调研是企业开展一切营销活动的出发点。面对激烈的市场竞争环境，企业应及时捕捉市场上任何有用的信息、情报，及时分析和反馈。在企业的经营过程中，实效性强的调查资料能够适时地为企业调整策略创造条件。而实效性差的调查资料不仅失去了自身的价值，还有可能误导企业的营销决策。因此，市场营销调研的作用显得更为重要。

二、市场调研的作用

当今世界，特别是经济发达国家的企业组织，都非常重视市场调研工作，建立了成套的、科学的市场情报工作系统，设有各种各样专门致力于发展市场调研工作的机构。概括地说，市场调研在经济管理和企业经营活动中，具有十分重要的意义，主要表现在：

1．市场调研有利于企业了解市场的大小、特征和需求

通过进行市场调研，企业能根据各种消费者的购买欲望、消费习惯和嗜好等，划分市场范围，分析市场行情；根据消费者的需求，结合分销和促销渠道、产品的定价情况等，科学合理地选择产品的开发策略和市场的开发策略。

2．市场调研有利于企业改进产品结构，适应市场的需要

通过市场调研有助于企业了解产品的市场结构状况和更新换代的情况，确定研制新产品方案，为制订产品的生产和销售计划提供科学的决策依据。

3．市场调研有利于企业及时调整计划执行情况

通过市场调研取得有关情报资料，了解市场供求的实际情况，可以检查企业的发展策略与计划是否正确，在哪些方面存在疏漏、不足甚至失误；准确把握社会和市场环境是否发生了变化，是否出现了新情况和新问题。

4．市场调研有利于增强企业的竞争能力，提高经济效益

通过市场调研可以了解企业竞争对手各方面的情况，知己知彼，取长补短，综合运用各种营销手段，以发挥企业自身生产、经营、管理各方面的优势，取得良好的经济效益。

同步案例

20世纪60年代，影响汽车工业发展的主要因素有两个：一是第三世界的石油生产被发达国家所控制，石油价格低廉；二是轿车制造业发展很快，多座位的豪华车、大型车极盛一时。但是，擅长于搞市场调查和预测的日本汽车制造商，看到的却不是这些表面上的经济繁荣，他们通过分析种种现象，预测出要发生全球性的经济危机，石油价格会大幅上涨。因此，必须改产油耗低的汽车才能适应能源短缺的环境。而且他们还预测：随着汽车数量的增多，马路上车流量的增加，停车场的收费会提高，因此，只有小型车才能适应拥挤的马路和停车场。日本汽车制造商还分析了发达国家家庭成员的用车情况，主妇要上超级商场，主人要上班，孩子要上学，一个家庭只有一辆汽车显然不能满足需要。因此，小巧玲珑的轿车自然能得到消费者的宠爱。

三、市场调研的类型

按市场调研的目的和要求不同，市场调研主要可分为四种：

1．探测性调研

探测性调研是在情况不太清楚时，为了找出问题的症结和明确进一步深入调研的具体内容和重点而进行的非正式的初步调研。它帮助查明问题产生的原因，找出问题的关键，确定 进一步调研的重点内容，以便再采用其他类型的调研。探测性调研的资料来源，可以从第二手资料中研究取得，也可采用对此问题有专门知识和经验的推销人员、销售经理、中间商或专家咨询的方式，了解所要调研的问题的重点内容。

2．描述性调研

描述性调研是企业针对需要调研的问题，采用一定的方法，对市场的客观情况进行如实地描述和反映。描述性调研主要是通过对实际资料的收集、整理，了解问题的历史和现状，从中找出解决问题的办法和措施，着重回答消费者买什么、什么时候买、怎么买等方面的问题。如社会购买力、市场占有率、市场需求容量、推销方法与销售渠道、消费者行为的调研 等等，都属于描述性调研。描述性调研的目的是要找出相关联的因素，对某个问题做出答案，它比探测性调研要深入细致。所以需要细致地研究制订调研计划和收集资料的步骤。一般采用询问法和观察法收集资料。

同步案例

美国《青少年博览》杂志为了了解读者的特点，针对12～15岁的少女使用香水、口红等情况进行了一次描述性调查。调查数据显示：12～15岁的少女中有86.4%的人使用香水，有86.9%的人使用口红。而在使用香水的女孩中，有27%的人使用自己喜爱的品牌，有17%的人使用共同品牌，有6%的人使用别人推荐的品牌。调查结果表明，美国12～15岁的大多数少女使用化妆品，而且开始使用化妆品的年龄越小，对品牌忠实程度越高。

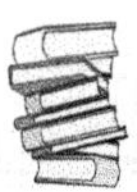

3. 因果性调研

因果性调研是为了弄清市场中出现的有关现象之间的因果关系而进行的专题调研。因果性调研要在描述性调研的基础上，收集有关市场变化的实际资料，并运用逻辑推理和统计分 析的方法，找出它们之间的因果关系，从而预见市场的发展变化趋势。其要回答的是市场营销活动中“为什么”的问题。如目前本企业产品的销售量逐渐下降，可能是因为社会需求量已接近饱和，或竞争者的产品有了改进，或有其他变化等。因果性调研可分定性调研和定量调研。定性调研就是在各种因素之间，分析到底是哪一因素起决定作用；定量调研则是要研究各原因与结果之间的函数关系。一般采用实验法收集资料。

4. 预测性调研

预测性调研是指为了预测未来市场变化趋势而进行的调研。即在前三种调研所取得的各种市场信息资料的基础上，经过分析研究，运用科学的方法和手段，预测未来一定时期内市 场对某种产品的需求量及其变化趋势的调研。因为企业只有了解未来的需求状况，才能制订切实可行的营销计划，更好地组织生产；才能避免产品滞销积压，资金冻结，产销不对路造成的损失；才能避免由于供不应求，失去时机所造成的机会损失。所以，进行预测性调研，对企业来说是极为重要的，是不可缺少的。

四、市场营销调研的范围和内容

同步案例

生物学家研究发现，成群的蚂蚁中，大部分蚂蚁很勤劳，寻找、搬运食物争先恐后，少数蚂蚁却东张西望不干活。当食物来源断绝或蚁窝被破坏时，那些勤快的蚂蚁一筹莫展，“懒蚂蚁”则“挺身而出”，带领众伙伴向它早已侦察到的新的食物源转移。著名经济学家、北京大学教授郑学益在阐述市场营销理念时，以上述现象作类比：相对而言，在蚁群中的“懒蚂蚁”更重要，在企业中注意观察市场、研究市场、把握市场的人更重要，这就是所谓的“懒蚂蚁效应”。

1. 市场环境调研

市场环境是指影响市场供求变化的经济、政治形势，社会文化环境，自然地理环境，竞争环境等各个方面的具体情况。因此，市场环境调研主要包括以下内容：

（1）政治与法律环境调研。即对一定时期内政治形势和政府的有关方针政策、法令条例及规章制度的调研。如财政与金融政策、价格与税收政策、工商法、商标法、专利法等。

（2）经济环境调研。其主要包括各种重要经济指标的调研，如：全国及各主要目标市场的人口数及构成；国民生产总值及构成；社会商品零售总额；消费水平和消费结构；币值是否稳定及价格水平；重要输入品、输出品及数量、余额；气候及其他重要自然条件；能源及其他资源情况。

（3）社会文化环境调研。社会环境包括对消费者的社会地位、家庭组织规模及其人员构成情况的调研。文化环境包括对消费者的文化水平、宗教信仰、审美观、价值观、生活习惯、道德风俗等因素的调研。

（4）科技环境。即对新技术、新工艺、新材料的发展情况和趋势，以及它们的应用、推广情况的调研。

（5）自然地理环境调研。即对地理位置、气候条件、地形地貌、交通运输等重要的自然地理环境的调研。例如：我国的藤制家具在南方十分畅销，但在北方市场则销路不畅，受到冷落，主要是因为北方气候干燥，这种家具到北方后往往发生断裂，影响了产品的名誉和销路。

（6）竞争环境调研。竞争环境调研包括生产或输入同类产品的竞争者数目与经营规模；同类产品各重要品牌的市场占有率及未来变动趋势；同类产品不同品牌所推出的型号与售价水平；用户乐意接受的品牌、型号及售价水平；竞争品的质量、性能与设计；主要竞争对手所提供的售后服务方式，用户及中间商对此类服务的满意程度；竞争对手与哪些中间商的关系最好及原因；竞争对手给经销商或推销人员报酬的方式及数量；主要竞争对手的广告预算及所用的广告媒体。

2．市场需求调研

市场需求调研是指企业通过调研研究，估计市场需求情况，把企业产品的市场需求情况用数量反映出来。市场需求调研主要包括市场需求容量和市场消费需求的调研两方面。

（1）市场需求容量调研。它主要调研、了解分析国内外市场的需求动向，现有的和潜在的需求量、社会拥有量；整个行业的同类产品在市场上的销售量和市场占有率；本行业或有关行业投资的动向；本企业市场营销策略的变化，以及对产品销售量和竞争单位销售量的影响等。

（2）市场消费需求调研。市场消费需求调研主要是指对消费者或用户及其购买行为的调研。其主要包括：①现有顾客需求情况的调研；②现有顾客对本企业产品（包括服务）满意程度的调研；③现有顾客对本企业产品信赖程度的调研；④对影响需求的各种因素变化情况的调研；⑤对顾客的购买动机和购买行为的调研；⑥对潜在顾客需求情况的调研。

3．市场营销组合调研

市场营销组合调研是企业可控因素的调研。对市场营销组合的各个因素包括产品、价格、分销和促销对于产品销售情况的影响，需分别进行调研。通过对市场营销组合的调研，可以掌握有关商品销售的各种信息，制订正确有效的市场营销策略，促进消费者购买和新市场的开发，从而实现企业的市场营销目标。

（1）产品调研。产品调研主要包括以下内容：①产品设计的调研［包括功能、用途、使用方便和操作安全设计，产品的品牌、商标、外观和包装设计（表3－1）等］；②产品和产品组合的调研；③产品生命周期的调研；④对老产品改进的调研；⑤对新产品开发的调研；⑥对于如何做好销售技术服务的调研等。

表3－1　商品包装调查表

<table>
<tr><th colspan="2">包装种类</th><th>调查内容</th></tr>
<tr><td rowspan="2">销售包装</td><td>消费品包装</td><td>①包装与市场环境是否协调。②消费者喜欢什么样的包装外形。
③包装应该传递哪些信息。④竞争产品需要何种包装样式和包装规格。</td></tr>
<tr><td>工业品包装</td><td>①包装是否易于储存、拆封。②包装是否便于识别商品。
③包装是否经济，是否便于退回、回收和重新利用，等等。</td></tr>
<tr><td colspan="2">运输包装</td><td>①包装是否能适应运输途中不同地点的搬运方式。②是否能够保证防热、防潮、防盗以及适应各种不利的气候条件。③运输的时间长短和包装费用为多少，等等。</td></tr>
</table>

（2）价格调研。价格调研主要包括以下内容：①市场供求情况及其变化趋势的调研；②影响价格变化各种因素的调研；③产品需求价格弹性的调研；④替代产品价格的调研；⑤新产品定价策略的调研等。

（3）分销渠道调研。销售渠道的选择是否合理，产品的储存和运输安排是否恰当，对于提高销售效率、缩短交货期和降低销售费用有着重要的作用。销售渠道调研的内容包括：①对各类中间商（包括批发商、零售商、代理商、经销商）应如何选择的调研；②仓库地址如何选择的调研；③各种运输工具应如何安排的调研；④如何既满足交货期的需要，又降低销售费用的调研等。

（4）促销调研。促销调研主要包括：①广告的调研。包括广告信息的调研、广告媒体的调研、广告时间的调研和广告效果的调研等；②人员推销的调研。包括销售力量大小的调研、销售人员素质的调研、销售人员分派是否合理的调研和销售人员报酬的调研；③各种销售促进的调研；④公共宣传的调研。

五、市场调研的步骤

市场调研活动涉及面广，是一项极其复杂而细致的工作，具体包括从调研前的准备到调研结束全过程。因此，市场调研工作必须有计划、有步骤地进行。它一般可分为三个阶段、十个步骤。如图3－2所示。

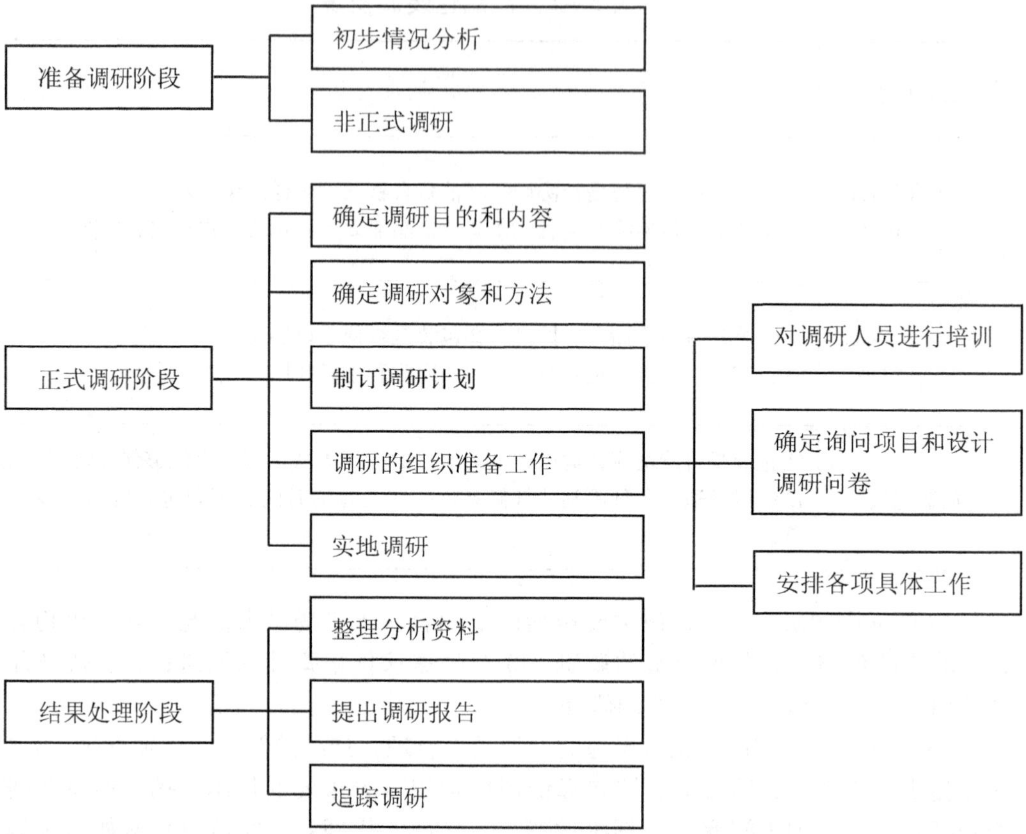

- 准备调研阶段
  - 初步情况分析
  - 非正式调研
- 正式调研阶段
  - 确定调研目的和内容
  - 确定调研对象和方法
  - 制订调研计划
  - 调研的组织准备工作
    - 对调研人员进行培训
    - 确定询问项目和设计调研问卷
    - 安排各项具体工作
  - 实地调研
- 结果处理阶段
  - 整理分析资料
  - 提出调研报告
  - 追踪调研

图 3－2　市场调研阶段与步骤图

1. 准备调研阶段

准备调研阶段是调研工作的开始。为了保证市场调研的顺利开展和保证调研质量，必须充分地做好一切准备工作。因此，要通过初步情况分析和非正式调研，确定正式调研的问题和范围。

（1）初步情况分析。调研人员一方面根据自己的观察及向企业有关人员的访问，找出市场营销中存在的主要问题；另一方面要通过对企业内外的资料的全面分析，如对企业内部的各种业务记录、生产及销售的统计报表、用户来信、有关年度总结报告和专题报告、财务决算等以及企业外部的政府的统计资料、同行业的有关资料、报告等的分析，比较企业过去与现在的情况，对问题有一个初步的认识和了解，为分析因果关系提供线索和条件。

（2）非正式调研。非正式调研指在对产品和市场等因素进行初步分析之后，为了更好地把握问题的症结和明确进一步深入调研的具体内容和重点而进行的非正式调研。调研人员要将初步发现的问题通过座谈、访问、专家咨询等方式，向销售经理、中间商、推销员等精通业务的行家和专家以及新老顾客征询意见，听取他们的评价和建议，使问题更加明显和集中，直到问题完全弄清楚为止，否则就要在此调研的基础上，确定进一步调研的主题。

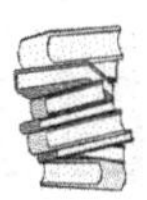

2．正式调研阶段

在确定调研的问题以后，就开始进入正式调研阶段，正式调研工作基本上可以分为以下几个步骤：

（1）确定调研目的和内容。即在进行了初步情况分析和非正式调研之后，在弄清问题的主要方面在哪里的基础上，确定本次市场调研的主要目的和内容。目标要具体，内容要准确，范围要合适。

同步案例

某航空公司在决定进行一项关于在飞机上提供电话服务的调研活动时，首先提出“去探求你能够发现的空中旅客所需要的一切”。结果，可能得到大量不需要的信息，而实际需要的信息却得不到。后来又提出，“探求是否有足够的乘客在某航线的飞行中愿使用电话，使这项服务不致亏损”。营销人员可能认为，如果这项服务能增加新乘客，不是可从机票中盈利吗？最后提出：“如果这项服务成功了，竞争者的模仿速度是多快?”据此确定以下的特定研究目的：乘客喜欢在航行期间通电话的主要原因是什么？哪些类型的乘客喜欢在航行中打电话？有多少乘客可能会打电话？各种层次的价格对他有何影响？这一新服务会增加多少新乘客？这项新服务对公司的形象会产生积极影响吗？电话服务和其他因素如航班次数、食物和行李处理等相比，重要性如何？

（2）确定调研对象和方法。即要明确收集些什么资料，是通过实地调研收集第一手资料，还是收集第二手资料；向谁收集资料；明确何时、何地收集资料；是一次性调研还是多次性调研；采用什么方法收集资料。一般来说，第一手资料的收集，可采用询问法、观察法、实验法等；第二手资料是他人收集并经过整理的资料，可通过直接查阅、购买、交换、索取、信息情报网收集和复制，也可通过参观学习、同行业技术交流、新产品鉴定、技术鉴定以及其他间接方式来收集。

（3）制订调研计划。调研计划是市场调研的行动纲领。调研计划包括调研什么问题、调研的目的和要求、调研的内容、采用什么调研方法、分几个步骤、由哪些人员参加调研及如何组织分工、整个调研工作的时间和进度、调研费用预算等。

（4）调研的组织准备工作。市场调研前期的组织准备工作一般包括：①对调研人员进行有关市场调研知识和方法的培训；②根据调研的内容和方法，确定调研询问的项目和设计调研问卷；③安排好各项调研的具体工作，包括根据调研的目的决定调研资料的类型、根据调研任务和规模确定调研人员和核算费用、根据调研的内容准备好调研所需的物资等。

（5）实地调研。实地调研是调研人员按确定的调研对象、调研方法、调研内容进行实地调研，收集有关资料。实地调研要求调研人员具有一定的文化素养和工作经验；要具备市场营销学、统计学、会计学和企业生产技术等方面的专门知识；性格要外向稳重，善于与陌生人打交道，敏捷而不冒失；要有实事求是、踏实细致的工作作风和克服困难的信心和勇气。

3. 结果处理阶段

结果处理阶段就是将已调研得到的信息资料进行分析整理，得出结论，并进行跟踪。这一阶段是调研全过程的最后一环，是市场调研能否充分发挥作用的关键。具体有以下几个步骤：

（1）整理分析资料。整理分析资料是将收集到的资料进行综合分析、整理和归纳。包括将资料编辑整理、分类编号和统计分析等。在信息资料的整理过程中，第一，要检查调研资料是否有误差或错误；第二，对信息资料进行评定，审核其根据是否充分，阐述是否全面，观点是否正确，以保证信息资料的真实与准确；第三，为了便于查找、归档、统计和分析，必须将经过编辑整理的信息资料按适当的分类方法进行分类编号，对已分类的资料还要进行统计分析。

（2）提出调研报告。即指调研人员将调研与分析的情况，得出调研结论，并写出调研报告，提供给企业管理人员决策时参考。调研报告是市场调研的最终结果。在写作报告时，要注意报告内容紧扣调研内容主题，突出重点，力求客观扼要；同时要求文字简练，观点鲜明，必要时可用图表说明，便于理解。

（3）追踪调研。调研报告提出后，调研工作并没有最后完结，调研人员还要追踪了解调研报告是否已被采纳，建议是否已被采用。如果已经被采用，则更需要进一步了解建议的采用程度和实际效果如何，并尽可能协助业务人员尽早实现报告中所提出的建议方案。

六、市场调研的方法

营销大师菲利普·科特勒曾说过："营销胜利的基础越来越取决于信息，而非销售力量。"因此，为了提高企业从事市场调查、信息搜集的效率，企业建立一套井然有序的市场信息整理系统十分必要。通过持续有效地搜集大量的市场相关信息材料，妥善分类及保管，加工提炼出有价值的市场调研报告，将有助于企业随时掌握市场新契机，制定出灵活有效的市场营销策略。

市场调研的方法很多，选用是否适当，直接影响到调研效果。一般来说，市场调研的方法有以下几种：

1. 按收集资料的方法不同，可分为询问法、观察法和实验法

（1）询问法。询问法是用询问的方式收集市场信息资料的一种方法。它是调查和分析消费者购买行为和意向最常用的方法。根据调查人员和被调查人员的接触方式不同，询问法可分为以下几种：

1）面谈调查。面谈调查是调查者与被调查者面对面交谈，通过有目的的谈话取得所需资料的一种方法。面谈调查可以采用个别访问或集体座谈等方法。谈话的方式有两种：一种是自由交谈。就是调查者通过与被调查者的自由交谈，了解所需资料；二是登记式一问一答交谈。就是调查者按事先拟好的调查项目，有顺序地依次发问，让被调查者一一作答，予以记录。面谈调查的优点是：当面交谈非常直观；不受问卷的

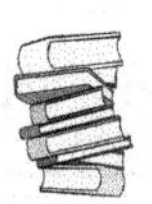

约束，比较灵活；可以在直接交谈中互相启发，互相探讨；亲自访问所提问题得到的回答率较高；能直接观察调查对象回答问题时的态度，以判断资料的可信程度；亲自访问取得的资料比较真实。其缺点是：调查费用较高；调查结果容易受调查人员水平的影响；有时有些被调查者会产生被质问的压迫感。

2）电话调查。电话调查是调查者通过电话向被调查者询问有关调查内容和征求意见的一种调查方法。电话调查的优点是：方便迅速、费用较低、可以灵活交谈。其缺点是：样本仅限于电 话用户；交谈简单，询问时间短，无法深入了解问题；无法控制不愿合作的被调查者；不能获得观察资料。

3）信函调查。信函调查是把调查问卷以信函的方式寄到被调查者的单位或家里，请其自行填写回答后按时寄回。信中一般应附邮资，有时还寄去回答问题的报酬或纪念品。信函调查的优点是：调查面广；费用较低；避免调查者的偏见的影响；被调查者回答的时间充裕。其缺点是：信件回收率低，费时较长等。

4）留置调查。留置调查是调查者将调查表当面交给被调查者，并详细说明调查目的和要求，由被调查者事后自己填写回答，再由调查者约定日期收回的一种调查方法。留置调查是介于面谈与信函调查之间的一种折中调查法。其优点是：可以克服面谈调查和信函调查的某些缺点；可以当面向被调查者解释调查的要求；可以减少和避免调查误差和倾向性意见的影响；回收率较高。其缺点是：调查费用高；受到调查地域范围的限制；所花调查的人力较多。

同步案例

在英国，人员访问的调查方式曾经占到所有数据收集方法的一半以上。然而，现在这种情况正在改变，电话访问、邮寄访问及网上访问占了越来越多的比例。有以下四个原因促使了这种情况的改变：

（1）越来越多的妇女加入就业大军。很少有人会对通过参与营销调研来赚些“菜钱”而感兴趣。

（2）预测被访者越来越不合作。因为统计结果表明，调查反馈率呈现出一个长期下降趋势，而且这种趋势还在继续。

（3）枯燥乏味且复杂的调查方法。

（4）隐私权。民众要求保护隐私权的呼声越来越高，而法律对调研公司的保密规定却不是很严密。

（2）观察法。观察法是指调查者在现场对调查对象的情况直接观察记录的一种调查方法。观察法一般可分为以下几种：

1）直接观察法。即派调查人员直接到现场去观察。如对商品需求调查，可以通过在商品销售现场或展销会上直接观察消费者喜爱何种品种、牌号、花色、款式、包装等。

同步案例

在费舍尔—普莱斯游戏实验室，观察人员邀请孩子们用玩具参加十二种活动。玩具设计者通过单向观察窗来了解孩子们对费舍尔—普莱斯以及其他玩具生产商的玩具做出怎样的反应。例如，费舍尔—普莱斯在设计可供孩子们用的玩具割草机时遇到了困难，一位设计者通过观察窗注意到，孩子们对肥皂泡很着迷，于是他设计出一种可以产生出肥皂泡的割草机，结果这种割草机在第一年就卖出100多万台。

2）行为记录法。即通过照相机、摄像机、录音机和其他仪器对调查对象的活动和现场事实进行观察、收集资料。

3）实际测定法。即通过对某项市场营销活动的效果进行实际的测定，以取得市场信息。

观察法的特点是调查人员不直接向被调查者提出问题要求回答，而是凭借自己的感觉或者利用仪器设备对调查对象的所有活动加以考察记录。由于被调查者并未意识到自己被调查，行为比较自然，其表现出来的行为反应和感受比较自然，也比较真实。观察法主要应用于农副产品资源调查、商品库存调查、商品需求调查、产品质量调查、广告调查等方面。观察法的优点是：事实客观准确。其缺点是：只能观察到现象，不能调查原因、动机和意见。

（3）实验法。实验法是指通过实验对比，对某些经济变量之间的因果关系及发展变化规律，加以观察和分析的一种调查方法。实验法的具体做法有：前后连续对比试验、控制组与实验组对比试验、控制组与实验组前后对比试验等。如在调查商品价格对销售量的影响程度时，就可以在试销中采用逐步变动价格的办法，来判定价格变动对销售量的影响；又如在调查广告宣传对销售量的影响程度时，可采取不同的广告宣传进行实验，以判定不同广告宣传的效果。实验法的优点是：方法科学，可以有控制地分析观察某些市场变量之间是否存在着因果关系以及自变量的变动对因变量的影响程度；可获得比较正确的情况和数据，作为预测和决策的可靠基础。其缺点是：相同的实验条件不易选择；变动的因素不易掌握；实验的结果不易比较；实验需要时间长；取得资料的速度慢；费用较高。

市场调查的上述三种基本方法，应采取其中的一种，还是两种、三种同时采用，主要取决于调查问题的性质。

2．按选择调查对象的方法不同，可分为全面调查、典型调查和抽样调查

（1）全面调查。全面调查是一种一次性的市场普查。就是指对与市场调查内容有关的应调查的对象无一例外地普遍地进行调查。全面调查主要是用于收集那些不能或不宜通过其他调查取得的比较全面的精确的统计资料。全面调查的方式有两种：一种是组织专门的调查机构和人员，对调查对象进行直接调查；另一种是利用机关、团体、企业等内部的统计报表进行汇总。全面调查工作量很大，需要大量的人力、物力、财力，而且还必须有统一领导，统一要求和统一行动，同时要确定统一的调查时点，以保证取得的调查资料的时效性。因此，这种调查方式虽然取得的资料比较准确，但在

市场调查中采用较少。

（2）典型调查。典型调查是以某些典型单位或典型消费者为对象进行调查，达到推算一般的调查方法。典型调查的主要特点在于，它是由调查者在现象总体中有意地选择若干具有代表性的典型进行调查。应用典型深入实际，解剖麻雀，对事物进行具体、细致的研究，详细观察事物的发展过程，具体了解现象发生的原因，并掌握现象各方面的因果联系。典型调查一般可分为划类选点的典型调查、固定基点的典型调查和非定点的典型调查三种。运用典型调查的关键在于正确选择典型调查对象。

典型调查适用于调查总体庞大，调查人员对总体情况非常了解，能准确地选择有代表性的单位或个体作为调查对象的情况。否则，就没法正确地选择典型，也就不能取得较准确的调查资料。

（3）抽样调查。抽样调查是指在调查总体中抽选一定数量的单位作为样本，采取对样本进行调查以推断总体情况的非全面调查。抽样调查所需的调查人员较少，可以对他们进行专门训练，从而提高调查结果的准确性，而且省钱、省时、省力；其调查数据资料可以用统计方法加以计算，得到与全面调查甚为相近的结果，具有较高的科学性和准确性。所以，在市场调查中，大多数采用抽样调查的方法。

市场抽样调查的方法很多，一般可分为以下几种：

1）随机抽样调查。是按随机原则在总体中抽取一定数目的单位进行调查观察，用以推断总体的一种专门调查。总体中的每个个体被选样的机会完全相等，完全排除人们主观的和有意的选择。随机抽样调查的抽样方法有：简单随机抽样、分层随机抽样、分群随机抽样和系统随机抽样等四种。

2）非随机抽样调查。是根据调查人员分析、判断和需要来进行抽样，有意地选取有一定代表性的对象作为样本，用以估计总体性质。正确地运用非随机抽样法也可使市场调查达到费用少、时间短、效果好的目的。常用的非随机抽样调查有任意抽样、判断抽样和配额抽样等三种。

七、市场调查问卷设计

调查问卷又叫询问表或调查表。它是系统地记载需要调查的问题和调查项目的表式。它用来反映调查的具体内容，为调查人员询问和被调查者回答提供依据，是实现调查目的任务的一种重要工具。设计统一的问卷，可以使调查内容标准化和系统化，便于收集和整理汇总所需调查的资料。问卷的设计是否完善，直接影响到调查效果。

1．市场调查问卷的结构

市场调查问卷，一般由以下几个部分构成：

（1）说明词。说明词是开始询问前的前导介绍词，主要内容包括介绍调查员所代表的调研咨询公司或某企业、调查访问的目的、请求被调查对象的合作并告之合作的重要性等。如果访问有礼品送给被调查者也可以在说明词中写明。

（2）被调查者的基本情况。被调查者的基本情况包括被调查者的姓名、性别、年龄、民族、文化程度、工作单位、职业、住址、家庭人口等等。列入这些项目，便于对收集到的资料进行分类和具体分析。

（3）调查内容。调查内容是问卷最基本最主要的组成部分，是所需调查内容的具体项目。因此，它是整个调查活动能否成功的关键部分。这一部分的内容一般由一个个具体的问句组合而成。

（4）计算机编号。实地问卷调查完成以后，要由计算机对资料进行统计分析。因此，对问卷本身和问卷的基本资料以及收集的资料都要预先做好计算机编号，以方便计算机作业。

（5）作业证明记载。这部分内容主要满足调查访问管理的需要。通常包括：被调查者姓名或名称、访问地点、调查员姓名、访问时间等。

2. 市场调查问卷设计的程序

设计一份比较完善的问卷，是一项深入细致的工作，应按照一定的程序进行。问卷设计一般分四个主要程序。

（1）明确设计主题。调查人员要根据调查的目的要求和问题的涉及面，首先弄清设计主题。为此，要征求有关人员的意见，并进行讨论和研究，使问题重点突出，能明确反映调查的目的。

（2）设计问卷初稿。根据调查对象的特点，按照主题要求，确定问卷的形式，列出调查项目，编写提问命题和填写说明，设计出问卷初稿。

（3）进行试验性回答。把初步设计好的问卷，送请少数单位或个人试填，或在小范围内进行试验性调查，看有没有问题，是否便于回答，能不能达到主体要求。

（4）设计正式问卷。把试验性回答中发现的问题，进行整理和分析，对问卷初稿进行必要的修改和补充，设计出正式的问卷。

3. 问卷设计技术

在市场调查中，不论是面谈或者印发问卷调查，都要求调查人员能够把所要调查询问的问题正确地转达给被调查者。同时，要设法得到对方充分合作，使他们能如实地、明确无误 地针对问题回答。因此，调查人员必须善于做思想工作，掌握一定的调查问卷设计技术。

（1）二项选择法。二项选择法又叫是非回答法。要求被调查者对所提问题用“是”或“否”、“有”或“无”来回答。

例如：你用的牙膏是蓝天六必治牌的吗？请在所选答案□中打√号。

是□　　否□

这种选择法的优点是：回答绝对，可以得到明确的判断。缺点是：不能表示程度的差别。

（2）多项选择法。多项选择法又叫选择题法。要求被调查者在事先拟定的若干个答案中任选一个或几个。例如：你家里的电冰箱是什么牌的？请在所选答案□中打√号。

①海尔□　　②容声□　　③美菱□

④上菱□　　⑤西冷□　　⑥科龙□

⑦TCL□　　⑧进口□　　⑨其他□

这种选择法比二项选择法的强制性有所缓和，能表示程度的差别。但使用这种方

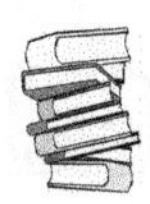

法时，应把拟定的答案进行编号，答案应包括当地市场的所有可能的情况，又不能重复，被选择的答案不宜过多。

（3）自由回答法。这种方法是问卷只提出问题，不提供拟好的答案，请被调查者不受任何限制地自由回答。

例如：你对××牌自行车有哪些改进意见？

自由回答法的优点是：被调查者可以不受约束地回答，可能收集到预期之外的宝贵资料。缺点是：对资料的整理、汇总比较困难。

（4）顺位法。顺位法又叫序列题法。就是从所列的若干答案中，由被调查者依自己的爱好或认识程度选定先后顺序。

例如：在你购买 VCD 时，你会对下列哪些主要条件进行选择，请在□中标上顺序号。

制作方便□　　外形美观□　　价格便宜□

品牌有名□　　清晰度高□　　纠错能力强□

用顺位法时，选定顺序的数目不宜过多。选定到第几位，由调查的目的来决定。可以全部顺位，也可以只顺几位。

（5）程度评定法。

程度评定法又叫评判题法。要求被调查者表示其对某个问题的态度或认识程度。

例如：你认为电冰箱是现代家庭生活的必需品吗？请对下列答案之一□中打√号。

赞成□　　同意□　　没意见□

不同意□　　反对□

程度评定法的应用范围较广，在测量被调查者的意见时是经常采用的。

3.1.3　市场需求预测方法

营销预测、营销调研、营销决策三者是紧密相连的，营销调研是营销预测的依据，营销预测是营销决策的基础，调研和预测的目的都是为了提高营销决策的科学性和精确性。

一、市场需求预测的含义

市场需求预测就是通过对过去和现在产品在市场上的销售状况和影响市场需求的各种因素的分析和判断，来预计市场对产品的需要量和发展变化趋势。

市场需求量受两类因素的影响，一类是市场环境，如政府政策、经济发展状况、家庭收入、竞争情况、妇女地位等，这是企业本身不能控制的因素；另一类是推销努力，如广告、推销、展销、服务等，这是企业本身能够加以控制的因素。进行市场需求预测时，应重点分析市场环境因素对市场需求的影响。国家某些经济政策的调整和自然灾害、战争等，会使社会对某些产品的需求发生变化，市场对消费品的需求，主要受人口和购买力变化的影响。

同步案例

1995 年 10 月 17 日，××公司总裁在新华社的一次年会上宣读了《争做中国第一纳税人》的报告。他预测自己所领导的公司到 20 世纪末，就可以完成 900 亿元到 1 000亿元的产值，成为中国第一纳税人。他说："中国 500 强企业中，最大企业是大庆，它现在的产值有 346 亿元，我们在 5 年至 6 年的时间内超过它是大有希望的。"其勃勃雄心溢于言表，颇有当年"超英赶美"的气势。

为了实现这一理想，该公司制定了 1995 年奋斗目标，开辟"第二战场"，向医疗电子、精细化工、生物工程、材料工程、物理电子及化妆品等 6 个行业渗透，进行一场多元化的"产业革命"，后来又计划再上一个饮料厂。该总裁说："我们研制成功的一个饮料产品，就连现在世界上的名牌产品可口可乐也是没法与我们相比的，我们准备马上注册专利，将来与可口可乐比高低，去占领国际市场。"

当然，更让总裁激动的想法是把公司建成一个"日不落"的生物工程王国，在 20 世纪将人类寿命延长 10 岁。为了实现这一美好的愿望，公司在 1997 年一口气兼并了 20 多个制药厂，为此公司扩资 5 亿元。该公司尝试了产品多元化经营和产权经营。结果与预期相差得很远，多元化经营只有化妆品上了规模，而产业兼并则让公司背上了个大包袱。

当企业进入产权经营阶段，企业发展战略决策显得越来越重要，个人决策的非理性因素可能导致"一招不慎、满盘皆输"，可见，加强市场需求预测已经是刻不容缓的大事。

二、市场预测的类型

广义的市场预测，即国民经济预测，不仅范围很大，而且内容也很多，包括人口增长、购买力增长、积累和消费比例、基本建设规模、投资规模、经济发展速度等，涉及社会经济的各个方面。对于企业来说，它的发展与国民经济预测是密切相关的。狭义的市场预测是对某一生产部门（行业）或某一企业的产品市场潜力的估计。预测可以帮助企业了解和掌握某些因素对需求量的影响，由此预测出销量、价格、推销等方面发展变化的情况。这里主要研究狭义的市场预测。

1. 按照预测时期的长短分

（1）长期预测。长期预测指五年以上的市场趋势预测。它是为长期经营决策服务的。如建一个新厂、一条新的生产线，要做可行性研究和经济分析，需要进行这种预测。

（2）中期预测。中期预测指二年到五年的市场变化情况的预测。

（3）短期预测。短期预测指一年或一年以内的预测，其目的在于安排近期的销售及生产计划，购买近期必要设备、原材料和零配件等。

预测的准确性往往受预测时间长短的制约，一般预测期限越长，误差越大。

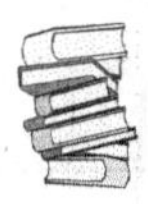

2．按照预测的方法分

（1）定性预测。它是以有关人员的直觉和经验，对预测对象目标运动的内在机理进行质的判断。

（2）定量预测。它是运用预测理论和有关的数学模型，对预测对象目标运动的质的规律进行量的分析。

三、市场预测的步骤

为了提高市场预测的质量，一般应当遵循以下四个步骤，见图 3－3。

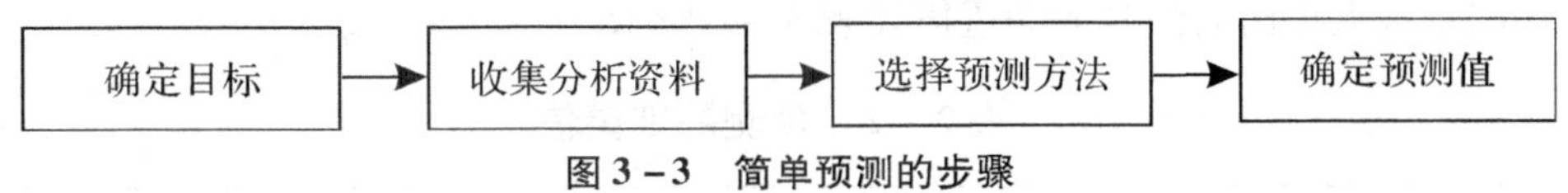

图 3－3　简单预测的步骤

1．确定目标

预测的目标要明确、具体，不能含糊、抽象，确定预测目标主要是确定预测的对象和目的。预测的对象是指预测哪一种产品品种；预测的目的是指预测产品的销售，还是预测市场的总需求量或预测收益，是作短期的生产销售计划用，还是作长期的发展规划用；预测的市场范围，是某一地区还是全国，是国内还是国外等。

2．收集分析资料

这是根据预测目标的要求，广泛收集预测所需要的历史和现实资料，并进行科学的分析，找出其发展变化的规律性。除企业内部资料外，还要收集企业外部环境方面的资料，应注意资料的真实性和可靠性。分析时应排除偶发事件，剔除一些由偶然因素造成的不可用的数据。

3．选择预测方法

预测的方法较多，有的适用于短期预测，有的适用于长期预测；有的准确度高，有的准确度低。因此，应根据不同预测目标，选择不同的预测方法。

4．确定预测值

资料收集齐全，选择预测方法之后，就可以进行实际的预测工作，即动用一定的数学模型计算出具体的预测数值，对于初步预测数据，还要进行分析评价，估计预测值的误差，这就要比较过去的每一预测值与实际结果，找出误差的大小。

如果某种预测方法的误差较大，就要考虑改用别的预测方法或数学模型，一般情况下，应根据影响预测误差的因素，对预测值做出经验的修正，从而得到最后的预测结果。

确定预测值后，在运用预测值的过程中，由于市场某些因素的变化，也会造成预测数字的误差，这就应当经常将预测值和新出现的实际值进行比较，发现异常情况，需及时采取措施，或重新进行预测，或改进预测方案。

四、市场预测方法

市场预测方法很多，但按其性质可分为两类。一类是以市场调查为基础的经验判断法，一类是以统计资料为基础的分析计算法。前者属定性预测方法，后者则是定量的预测方法。

1．经验判断法

经验判断就是通过对熟悉情况的有关人员作调查，主要靠个人的主观判断来进行预测。这类方法可分为以下四种：

（1）经理人员意见法。经理人员意见法即由企业经理或厂长召集生产、技术、销售、财务等有关部门负责人，广泛交换意见，各自提出对市场前景的看法，最后由经理或厂长按各部门负责人在预测中的重要性，用加权平均法来确定预测值。假设某厂有关部门负责人提出的预测的期望值如表 3－2 所示。

表 3－2　预测的期望值

不同部门的估计		销售（1）	成功概率（2）	预测的期望值（1）（2）
销售部门负责人	最高销售量	500	0. 2	100
	最可能销售量	400	0. 6	240
	最低销售量	250	0. 2	50
	期望值合计			390
生产部门负责人	最高销售量	450	0. 2	90
	最可能销售量	350	0. 6	210
	最低销售量	200	0. 2	40
	期望值合计			340
技术部门负责人	最高销售量	550	0. 3	165
	最可能销售量	450	0. 5	225
	最低销售量	300	0. 2	60
	期望值合计			450
财务部门负责人	最高销售量	600	0. 2	120
	最可能销售量	500	0. 5	250
	最低销售量	400	0. 3	120
	期望值合计			490

从表中可以看出：技术部门、财务部门的负责人提出的期望值偏高，而生产部门和销售部门负责人提出的期望值偏低。一般来说，销售部门对市场最熟悉，它在预测中的重要性系数最大设为 2，而其他部门的重要性系数为 1，这就可用加权平均法算出此预算值，即：

$$\frac{390\times 2+340+450+490}{2+1+1+1}=\frac{2\ 060}{5}=412$$

这种方法集中了各部门负责人的经验和智慧，解决问题比较快，缺点是各个据以

判断的情报可能会有片面性。

（2）销售人员意见法。销售人员意见法，即征求本企业销售人员和商业部门业务人员的意见，然后汇总成整个企业的预测数，具体做法是：先由各个销售人员提出各自的预测期望值，再用加权平均数的方法来确定预测值。例如，某厂三个销售人员对产品销售量的估计如表3－3所示。

表3－3　产品销售量估计表

销售人员		销售（1）	成功概率（2）	预测的期望（1）（2）
甲销售员	最高销售量	550	0.3	165
	最可能销售量	350	0.5	175
	最低销售量	250	0.2	50
	期望值合计			390
乙销售员	最高销售量	600	0.2	120
	最可能销售量	450	0.6	270
	最低销售量	360	0.2	72
	期望值合计			462
丙销售员	最高销售量	450	0.2	90
	最可能销售量	300	0.5	150
	最低销售量	200	0.3	60
	期望值合计			300

设甲、乙、丙三个销售员在预测中的重要性相等，计算三个期望值的平均数，就可确定预测值。即：

$$\frac{390+462+300}{3}=384$$

用此法算出的预测数比较实际，因为企业的推销人员通常分管一个地区，对当地经济发展情况和需求情况比较熟悉，商业部门人员处于销售第一线，也熟悉市场情况；但此法的缺点是销售人员只知局部，而对整个企业的发展趋势往往了解不够；由于预测者自己有完成销售目标的义务，难免采取稳健态度，对没有太大把握的前景一般不会包括进去，从而估计的数字偏低。

（3）顾客意见法。顾客意见法，即直接听取顾客意见后确定预测数。通过调查，对顾客或用户的购买意向了解清楚，在分析市场需求变化的趋势和竞争情况之后，作出对本企业产品需求的预测数。此法用于用户数量不太大或用户与本企业有固定协作关系的企业，主要是制造生产资料类产品的企业。企业可采取走访用户、订货会、用户座谈会、巡回展览、商品展销、填报需求登记表等方式来收集用户的意见。但顾客意见法能否取得成功，主要靠顾客或用户的合作，如果用户因不能保密、关系不好、不重视调查等原因，就难于取得可靠的资料。

（4）专家意见法。专家意见法又称德尔菲（Delphi）法，即由企业外（商业部门或咨询机构）的见识广博、学有专长的专家做销售预测。由于专家们对市场需求情况有专门的研究和掌握了丰富的第一手资料，他们的意见对预测未来具有重要的价值。预测时，先请一组专家（10～40人次），背靠背地对需要预测的问题提出意见，寄给主持人，主持人综合、整理后再反馈给每个人，如仍坚持自己意见，可进一步说明理由，再寄给主持人，如此重复三、四次后，一般可得出一个比较一致的意见。如果最后归集到的专家预测值存在着乐观、悲观、中间三种估计数值，则可用推定平均值的方法把三种意见综合起来以求得统一的预测值，其计算值为：

$$推定平均值=\frac{1\times 最乐观值+4\times 最可能值+1\times 最悲观值}{6}$$

专家意见法具有三个明显的特征：匿名性、反馈性和统计分析。

2．分析计算法

分析计算法是根据以往比较完整的历史统计资料，运用各种数字模型对市场未来发展趋势做出定量的计算，求得预测结果。这类方法有助于在定性分析的基础上，掌握事物量的界限，更正确地进行决策。常用的分析计算方法主要有时间序列分析法和因果分析法。

（1）时间序列分析法。时间序列分析法，就是将某个经济变量的观测值按时间顺序加以排列，构成统计的时间序列，然后运用一定的数字方法使其向外延伸，预计市场未来的发展变化趋势，确定市场预测值。

时间序列分析法的主要特点是以时间推移研究和预测市场需求趋势，不受其他外在因素的影响。不过，在遇到外界发生较大变化，如国家政策发生变化时，根据过去已发生的数据进行预测往往会有较大的偏差。

时间序列分析法具体方法较多，常用的较简便的方法主要有：

1）简单平均法。简单平均法是采用求一定观察期的数据平均数，以平均数为基础确定预测值的方法。简单平均数有多种，如算术平均法、几何平均法和加权平均法等。最常用的是算术平均法，以公式表示为：

$$\overline{X}=\frac{X_1+X_2+X_2+\cdots\cdots+X_n}{n}=\frac{\sum_{i=1}^{n}X_i}{n}$$

式中：$\overline{X}$ 表示平均数，即预测值；X_1、X_2、X_3、$\cdots X_n$ 代表各期实际数据；n表示资料期数。

该方法适用于时间序列比较稳定、无明显变化趋势时的预测。

2）移动平均法。移动平均法以假定预测值同预测期相邻的若干观察期数据有密切关系为基础。所以，它是将观察期的数据，由远而近按一定跨越期进行平均，取其平均值，随着观察期的推移，按一定跨越期的观察值数据也相应向前移动，逐一求得移动平均值，并将接近预测期的最后一个移动平均值，作为确定预测值的依据。

假设当期1月、2月、3月的实际数据分别为 X_1、X_2、X_3，并设预测跨越期为3个月，则4月份的预测值 F_4 可计算如下：

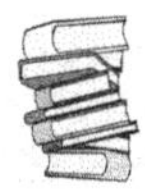

$$F_4=\frac{X_1+X_2+X_3}{3}$$

到四月份结束，若该月的实际数为 X_4，再求5月份的预测数 F_5，这时应采用近期的2月、3月、4月的实际数来平均，即：

$$F_5=\frac{X_2+X_3+X_4}{3}$$

以此顺序推移，就可求得各个月的预测值，预测值的公式为：

$$F_{t+1}=\frac{X_t+X_{t-1}+\cdots+X_{t-(n-1)}}{n}$$

式中：F_{t+1}表示第 $t+1$ 期预测值；X_t 表示第 t 期实际值；n 表示跨越期。

3）加权移动平均法。加权移动平均法，是对观察值分别给予不同的权数，按不同权数求得移动平均值，并以最后的移动平均值为基础确定预测值的方法。

采用加权移动平均法，是因为观察期的近期观察值对预测值有较大的影响，它更能反映近期市场变化的趋势，所以对于接近预测期的观察值给予较大权数值，对于距离预测期较远的观察值则相应给予较小的权数值，以不同的权数调节各观察值对预测值所起的作用，使预测值能够更近似地反映市场本来的发展趋势。

运用加权移动平均法计算预测值的公式为：

$$F_1=\frac{W_nX_t+W_{n-1}X_{t-1}+\cdots\cdots W_1X_{t-n+1}}{\sum_{i=1}^{n}W_i}=\frac{\sum_{i=1}^{n}W_iX_{t-n+i}}{\sum_{i=1}^{n}W_i}$$

式中：F_t 表示时间 t 的预测值；X_t 表示时间序列中时间为 t 的观察值；W_i 表示时间序列中时间为 i 的对应权数值；n 表示资料期数。

（2）因果分析法。因果分析法是利用事物发展变化的因果关系来进行预测的方法。它以事物发展变化的因果关系为依据，抓住事物发展的主要矛盾因素与次要矛盾因素的相互关系，建立数学模型进行预测。

运用因果分析法进行市场预测，主要采用回归分析方法，除此之外，计量经济模型和投入产出分析等方法也较为常用。限于篇幅，这里仅介绍回归分析法。

回归分析法，是研究两个以上变量之间关系的数学方法。如果只涉及两个变量，叫做一元回归分析或单回归分析；如果涉及两个以上的变量，则叫做多元回归分析或复回归分析。这里主要介绍一元回归分析法。

一元回归分析，主要是导出两个变量之间的关系式。借回归分析导出的这种关系式，叫做回归方程式。在市场预测中，两个变量之间的关系，一般呈线性关系，所以一元线性回归分析是市场预测中较为常用的方法。其回归方程为：

$$\hat{Y}=a+bX$$

式中：$\hat{Y}$ 表示因变量，即预测值；X 表示自变量，即引起市场变化的某影响因素；a、b 表示回归系数，其中 a 为 Y 轴截距，b 为斜率。

在市场预测中，回归分析是通过观察值确定回归系数 a 和 b 之值。推断 a、b 值的常用方法是最小二乘法。其计算公式为：

$$a = \overline{Y} - b\,\overline{X}$$

$$b = \frac{n\sum XY - \sum X \sum Y}{n\sum X^2 - (\sum X)^2}$$

式中：$\overline{X} = \frac{1}{n}\sum X$

$\overline{Y} = \frac{1}{n}\sum Y$

在确定了回归方程之后，还需要判断检验这一线性回归方程对预测是否有意义。如果实际统计数据的波动幅度很大，求出的线性回归方程的偏差也就很大，这样利用它来预测的意义就不大了。对预测模型进行检验，一般包括方差分析、标准差分析、相关分析和显著性检验。限于篇幅，在此不再介绍，读者可参阅有关的书籍作进一步的了解。

一元线性回归法可以用于时间回归分析预测，也可以用于因果回归分析预测。

本节小结

市场营销信息系统是由人、设备和程序组成，它为营销决策者收集、筛选、分析、评估和分配所需要的、适时的和准确的信息。

市场调研也称营销调研、市场研究，是营销者通过信息与消费者、顾客和公众联系的一种职能。具体来说，市场调研就是运用科学的方法，有目的有计划地系统搜集、整理和分析研究相关的市场信息资料，提出调研报告，帮助营销管理人员判断市场未来的发展趋势，做出市场预测和经营决策，达到预期目标的营销过程。

按市场调研的目的和要求不同，市场调研主要可分为四种：探测性调研、描述性调研、因果性调研、预测性调研。

市场需求预测就是通过对过去和现在产品在市场上的销售状况和影响市场需求的各种因素的分析和判断，来预测市场对产品的需要量和发展变化趋势。

市场需求量受两类因素的影响，一类是市场环境，如政府政策、经济发展状况、家庭收入、竞争情况、妇女地位等；另一类是推销努力，如广告、推销、展销、服务等，这是企业本身能够加以控制的因素。进行市场需求预测时，应重点分析市场环境因素对市场需求的影响。国家某些经济政策的调整和自然灾害、战争等，会使社会对某些产品的需求发生变化，市场对消费品的需求，主要受人口和购买力变化的影响。

3.2 技能训练

3.2.1 基本练习

一、名词解释

1. 市场营销信息系统
2. 市场营销调研
3. 资料调查法
4. 实地调查法
5. 定性调查
6. 访问调查
7. 市场需求预测

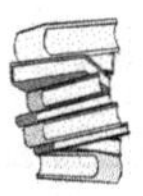

二、不定项选择题

1. 一般来说营销调研的第一步是进行（　　）。
   A. 探索性调研　　B. 描述性调研
   C. 因果关系调研　　D. 预测性调研
2. 企业市场调查一般包括对可控因素和不可控因素的调查，在下列调查中属于对企业不可控因素调查的是（　　）。
   A. 渠道　　B. 市场竞争
   C. 价格　　D. 促销
3. 下列调查方法中属于定性研究的是（　　）。
   A. 深度访谈法　　B. 邮寄调查法
   C. 街头拦截式访问　　D. 入户问卷调查
4. 面谈调查法的缺点是（　　）。
   A. 真实性差　　B. 成本高
   C. 回收率低　　D. 调查范围受限
5. 邮寄调查法的优点是（　　）。
   A. 结果较为客观　　B. 速度快
   C. 回收率高　　D. 灵活性强
6. 留置调查法的缺点是（　　）。
   A. 真实性差　　B. 速度慢
   C. 回收率低　　D. 调查范围受限
7. 在询问调查法中回收率最高的是（　　）。
   A. 面谈法　　B. 邮寄法
   C. 电话法　　D. 留置法
8. “在过去一周内您是否购买或食用过方便面？”属于（　　）。
   A. 事实性问题　　B. 行为性问题
   C. 动机性问题　　D. 态度性问题
9. 下列属于非随机抽样的抽样方法是（　　）。
   A. 滚雪球抽样法　　B. 分层抽样法
   C. 整群抽样法　　D. 系统抽样法
10. 在各种调查方法中，最有代表性同时又能节省人力、物力、财力支出的是（　　）。
   A. 重点调查法　　B. 典型调查法
   C. 抽样调查法　　D. 全面调查法

三、判断题

1. 市场调查的系统性表现为应全面收集有关企业生产和经营方向的信息。（　　）
2. 资料调查法要和其他调研方法结合使用。（　　）
3. 市场抽样调查中样本规模越大越好。（　　）
4. 调查要求的准确度越高，所需样本数量就越多。（　　）

5. 实地调查既可以采取观察法、实验法了解调查对象，也可以采取网络调查问卷的形式。（　　）

6. 市场调查与市场营销是同一回事。（　　）

7. 利用公开发表的资料可以得到企业预计的全部调查资料。（　　）

四、问答题

1. 什么是市场信息？如何搞好市场信息管理？
2. 什么是市场调研？它在企业经营中有哪些重要作用？
3. 市场调研包括哪些内容？
4. 市场信息和市场调研的关系怎样？
5. 市场营销预测方法主要有哪些？

3.2.2　理论运用

宝洁公司“帮宝适”尿布的成功上市

1956 年，宝洁公司开发部主任维克·米尔斯在照看其出生不久的孙子时，深切感受到一篮篮的脏尿布给家庭主妇带来的烦恼。洗尿布的责任给了他灵感。于是，米尔斯就让手下几个最有才华的人研究开发一次性尿布。

一次性尿布的想法并不新鲜。事实上，当时美国市场上已经有好几种牌子了。但市场调研显示：多年来这种尿布只占美国市场的 1%。原因首先是价格太高；其次是父母们认为这种尿布不好用，只适合在旅行或不便于正常换尿布时使用。调研结果：一次性尿布的市场潜力巨大。美国和世界许多国家正处于第二次世界大战后婴儿出生高峰期。将婴儿数量乘以每日平均需换尿布次数，可以得出一个大得惊人的潜在销量。

宝洁公司产品开发人员用了一年的时间，最初样品是在塑料裤衩里装上一块打了褶的吸水垫子。但在 1958 年夏天现场试验结果是，除了父母们的否定意见和婴儿身上的痱子以外，一无所获。

1959 年 3 月，宝洁公司重新设计了它的一次性尿布，并在实验室生产了 37 000 个样品，拿到纽约州去做现场试验。这一次，有三分之二的试用者认为该产品胜过布尿布。到 1961 年 12 月，这个项目进入了能通过验收的生产工序和产品试销阶段。

公司选择地处美国最中部的城市皮奥里亚试销这个后来被定名为“帮宝适”（Pampers）的产品。发现皮奥里亚的妈妈们喜欢用“帮宝适”，但不喜欢 10 美分一片的价格。在 6 个地方进行的试销进一步表明，定价为 6 美分一片，就能使这类新产品畅销。宝洁公司提高生产能力，降低成本，使公司能以消费者愿意接受的价格在全国销售帮宝适尿布。

帮宝适尿布终于成功推出，直至今天仍然是宝洁公司的拳头产品之一。

问题：

1. 宝洁公司开发一次性尿布的决策是在什么基础上进行的？
2. 宝洁公司是否把握了现代市场营销的基本精神？

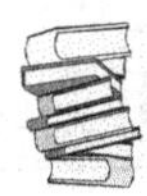

3.2.3　能力拓展实训

一、实训目的

掌握市场调研的主要操作方法。

二、实训题目

1. 某计算机网络公司为了了解上网网民的行为情况，拟组织一次网络抽样调查，调查的内容包括上网网民的性别分布、年龄分布、职业分布、上网方式分布、上网时间分布、上网时段分布、上网费用分布、上网内容分布、上网网站分布、上网速度满意度、上网内容满意度、上网价格满意度、上网网站满意度、网络信息的系统性和时效性、上网的正反面影响等。

2. 确定一种熟悉的日用消费品（或服务），进行一次营销调研。

三、实训方案

（1）人员：5～7人组成一个小组，以小组为单位训练。

（2）时间：与第3章教学同步。

（3）步骤：由教师指导，确定营销调研方向，采用切实有效的方法实施营销调研的全过程。具体日程及内容可参照表3－4。

表3－4　实训日程安排

实训日	主要内容	对学生的基本要求
第一天	动员；调研规划	调研规划；调研准备
第二天	案头调研	收集二手资料
第三天	问卷调查规划；问卷初步设计；初步调查；确定、印制问卷；其他调研准备	问卷调查规划；设计调查用问卷；准备其他表格或工具
第四天到第七天	问卷、观察法等形式的实际调研	完成问卷；准备其他资料
第八天到第九天	资料整理；补充调查；资料分析；完成市场调研报告初稿	掌握资料统计整理的方法与过程；提交市场调研报告初稿
第十天	市场调研报告定稿	提交市场调研报告完成稿并以PPT形式展示

四、实训考核

（1）组员自评：由小组成员自己评出个人成绩，参照表1－4。

（2）组长评定：由小组长依据组员在实训过程中的贡献情况评定出所有组员的成绩，参照表1－5。

（3）小组互评：由其他小组成员根据评价指标对展示小组的成果进行评价，参照表1－6。

（4）指导教师评定：指导教师依据评价指标评出各小组成绩，参照表1－6。

第 4 章　购买者行为分析

内容框架

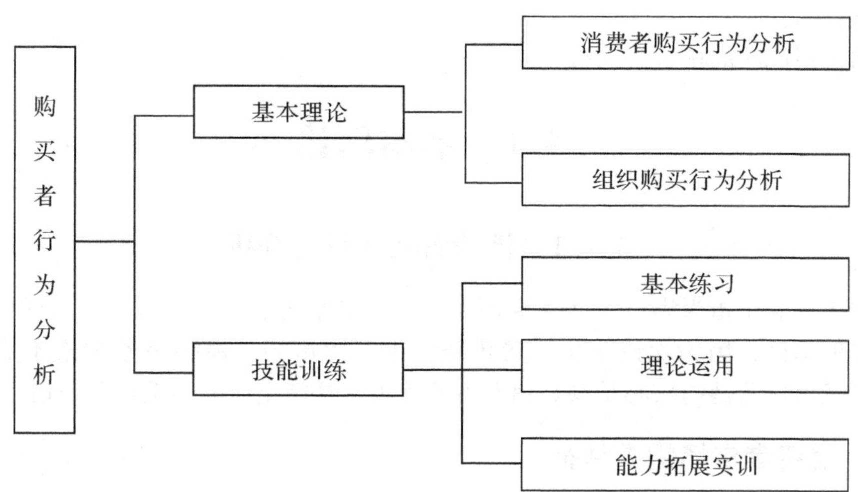

知识目标

1. 了解消费者市场的需求特征。
2. 了解影响消费者购买行为的因素。
3. 掌握消费者购买行为过程。
4. 掌握组织市场的类型及特点。

能力目标

能对影响消费者购买因素及消费者购买行为过程进行分析。

案例导入

宝洁的“可感知的顾客价值”

过去，宝洁公司往往把内部研发工作的评估重点放在技术产品的性能、专利数量和其他指标上。而如今宝洁则更加强调“可感知的顾客价值”，宝洁公司让研发人员走出实验室，时不时化名到消费者家中“微服私访”。比如，宝洁在做市场调查的时候，会派调查人员与消费者同吃同住，了解消费者对产品的整体看法。在开发纸尿裤之前，研发人员会到消费者家中观察他们洗衣服、擦地板、给婴儿换尿布等生活细节，从中了解其生活方式和现有纸尿裤为他们带来的不便；更有甚者，宝洁还设计了专门摆放样品的货架，并在货架上安装针孔摄像机，然后通过研究消费者看到产品时候的瞳孔大小来分析消费者的真实需求。宝洁提出，公司上下都要从消费者的角度而不是从科学家的角度来考虑创新问题，并提出了“360度创新”的概念，即围绕顾客体验进行全方位创新，这包括：达到所需性能的产品技术；能够以合适价格生产出该产品的生产技术；产品性能外观和包装的概念性以及审美性因素等等。

正是因为宝洁比其他竞争对手更了解消费者的需求，所以能在竞争高度激烈的消费品行业中遥遥领先。当前，宝洁向160多个国家销售着大约300个品牌的产品。2008年，宝洁全球销售额高达835亿美元，实现净利润120亿美元。

问题：

宝洁公司成功的秘诀是什么？

4.1 基本理论

4.1.1 消费者购买行为分析

消费者市场是指为满足生活需要而购买产品和服务的个人和家庭。消费者市场是一切市场的基础，因为无论是生产者市场、中间商市场，最终服务对象还是消费者。因此，现代市场营销的核心是满足消费者的需求，这是企业的出发点和归宿。

一、消费者市场需求特征

所谓需求，是指客观刺激物通过人体感官作用于人的大脑而引起的某种缺乏状态。需求是购买行为的起点，也是市场营销的出发点。消费者需求虽然因环境的不同，以及个体因素的不同而千差万别，但从总体上分析，仍存在着一定的规律，主要表现为：

1. 消费者需求具有多样性

这是消费者市场需求最基本的特征。由于每个消费者的收入水平、文化程度、职业、性别、民族和生活习惯的不同，以及爱好和兴趣的不同，对商品和服务的需要也是千差万别的。即使是对同一种商品，在质量、性能、规格、品种及价格上也是众口难调。这就要求企业开发出丰富多彩的商品，以满足消费者不同的需求。例如，不同年龄层对皮鞋相关特性的重视程度也不一样。见表4-1。

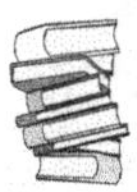

表4-1 不同年龄层对皮鞋相关特性的重视程度排名

年龄＼排序	第一位	第二位	第三位	第四位
20岁以下	耐穿	美观	舒适	价格
20~40岁	美观	舒适	耐穿	价格
40岁以上	舒适	耐穿	美观	价格

2. 消费者需求具有层次性

这是由消费者的货币收入水平、社会阶层、受教育程度等差异所决定的。亚伯拉罕·马斯洛把需求分成生理需求、安全需求、社交需求、尊重需求和自我实现需求五类，依次由较低层次到较高层次，见图4-1。同时马斯洛也明确指出，人们总是优先满足生理需求，而自我实现的需求则是最难以满足的。因此消费者的需求是有层次性的，人们总是在满足基础需求的条件下才会有更高层次的需求。

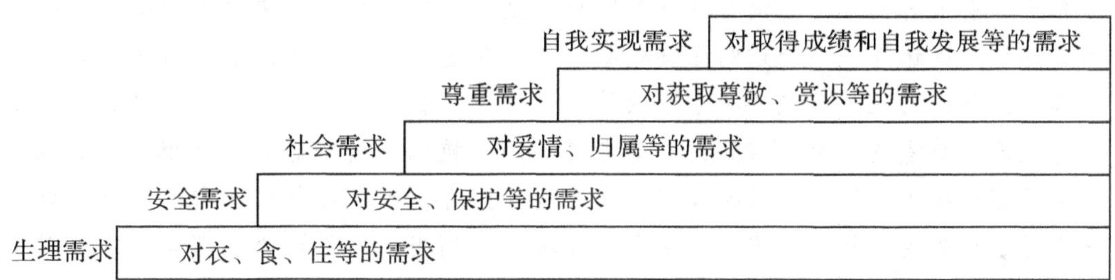

图4-1 马斯洛需求层次论

3. 消费者需求具有无限性

随着消费者收入水平的提高，人的需求和欲望总是有没被满足的时候。当一个人买到了他所渴望的商品后，心理上暂时得到了满足。但当他收入增加了，发现市场上还有花色、质量有所不同的新产品问世，他就会喜新厌旧，确定新的购买目标。正是由于需求的无限性，市场才能推动企业不断地开发出新产品，以满足消费者永不知足的心理需求。

4. 消费者需求具有伸缩性

需求的伸缩性是指由于内因或者外因的影响，消费者的需求可以扩大、增加和延伸，也会减少、抑制和收缩。影响消费者需求的内因一般有：消费者的个性特征、购买能力、生活方式等；影响消费者需求的外因一般有：市场产品的供应、价格、宣传、促销等。这种特征表现为某些商品可有可无，某些商品或多或少。一般说来，日常生活必需品的需求伸缩性小，而中、高档及耐用品需求的伸缩性大。

5. 消费者需求具有可诱导性

消费者需求是可以引导和调节的，通过舆论界及工商企业的引导，人们的消费需

求是可以变化和转移的。因此，企业可以通过大量的广告、店面刺激以及促销手段等，使消费者的需求意识由弱变强，由潜在需求转变为现实需求，从而成功地将产品销售出去。

6．消费者需求具有周期性

消费者需求的周期性是指消费者对消费对象的需求会因某些因素的影响而呈现出周期性的变化，具体表现在当消费者的某种消费需求得到满足以后，经过一定时间这种需求又会重新出现。影响消费者需求周期性的因素有：消费者自身的生理规律、自然环境的变化、社会环境的变化、其他周期性因素等。

7．消费者需求的连带性和替代性

消费者需求在很多商品消费中都表现出明显的连带性和替代性。如购买皮鞋时，附带着购买了鞋油、鞋刷。同时，一类商品中还有许多不同厂家生产的各种规格、品种，消费者的选择余地很大。

同步案例

2010年6月22日，德勤在香港第三届亚洲零售年会上发表最新报告，总结中国消费者有以下三个特点：①尝试意愿。研究表明，中国消费者喜欢尝试新品牌，如果产品有很好的口碑，消费者就更愿意尝试了。对于那些尚未进入中国市场的品牌，建议考虑选择一个合适的品牌战略，现在要进入中国市场，需要做比以前更多的咨询工作，而且最好能够有合作伙伴一同操作。②二、三线城市的力量。一线城市如上海和香港的租金非常高，不妨考虑苏州、杭州、南京等二线城市，这些城市开店的租金费用较低，而且顾客有很强的消费能力，因此品牌进入中国市场需要认真考虑自己的定位和发展方向。由于一线城市有相当强的渗透力和衍生力，所以一些品牌较为关注一线城市，而如果品牌在一线城市有名气，那么也会直接影响二、三线城市的销售额，这就是一线城市宣传力。③抽象概念卖不动。一些无农药面料、低碳服装和环保概念产品等在中国卖得并不好。中国消费者注重产品质量和价格，对于这种概念产品却无偏好。

二、消费者的购买动机

动机，就是人们为了满足某种需要，而引起产生某种活动的欲望和意念。只有当消费者有了某种需要并希望得到满足时，才有可能引起购买动机。按照动机产生的原因不同，可以将购买动机分为两大类：

1．生理动机

生理动机又称为本能动机，它是由于生理上的本能需要所引起的动机。

2．心理动机

心理动机是由于认识、感情、意志等复杂的心理活动而引起的动机。现实生活中，人们购买某一商品，单纯出于生理动机的驱使而购买的情况比较少，更常见的往往是伴随着复杂的心理活动，因此，作为营销者更应重视对心理动机的研究。

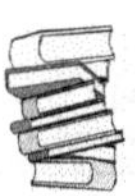

（1）按照产生的原因不同，心理动机可以分为感情动机、理智动机、惠顾动机三类。

1）感情动机。感情动机是由人的情绪和感情引起的购买动机。人都有七情六欲，喜、怒、哀、乐同样会影响到消费者的购物活动中，这就是感情动机。这种动机可分为两种类型：一是由于人们喜欢、满意、快乐、好奇而引起的购买动机，它具有冲动性、不稳定的特点；另一种是由于人们的道德感、美感、群体感而引起的购买动机，它具有稳定性和深刻性的特点。

2）理智动机。是消费者对商品作了客观分析和冷静比较后产生的购买动机。这种动机驱使下的消费者一般不易受感情的支配，选购时冷静慎重，讲究商品质优实用、价格合理。服务周到等、这种动机具有客观性、周密性和稳定性等特点。这种购买动机的产生主要用于耐用消费品或价值较高的高档商品的购买。

3）惠顾动机。又叫信任动机，这是消费者根据感情和理智方面的经验，对特定的商标或商店，产生特殊的信任和偏爱，进而形成一种重复购买的动机。具有这种动机的消费者，往往是企业最忠实的顾客，他们不仅自己经常重复购买，而且对周围的消费者也有很大的宣传和影响作用。

（2）按照表现形式的不同，心理动机可以划分为求新动机、求美动机、求实动机、求名动机、求廉动机、仿效动机、求安动机和好癖动机八类。

1）求新动机。即注重商品的时尚，追求新颖别致。具有这种心理的消费者特别重视商品的式样和色彩，力求新颖、时髦、与众不同，不太计较商品的价格和实用性。他们大多是一些经济条件较好的青年人，容易受广告宣传和社会潮流的影响，凭一时冲动和兴趣购买商品。接待这类顾客要详细介绍商品的性能和优缺点，帮助他们冷静选择，尽量减少买过后悔的现象。

2）求美动机。即注重商品艺术欣赏价值的购买心理。具有这类心理的消费者选购时，非常重视商品的造型、色彩，讲究对人体、环境的美化和装饰作用。他（她）们往往是工艺品、化妆品、字画等商品的主要消费对象，多是女性或艺术爱好者。营销者应当向顾客重点介绍商品的艺术价值和审美效果。

3）求实动机。为了满足某种实际需要而产生的购买心理。具有这种心理的消费者，重视商品的使用价值，讲求商品的货真价实、安全可靠、美观大方等，或受经济条件所限，只能购买中低档商品；或思想较保守，对新产品持怀疑态度，因此讲求商品的实用性。

4）求名动机。即仰慕优质名牌商品而产生的购物心理。具有这种心理的消费者，总希望买到质量好、知名度高的商品，对非名牌的商品缺乏信任感。他们一般收入水平较高，生活条件较优越，崇尚名牌商品，同时在心理上得到一种自豪感。对待这类顾客，营销者要重点介绍商品的优点及与众不同的长处。

5）求廉动机。即注重商品廉价的购买心理。具有这类动机的消费者往往受经济条件所限，对降价、打折的商品非常感兴趣，而对其质量、包装、实用价值不大看重。营销者应重点宣传同类商品的比价，以激发他们的购买欲望，促成交易。

6）仿效动机。为保持与别人一致而产生的购买心理。具有这种动机的消费者，易盲目追逐时尚潮流，许多流行商品的出现，都是与这种消费动机分不开的。

7）求安动机。这是一种出于安全、卫生方面的考虑而产生的购买心理。表现在购买食品、药品、化妆品、洗涤用品、电器等方面，求安动机更为突出。

8）好癖动机。这是一种为了满足特殊爱好而产生的购买心理。不同消费者的爱好或嗜好是不同的，特别是中老年人，特殊的嗜好更多一些。如有的人爱钓鱼，有的人爱养花，有的爱收藏字画等。消费者的好癖不同，对商品的需求也不同。

同步案例

据世界奢侈品协会报告，2008 年中国人奢侈品的消费达 86 亿美元，成为仅次于日本的全球第二大奢侈品消费国。在受金融危机影响，欧美各国奢侈品销售市场不断下滑的背景下，中国消费者高昂的消费热情和强大的消费能力，令人刮目相看。据调查，中国消费者奢侈品消费心理具有以下特征：一是追求自我实现消费心理；二是炫耀性消费心理；三是从众消费心理；四是模仿性消费心理；五是情绪性消费心理。从中可以发现中国消费者奢侈品消费的感性成分要远远高于理性成分，这显示消费心理不成熟，主要追求的是个人奢侈品消费而不是家庭奢侈品消费，表现在消费者年龄结构上，40 岁以下年轻人是这个市场的主力，呈现出与欧美国家不同的奢侈品消费需求特征。

三、影响消费者购买行为的因素

消费者的购买行为不仅受其内在需要和欲望的驱使，而且要受到主客观各种因素的影响，只有全面了解影响消费者购买行为的因素，才能准确把握消费者购买行为的规律性，这些因素归纳起来有如下几方面：

1. 经济因素

经济因素是分析消费者购买行为的基础性因素。从经济角度来考虑，认为消费者总是根据自己所能获得的市场信息和有限的收入去购买对自己最急需、最有价值的商品。一般情况下，以下因素会影响消费者的购买行为。

（1）产品的价格和性能的比值。产品的价格和性能的比值是决定消费者是否购买的支配因素，也就是消费者对产品价格的接受能力与产品的性能对消费者需求的满足程度。如家庭主妇去菜市场，不一定会事先确定好购买哪种商品，而是见机行事。如果猪肉价格相对质量来说太贵，她可能一点不买；如果肉质较好而价格较贵，她可能少买些；如果价格便宜品质又好，她可能会多买一些。可见，在收入有限的情况下，价格和性能的比值是消费者首先考虑的因素。

（2）边际效用递减规律。边际效用递减规律是指消费者总是在自己的收入范围内做出合理的购买决策，以实现效用的最大化。而效用是消费者的心理感受，消费某种物品实际上就是提供一种刺激，使人有一种满足的感受，或心理上有某种反应。消费者消费某种物品时，开始的刺激比较大，从而消费者可以获得的满足程度就高。但随着同样刺激的反复进行（消费同一种物品的数量增加），其边际效用（即每一消费单位

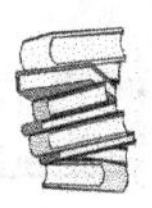

中所得到的效用增量）却是递减的，这种现象就是边际效用递减规律。例如，一个消费者在一套名牌服装都没有时，第一套名牌服装无疑是最有价值的，而当这个消费者拥有数套名牌服装之后，对名牌服装的需求就不会那么迫切了。

尽管经济因素对消费者购买行为的影响十分重要，但随着人们可任意支配的收入增加，市场上商品的日益丰富，人们的需求层次越来越高，消费者的购买行为并非完全受理智支配，感情也会左右人们的购买行为。

2. 个人因素

影响消费者购买行为的个人因素比较复杂，主要包括认识因素和个性心理因素等。

（1）认识因素。认识因素是影响消费者购买行为的重要因素，认识过程的阶段性决定了消费者反应的阶段性和差异性。

消费者的认识过程是在购买行为发生前通过心理活动过程表现出来的，一般分为三个阶段：一是识别阶段，主要是通过人的感觉、知觉、记忆、思维、联想等心理活动来完成，以识别产品的品质、属性及利益。在这一过程中，人们对所需产品的认识从直观的形象反映发展到获得更全面本质的反映，从而表现出自己的感受。二是情绪阶段，这是人们对产品的态度在感情上的反应阶段，产生喜欢与厌恶、肯定与否定的态度，这直接影响到消费者的购买欲望。三是意志阶段，在这一阶段，消费者会根据自我经验做出购买选择：立即购买、等待观望或停止购买。

从消费者购买前的心理活动过程可以看出，认识的不同阶段有不同的认识重点，影响消费者购买行为的认识因素就是这些认识重点的表现，主要包括需求、态度、感觉和经验。

1）需求。需求引起动机，动机又是引起人的行为、支配人的行为的直接原因和动力。人的需求是复杂多样的，前面讲到美国行为科学家马斯洛提出的需求层次论从本质上揭示出人们行为的推动力是未得到满足的需求。当低级需求得到满足后，人们就开始追求更高一级的需求；当一种需求得到满足后，它就失去了对行为的刺激推动作用。当然，不同性格及不同年龄阶段的人，追求层次的顺序可能有所不同。这就引导企业围绕消费者不同层次方面的需求，分别设计生产出不同特色的商品，使消费者都能得到心理上的满足，最终达到促销的目的。

2）态度。态度是人们的一种内在的心理体验，它往往是通过人们的语言、表情、动作表现出来。消费者对商品持积极肯定的态度会推动购买行为的完成，而消极否定的态度则会阻碍消费者的购买活动。一般地，消费者在购买活动中表现出来的态度可以分为三种：

完全相信型。指消费者对所要购买的商品持完全肯定的态度。通过对商品的质量、性能、款式、价格等方面进行比较评价后，确认商品完全符合自己的要求，从而导致购买行为的实现。

部分相信型。指商品能引起消费者的兴趣和好感，但对商品的价格、款式不中意，或者对质量、效用持怀疑态度，消费者就会表现出犹豫不决，如果受到外界的合理引导，如热情接待与服务等，也有可能促成购买行为的完成。

不相信型。消费者对商品持完全否定的态度。如新产品投放市场后，不符合消费者的需要；或发现商品存在缺陷或不足，甚至给消费者造成伤害等。一旦消费者对商品持不相信的态度，就很难促成购买行为。

因此，企业在推销产品时，要尽可能促使消费者对商品形成积极肯定的态度，避免产生反感情绪。如果发现顾客对产品有不满意之处，应力争改进。否则，态度形成的时间愈久，印象愈难以改变，扭转愈困难。

3）感觉。感觉是客观刺激作用于感觉器官所产生的对事物个别属性的反应。也就是人们通过视、听、嗅、味、触这五种感觉对外界的刺激或情景的反应或印象，它是最简单的认识形式。感觉虽然是一种简单的心理过程，可是它在我们的生活实践中却有着非常重要的意义。有了感觉，我们就可以分辨外界各种事物的属性，因此才能分辨颜色、声音、软硬、温度、气味等。而消费者在购买过程中，潜在消费者产生了购买动机以后，他们的购买行为还要取决于对刺激物的感觉，所有产品及其促销活动只有通过人的感觉才能影响消费者的购买行为。

4）经验。所谓经验，就是指从已经发生过的事件中学到的知识。而消费者的经验既来自于对社会各界提供信息的学习，也来自于自身的购买实践经验。因此，为了保证企业的产品畅销不衰，首先要树立企业在消费者心中良好的形象，重视企业消费文化的建设，为消费者提供优质的产品和服务，提高本企业产品在消费者心目中的地位。

（2）个性因素。个性是指个人带有倾向的、本质的、比较稳定的心理特征的总和。它包括人的个体心理特征、个体倾向性、自我形象等方面。正是由于消费者不同的个性特征，才使其购买行为复杂多样。例如男性对购买商品缺乏主动性，常常是受亲友或家人的委托而购买某一商品，而女性则对逛商店有极大的兴趣，常常主动采取购买行动。兴趣爱好广泛的人，购买商品的范围也较广泛，而兴趣易变的人，选购商品时朝三暮四，购买活动很不稳定。

3. 社会因素

任何一个人都是生活在一定的社会环境中，其行为活动必然要受到社会上各种因素的影响，如文化、流行、职业、家庭、相关群体等，这也是影响消费者购买行为不可忽视的方面。

（1）文化。文化是指人类在生活实践中逐步建立起来的价值观念、道德理想和其他有意义的象征综合体。文化不同，人们的审美观、价值观以及生活方式等都会有很大差别，从而影响了人们的消费行为。就东西方人的审美观来讲，差别就很大，在我们看来是十分平常的手工制品，西方人则认为是艺术品。在我国西安、大理等旅游地，一些农民小贩们出售手工制作的织布、蜡染布等工艺品，引起了外国游客们的极大兴趣，许多人都作为艺术品来收藏。

除了主流文化以外，在每一种文化中，还包括一定数目的亚文化群，它们以特定的价值观和影响力将各成员联系在一起，从而形成生活格调和行为方式相同或相近的群体。这种亚文化包括许多类型，其中对消费购买行为影响较大的有：宗教亚文化、民族亚文化、地理亚文化、种族亚文化等。例如，中国大多数人过春节，这是一种主流文化，而少数穆斯林人民则过古尔邦节，这就是一种亚文化。

（2）流行。流行的产生和发展与社会生产力的发展水平和人们的精神文化程度密

切相关。一般来讲，生产发展水平越高，社会流行速度越快，变化越大。在实际生活中，人们喜欢追逐流行潮流购买商品，以迎合自己追求奇异、表现自我的心理。但当大家都去追求某一流行时尚时，这种东西可能就过时了。于是，大家又开始追求新的流行时尚。一般在服装、家庭装饰、仪表修饰等方面，人们追求流行的倾向更明显。

（3）职业。职业对消费心理与行为的影响也是不可忽视的。高收入的消费者经常出入有名气的商店、饭店等消费场所，喜欢购买高级名牌产品。政界人士喜欢穿端庄的西服，以符合自己的身份和地位。当一个人由员工升迁为企业经理时，在个人装扮及住房修饰方面也会发生相应的变化。

因此，营销企业要学会分析哪些职业的消费者对自己的产品或劳务感兴趣，有的企业甚至专门生产经营适合某一职业的产品或劳务。如日本服装公司会专门设计生产出“学生服”、“教授服”、“经理服”等，然后通过广告宣传，造成舆论，使人非买不可。

（4）家庭。家庭对购买行为的影响往往是潜移默化的。由于人们购买商品大多都是以家庭为单位，所以家庭的生活方式、消费习惯都会影响到家庭中的每个成员。家庭对购买行为的影响集中表现在家庭的不同发展阶段。在家庭的不同发展阶段，由于家庭成员不同、生活方式不同，购买行为也不同。家庭生命周期一般可以划分为六个不同的阶段：

1）单身阶段。已参加工作，独立生活，但交际比较广泛。处于这个阶段的年轻人，几乎没有经济负担，大量的收入主要花费在食品、书籍、时尚服装、娱乐等方面。

2）备婚阶段。已确定了夫妻关系并积极筹备婚事。为了构筑一个幸福的家庭，成员们往往购置成套的家具、家用电器、高级时装和各种结婚用品，装饰房间成了他们工作以外的生活内容。

3）新婚阶段。已经结婚，但孩子尚未降临人间。这一阶段的家庭将继续添置一些生活用品，如果经济条件允许，娱乐方面的开支可能也会增加。

4）培育阶段。孩子出生后将成为家庭消费的重点。孩子从出生一直到上学各阶段，在生活和教育方面的费用都将逐渐增加。

5）空巢阶段。孩子相继成家，独立生活。这一时期的老年夫妇家庭，由于经济负担减轻，他们的消费数量将减少，消费质量有所提高，尤其会毫不吝啬地将钱花在第三代身上。

6）鳏寡阶段。夫妻一方先去世，家庭显得残缺不全。这时尚存的另一方最需要的是医疗保健，生活服务和社交。

（5）相关群体。相关群体是指对消费者的思想、信念、购物行为的形成有重大影响的社会群体。相关群体有三种形式：一是主要团体，包括家庭成员、亲朋好友和同窗同事。主要团体对消费者的购买行为发生直接和主要的影响；二是次要团体，即消费者所参加的工会、职业协会等社会团体和业余组织。这些团体对消费者购买行为发生间接的影响；三是期望群体，消费者虽不属于这一群体，但这一群体成员的态度、行为对消费者有着很大影响，例如影星、歌星、球星等。

相关群体对消费者购买行为的影响主要有三个方面：一是影响消费者的生活方式，

进而推动群体成员改变原来的购买行为方式或形成新的购买行为方式；二是引起消费者的仿效欲望，从而影响消费者对某种商品的态度和引起人们价值观念的变化；三是影响消费者对产品品牌及商标的选择，有助于某个消费时尚的形成。因此，市场营销学对相关群体的研究，就是要选择与目标市场的消费者关系最密切、传递信息最有效的相关群体来影响消费，以求通过相关群体迅速推广产品。例如，国外有些厂商花很大代价请明星们穿用他们的产品，以收到显著的促销效应。当然，并非所有的商品都受相关群体的影响，一般来说，时尚性强的商品，如服装、鞋帽等受相关群体的影响更明显些。而时尚性不强的日用消费品，如肥皂、水果等受的影响要弱些。

四、消费者购买行为过程分析

了解了影响消费者购买行为的主要因素，还需要研究消费者在做出购买决策时，可能受到哪些参与者的影响，消费者在决策过程中具体经历了哪些步骤。作为营销者应针对不同的购买行为阶段开展不同的引导工作，以促成顾客购买行为过程的顺利完成。

1．消费者购买行为的参与者

消费通常是以家庭为单位进行的，而购买决策者一般是家庭中的某个成员，究竟谁是决策者，要依不同的商品而定。营销者必须分析谁是决策者，谁是影响者，谁参与购买过程，从而有针对性地开展促销活动，才能取得最佳效果。

在家庭购买活动中，家庭成员充当着不同的角色。

（1）倡导者。倡导者是在家庭中首先发起购买某商品的人。这种人一般性格活泼，信息灵敏，易于接受新事物，在传递信息方面起着重要作用。

（2）影响者。影响者是在家庭中对倡导者的建议持赞成或反对，无决定权但其观点或建议对决策具有一定影响的人。

（3）决策者。决策者是在家庭中握有购买权的人。这种人一般都掌有家中经济大权，在家庭中占有举足轻重的地位，是企业争取家庭购买的主要对象。美国社会学家按“家庭购买权威中心点”的有关理论，把家庭分为四类：丈夫决定型、妻子决定型、共同决定型、各自做主型。另外，不同的商品，在家庭中的购买决策重心也不同，通常分为：丈夫有较大影响力的商品，如汽车、摩托车、电视机、烟酒等；妻子有较大影响力的商品，如衣饰、洗衣机、餐具、吸尘器等；夫妻共同决定的商品，如住宅、家具、旅游和某些文娱活动等。另外，家庭成员对购买者决策过程的影响角度也不相同：丈夫一般在购买地点、购买时间、如何购买这些方面影响较大，妻子则在商品的外观、颜色、造型等方面的影响较大。

（4）执行者。执行者是在家庭中实际从事购买商品的人。有时决策者与执行者是合二为一的，但由于工作忙等原因，也有分离的现象，这样一来，到什么商店买，什么时间买，往往取决于执行者。

（5）使用者。使用者是在家庭中实际消费或使用商品的人。他（她）是商品消费的证明人，能反馈消费效果的信息，对企业的声誉有重要影响。

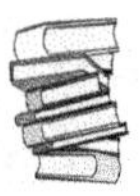

2. 消费者购买行为过程

表面上看，顾客持币购物是一种偶然行为，只需要几分钟就能完成，但具体分析一下，就会发现消费者的购买行为过程往往要经历引起需求动机、收集信息、比较评价、购买决策、买后感受等几个阶段。企业只有准确把握好消费者在每一个阶段所表现出来的心态，及时合理地加以诱导，才能从根本上使消费者感到满意。如图4－2所示。

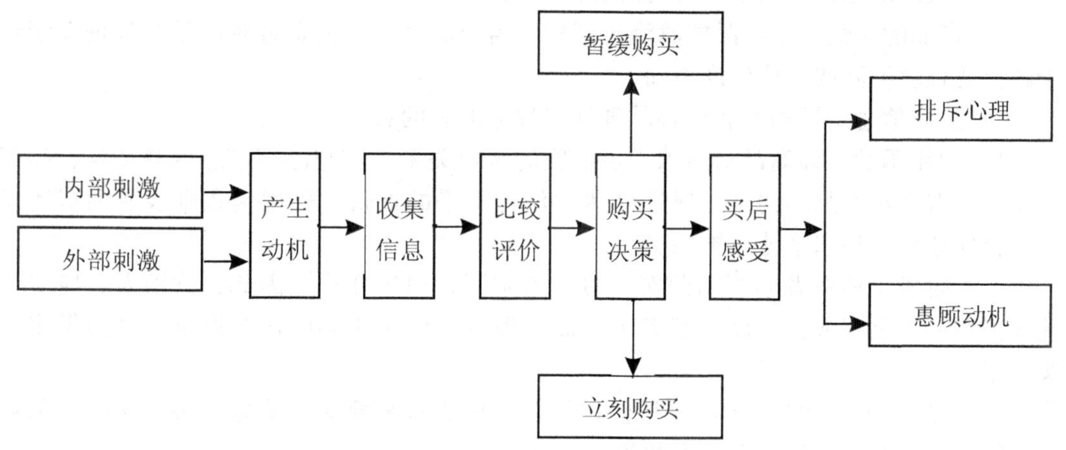

图4－2　消费者购买行为过程

（1）引起需要动机。消费者的需要由内部刺激和外部刺激引发，内在刺激是产生购买动机的根本原因，但是外在刺激手段也是诱发动机产生的一个条件。而消费者的内在刺激根据其产生的情况不同，又可以分为以下四类。

1）日常需要。这种需要是消费者日常生活中经常性的需求，如牙刷、牙膏等，过一段时间后总是需要续购。因此，消费者购买决策一般比较简单。

2）紧急需要。这种需要往往是消费者事先所没有预料到的，属于紧急性、突发性的消费问题。如手机丢失、车轮胎爆裂等。这时消费者首先考虑的是如何尽快买到商品，而没有更多的时间全面收集有关信息，对商品的价格不会过于计较。

3）计划中的需要。这种需要是消费者经过长时间酝酿的消费规划。例如一个已购买电视机的家庭计划一年内再买一台背投电视、家庭准备购买第二套住房等，由于消费者从认识到采取购买行动时间较长，因而，一般考虑得比较全面、周密。

4）逐步产生的需要。这种需要既非预期之中的，也无需立即解决，而是一种逐步认识、逐步决定的潜在心理意识。一般是随着新产品的购买者日益增多，自己潜移默化地受到影响逐步产生的需求。这种需求一旦得到充分肯定，就可能演变成需要或计划中的需要。

（2）收集信息。动机一旦形成，消费者就会进行有关信息收集，以便做出购买决策。消费者主要从以下四个来源获取信息：

1）商业来源。商业来源包括广告、商品陈列、包装和展销会，以及推销人员的现场介绍等。

2）个人来源。个人来源包括从亲朋好友、邻居、同事等处得到信息。

3）公共来源。电视、广播、报纸杂志等大众传播媒介。

4）经验来源。消费者自身通过接触、比较或使用而获得的信息。

总的说来，信息主要来自商业来源，最有影响力的是个人来源，而公共来源的可信度高。

（3）比较评价。消费者广泛收集信息之后，就要根据所要掌握的信息做一番比较评价，以便做出选择。比较评价的内容主要包括三个方面：

1）产品的属性。即产品能够满足消费者需要的特性。消费者对产品的各种性能给予的重视程度不同或评价标准不同。

2）品牌信念。即消费者对各品牌优劣程度的总的看法。

3）效用函数。即商品对需求满足程度的函数关系。它与品牌信念的联系是，品牌信念指消费者对某品牌的某一属性已达到何种水平的评价；效用函数则表明消费者要求该属性达到何种水平才会被接受。

这个阶段是消费者购买的前奏，对实施购买起决定作用。因此，营销人员应尽可能为消费者提供服务，帮助消费者了解商品属性，作出正确的比较评价，进而做出购买决定。

（4）购买决策。消费者经过评价选择，已形成对某商品的偏好并决定购买。从购买决策到实际购买行为还会受到两类因素的影响：

1）他人的态度。消费者准备进行购买时，其他人提出反对意见或更有吸引力的建议，可能会使消费者推迟购买或放弃购买。

2）意外情况。消费者准备进行购买时，出现未预料的情况，如产品涨价、消费者失业或其他一些意外变故，使消费者改变或放弃购买。

（5）买后感受。顾客将商品买回家以后，通过一段时间使用和周围同事的评价，会对自己的选择进行反省和重新认识，这就是买后感受。无论消费者满意与否，都有可能将情绪影响到别人，要么重复扩大购买，要么减少购买。西方许多企业信奉这样一句名言："最好的广告是满意的顾客。"评价顾客购买后是否满意，以及满意的程度如何，有这样两种理论观点：

1）预期满意理论。这种观点认为消费者对产品的满意程度取决于预期希望得到实现的程度。如果产品在使用过程中符合买主的期望，则感到满意；超过预期希望，则很满意；未能达到预期希望，则不满意或很不满意。实际同预期的差距越大，不满意的程度就越大。

2）认识差距理论。这种观点认为，消费者购买商品后都会有程度不同的不满意感。原因是任何商品都有其优缺点，顾客往往较多的看到了所拥有商品的缺点，而对未能占为已有的商品则看重其优点，最后比较的结果只能是不满意。作为营销者就是通过一切工作帮助顾客将那种不满意的情绪压缩到最低限度，力求让顾客感到比较满意。

3. 消费者购买行为的其他规律

前面我们分析了消费者个体在具体的购物过程中表现出来的规律性特点，但是作为消费群体在购买行为方面还表现出其他一些共性规律，集中反映在五个方面：消费者为何购买（why），如何购买（how），由谁购买（who），何时购买（when），以及何

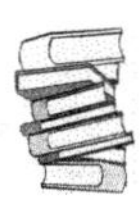

处购买（where）。其中为何购买、如何购买、由谁购买的问题前面已有所分析，下面重点研究后两个问题。

（1）何时购买。消费者的购买时间往往受商品属性、季节、节假日等因素的影响，通常有一定的规律性。一般说来，生活日用品，以工作之余和休息日购买较多，消费者大多是随时想到，随处就近购买，如牙膏、电池、粮油制品等。季节性商品，往往在季节来临之际或当令购买，如中秋月饼、春节礼品等。高档耐用品，消费者习惯于平时收集信息资料，在休息日集中购买。了解和掌握消费者在商品购买时间方面的规律性，有利于企业适时投放商品，有针对性地设计网点布局和营业时间，集中销售服务力量，以达到促销的目的。

（2）何处购买。消费者何处购买，可以从两方面研究：一是消费者在何处决定购买；二是消费者在何处实际购买。一般来说，个人日用消费品，如小食品类，大都是由消费者本人现场决定，现场购买。而家庭耐用品，如电视机、电冰箱等，大都在家庭集体研究后再去商店购买。营销者应根据商品的性质，力争采取不同的策略。如一般生活用品应加强对购物现场的布置和陈设，以吸引消费者现场决定购买；而对一些需要由家庭做出决定的商品，则应做好广告宣传，扩大企业影响，并建立方便消费者购买的分销网点和设施，以促使家庭尽早采取购买行动。

4.1.2 组织购买行为分析

企业的营销对象不仅包括广大消费者，而且也包括生产企业、商业企业、政府机构等各类组织机构，这些组织机构形成了原材料、机器设备、办公用品及相应服务的庞大市场，即组织市场。与消费者市场相比，组织市场的需求和购买行为有其自身的不同特点。为了提高产品的市场占有率，满足组织市场的需求，企业必须研究和了解组织市场的购买行为特征及其购买决策过程。

一、组织市场的类型及特点

1. 组织市场的类型

（1）产业市场。产业市场又称生产者市场或企业市场。它们采购一切货物和劳务的目的是为了加工生产其他产品和服务，以供销售、出租或供应给其他个人和组织，并从中获取利润。这些购买者主要分布在农业、林业、牧业、渔业、采矿业、制造业、建筑业、通信业、运输业等行业。

（2）中间商市场。中间商市场又称转卖者市场，是指那些通过购买商品和服务并将之转卖或出租给他人、以获取利润为目的的个人和组织。中间商市场由各种批发商和零售商组成。

（3）政府市场。政府市场是指那些为执行政府的主要职能而采购或租用商品的各种政府机关、事业单位等。也就是说，一个国家政府市场上的购买者是该国各种政府的采购机构。这些机构包括各种政府机构及所属机构、事业团体，如医院、学校、各种非营利性的协会组织等。由于各国政府通过税收、财政预算等掌握了相当大一部分国民收入，为了开展日常政务，政府机构要经常采购物资和服务，因而形成了一个很

大的市场。政府机构购买产品大多是用于行使政府职能，为社会公众服务。

2. 组织市场的特点

从某种意义上讲，组织市场同消费者市场具有一定的相似性，因为两者都是由人充当购买者并做出购买决策。但是，它们之间又有很大的区别，主要反映在市场结构、需求特征、购买者的成分，以及购买者决策的类型和决策过程等方面。

组织市场的需求和购买行为与消费者市场的购买行为相比，其特点表现在以下几个方面：

（1）购买者数量少，购买规模大，地理位置集中。在消费者市场上，购买者是个人和家庭，购买者数量多，但规模小。组织市场大多数是企事业单位，购买者数量少，但规模大。组织机构购买者集中在某些密集的产业市场地区。

同步案例

美国固特异轮胎公司在消费者市场上的顾客超过1.71亿，而在产业市场上的购买者主要是通用汽车公司、福特汽车公司、克莱斯勒汽车公司和美国汽车公司。产业市场的购买力相对集中，几个大企业的采购量占销售总数的绝大部分，如福特汽车每年全球汽车零配件采购金额约900亿美元。

（2）派生需求，波动性大。组织市场特别是其中的产业市场和中间商市场，都属于“非最终用户”市场，这个市场上的客户对产品和服务的需求是从消费者需求中派生出来的。因此，消费者市场的变化直接影响组织市场的需求，有时消费者市场增减10%，就能使下期组织市场成倍增减。西方经济学把这种现象称之为“加速原理”。

（3）需求缺乏弹性。即购买者对产业用品和劳务的需求受价格变动影响不大。例如，石油价格下跌，企业未必会多买入石油；相反，石油价格上涨，企业也未必会减少石油的购买。因此，这类需求是缺乏弹性的。

（4）专家多人决策，直接购买。组织市场购买决策过程的参与者往往不只有一个人，而是由若干专家组成采购中心，并向生产者直接采购所需用品，不通过中间商采购。

（5）过程长且复杂。由于购买金额较大，参与者较多，而且产品技术性能较为复杂，所以，组织购买行为过程将持续较长一段时间，几个月甚至几年都有可能。这就使企业很难判断自己的营销努力会给购买者带来怎么样的反应。

（6）提供服务。一般来讲，物质产品本身并不能满足组织购买者的全部需求，企业还必须为之提供技术支持、人员培训、及时交货、信贷优惠等配套服务。

二、产业购买者行为

产业购买者，一般是指生产资料的购买者。产业购买者不是只做单一的购买决策，而是要做一系列的购买决策。其购买决策的数量及决策结构的复杂性，取决于产业购买者行为类型的复杂性。

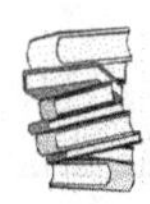

1. 产业购买者的行为类型

（1）直接重购。即企业的采购部门根据过去和许多供应商打交道的经验，从供应商名单中选择供货企业，并按惯例直接重新订购过去采购过的同类产业用品。这是最简单的采购。在这种情况下，列入供应商名单的供应商应尽力保证产品和服务质量，并采取有效措施来提高采购者的满意程度。未列入名单的供应商只能通过试图提供新产品或开展某种满意的服务，以便使采购者考虑从他们那里先购买一部分产品，以后再逐步扩大订货份额。

（2）修正重购。修正重购是指适当改变原先所采购的某些产业用品的规格、价格条件，甚至更换原来的供应商。这种情况给“门外的供货企业”提供了市场机会，而用户会与原先的供应商协商新的供货协议，给“已入门的供货企业”造成了威胁。修订重构类型较为复杂，因而参与购买决策过程的人数较多。供货企业要设法巩固其现有客户，在保证产品质量和服务的前提下，应适当调整营销策略，以保住既得市场。

（3）新购。即企业首次采购某种产业用品。这是最复杂的购买行为类型。采购者面对新的要求，在购买决策前需要收集大量的信息。新购的成本越高，风险越大，参与购买决策过程的人数就越多。这给“门外的供货企业”提供了市场机会。因此，供货企业要派出优秀的推销人员，向顾客提供市场信息，赢得采购者的信任，促使其购买行为。

在直接重购情况下，产业购买者要做出的购买决策最少。而在新购情况下，产业购买者要做出的购买决策最多，通常要做出以下决策，即决定产品规格、价格幅度、交货条件和时间、服务条件、订购数量、可接受的供应商和挑选出来的供应商等。

2. 产业用户购买决策的参与者

产业用户购买活动规模大、金额高、过程复杂，有专职的采购人员和相关人员组成“采购中心”做出购买决策。通常包括五种成员：

（1）使用者。即具体使用该种产业用品的人员。他们往往是最初提出购买某种产业用品意见的人，在计划购买产品的品种、规格中起着重要作用。

（2）影响者。即在企业外部和内部直接或间接影响购买决策的人员。他们通常协助企业的决策者决定购买产品的品种、规格等。企业的技术人员是最主要的影响者。

（3）采购者。即在企业中组织采购工作（如选择供应商、与供应商谈判等）的正式职权人员。在较为复杂的采购工作中，采购者还包括参加谈判的公司高级人员。

（4）决定者。即在企业中有批准购买产品权力的人。在标准品的例行采购中，采购者常常是决定者；而在复杂的采购中，决定者是企业决策者。

（5）信息控制者。即控制企业与外界进行相关信息沟通的人员。如企业的采购代理商、技术人员等。

应该指出的是，并不是任何企业采购任何产品都必须有上述五种人员参加。企业采购中心规模的大小和成员的多少会随着采购产品的不同而有所差别。关键是了解企业的采购中心的组成人员，以及他们各自拥有的相对决定权和采购中心的决策方式，以便采取富有针对性的营销措施。

3. 影响产业购买者决策的因素

产业购买者作购买决策时往往要受一系列因素的影响：

（1）环境因素。即一个企业外部环境因素。主要指一些宏观环境，诸如一个国家的经济发展状况、市场需求、技术发展、市场竞争、政治法律等情况。当经济前景不佳、市场需求不振时，产业购买者就会缩减投资，减少原材料采购量和库存量。

（2）组织因素。即企业本身的因素，诸如企业的目标、政策、步骤、组织结构、系统等。显然，这些组织因素也会影响产业购买者的购买决策和购买行为。

（3）人际因素。即企业内部人事关系因素。企业的采购中心的参与者在企业中的地位、职权、说服力以及他们之间的关系有所不同。这种人事关系也会影响到产业购买者的购买决策和购买行为。

（4）个人因素。即各个参与者的年龄、受教育程度、个性等。这些个人因素会直接影响到参与者对产业用品和供应商的感觉和看法，从而影响购买决策和购买行为。

4. 产业购买者的决策过程

产业市场的购买过程与消费者购买过程相比更复杂。一般来说，产业购买者决策过程可划分为八个阶段，如图 4－3。对新购的情况，这八个阶段都应经历，对于直接重购和修正重购，则可省略其中某些阶段。

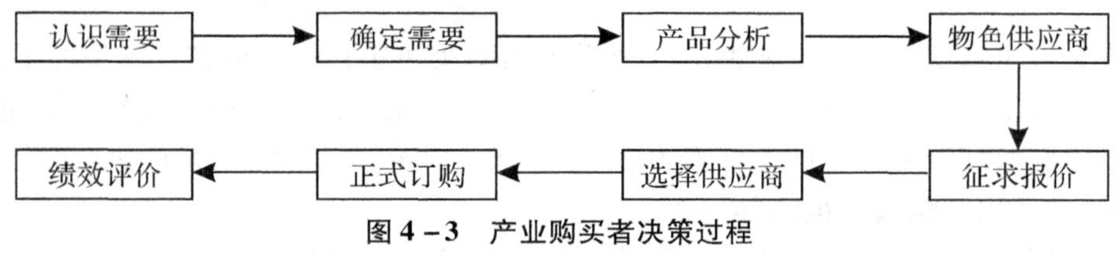

图 4－3　产业购买者决策过程

（1）认识需要。在新购和修正重购情况下，购买过程是从企业的某些人员认识到要购买某种产品以满足企业的某种需要开始的。这种认识一般是在内部或外部因素刺激下产生的。

（2）确定需要。即确定所需产品的品种特征和数量。一般来说，标准品确定简单，而非标准化的复杂品种，采购人员要和使用者、工程技术人员和高层决策人员共同协商确定产品品种的特征和数量，确定产品应具备的各种属性。

（3）产品分析。即对所需产品进行进一步的分析，把产品应具备的各种属性由指定的专家小组进行价值分析，写出详细的说明书，确定产品具体的规格、型号，作为采购人员取舍的标准。

（4）物色可能的供应商。即寻找可能提供所需产品的供应商。企业可以通过工商企业名录、电话簿、广告、展销会等途径，广泛收集供应商所能提供的产品及其质量、价格、信誉、售后服务等情况，把那些能够提供自己所需产品且信誉良好的供应商列为备选对象。

（5）征求供应商报价。就是购买者请那些被列入备选对象的供应商，为其提供产品说明书、价目表等有关资料。如果是购买复杂的、价值高的产品，还应要求供应商提供更详细的材料，以便于比较和筛选。

（6）选择供应商。即是在对供应商提供的报价和申请材料进行分析比较，对供应商各方面情况进行综合考察的基础上，选择一个或几个最具吸引力的、最符合要求的供应商作为交易谈判对象，通过谈判最终确定供应商。分析比较中，应考虑的因素主要包括产品质量、价格、交货能力、技术与生产能力、技术服务、履约情况、财务状况、地理位置等。发达国家的一些可借鉴的方法是，将主力商品的选择范围锁定在两三家强大的公司来保证货源。对其中某一家公司的采购量基本控制在对方全部交易量的10%左右，最多占30%。

同步案例

在日本，年销售额超过1 000亿日元，同一部分供应商建立极其密切的联系，就会出现多发性的趋势。如果交易对手对己方的依存率达到90%时，在希望改变供应对策时，往往很难摆脱对方的纠缠，甚至不能按有效的商业原则进行交易活动。因此，为了使对方真心诚意地进行协作，有必要将交易量控制在供应商总销售额的10%；如果再高一些，也应该在30%以下。因为，经验告诉我们，不这样，就无法在需要改变时顺利实现过渡。

同步案例

通用电气公司（General Electric Company，GE），世界上最大的提供技术和服务业务的跨国企业，其选择合作伙伴（供应商）最主要的标准是有竞争力和可持续竞争力。要在现有的基础上，把明天、后天和大后天可做的事情找出来。具体来说，GE不只是采购一种产品，而是选择稳定的合作伙伴，它相当于GE的一部分。GE对供应商的考察：一是质量系统，即生产、采购能力，产品的质量；二是交货周期，具有稳定性；三是价格；四是诚信度；五是电子商务能力；六是灵活性，即变革的能力。通用对全球供应商的要求标准是一样的，这样就把企业的制造水平放到世界水平的平台来比较。因此，和GE这样世界顶尖级的企业合作，一夜之间，其制造的产品就是一个世界级的产品，成为世界级的制造商。同时，GE把产品图纸拿给企业后，还要在生产工艺、质量和检测等方面派工程技术人员手把手地教着做，来帮助企业共同生产、发展，这对提升企业的制造水平是很有帮助的。

（7）正式定购。即采购者开订货单据给选定的供应商，在订货单上列举技术说明、购买数量、交货期、退货条款、保证条款等。现在西方企业大多采取“一揽子合同”的订货形式，而不是采取“定期采购交货”。这是因为，如果采购次数较少，每次采购批量较大，库存及费用就会增加；反之，如果采购次数较多，每次采购批量较小，库存就会减少，但也容易出现断货、影响生产的现象。因此，采购经理通过和某一供应商签订“一揽子合同”，建立长期供货关系，并要求供应商承诺：采购经理随时需要，即按照原来约定的价格条件随时供货，库存在供货企业（卖方）。因此“一揽子合同”又叫做“无库存采购计划”。

（8）绩效评价。采购者最后还要向使用者征求意见，了解他们对购进的产品是否满意，检查和评价各个供应商履行合同的情况。通过绩效评价，决定以后是否继续向某个供应商采购产品。

三、中间商购买行为

1．中间商购买行为的特点

中间商市场与产业市场一样，都属于赢利性企业市场，因此，二者的购买行为有许多相似之处。但由于中间商的购买主要是为了转卖，二者在社会再生产中所处的位置不同、职能不同，与产业市场的购买行为相比，中间商的购买行为有自己的特点。

（1）派生需求。由于中间商市场离最终消费者最近，受消费者购买需求的影响最大，所以，中间商的需求更为直接地反映了消费者的需求。

（2）讲究组合配置。中间商进货要求品种齐全、花色丰富，以满足消费者的多样化需求，提高购买效益。

（3）需求弹性大。中间商的职能主要是买进卖出，对购货成本更为重视，需求量随价格涨落而变化，需求弹性较大。

（4）对交货时间要求严格。中间商本身的买进卖出的特点，决定了他们对选择购买时间的苛刻程度。在对市场机会有足够把握时，才向供应商订货，而一旦发出订单，就要求尽快到货，以抓住市场机会，满足消费者购买需求。而对需求没有把握的订货，则往往推迟到最后，以减少商品滞销积压的风险。

（5）批量购销。中间商只赚取销售利润，单位产品增值率低，故必须大量买进和大量销出。

（6）需要供应商协助为顾客提供服务。中间商一般不生产产品，不擅长技术，需要供货方协助为消费者提供技术服务、产品维修及退货服务等，并需要生产厂家协助做产品广告，扩大影响。

2．中间商购买行为的类型

（1）购买全新品种。即中间商第一次购买某种从未采购过的新品种。在这种情况下，可根据其市场前景的好坏、买主需求强度、产品获利的可能性等多方面因素，决定是否购买。购买决策过程的主要步骤与产业购买者大致相同。

（2）选择最佳供应商。即中间商的购买活动具有较强的计划性和理智性，已经确定将要购买的品种，需要考虑选择最佳的供应商，以确定进货渠道。

（3）寻找更佳条件。即中间商并不想更换供应商，但试图从原来的供应商那里获得更为有利的供货条件，如更及时的供货、更合适的价格、更积极的促销合作等，使自己得到更多的利益。

3．中间商的主要购买决策

中间商的主要购买决策包括配货决策、供应商组合决策和供货条件决策。配货决策是指决定经营的花色品种，即中间商的产品组合。供应商组合决策是指决定从哪些供应商那里进货。供货条件决策是指决定具体采购时的价格、交货期、相关服务及其他交易条件。

在以上所有决策中，对经销的商品进行合理的配货决策，是中间商最基本、最重

要的购买决策。配货战略主要有四种：

（1）独家配货。即中间商决定只经营某一家制造商的产品。

（2）深度配货。即中间商决定经营多家制造商生产的同类产品的各种型号、规格。

（3）广泛配货。即中间商决定经营种类繁多、范围广泛但尚未超出行业界限的产品。

（4）杂乱配货。即中间商决定经营范围广泛且没有相互关联的多种产品。

四、政府采购行为

政府采购制度是市场经济国家普遍推行的一种财政管理制度，最早形成于 18 世纪的西方国家。建立政府采购制度有利于消除采购不经济，财政监督不严格，政府采购的盲目购置、重复购置和腐败等弊端，是加强财政支出管理的重要手段。

政府采购对社会经济有着非常大的影响。采购规模的扩大或缩小，采购结构的变化对社会经济发展状况、产业结构以及公众生活环境都有着十分明显的影响。正是由于政府采购对社会经济有着其他采购主体不可替代的影响，它已成为各国政府经常使用的一种宏观经济调控手段。

同步案例

2012 年 4 月 18 日召开的中央国家机关政府集中采购工作会议指出：2011 年我国政府采购规模突破 1 万亿元，占全国财政支出的 10%，为国家节约资金 1 500 多亿元。相比 2002 年 1 009 亿元的规模，政府采购规模 10 年间增长 10 倍。其中，中央国家机关政府集中采购金额 10 年累计 907.26 亿元，节约资金 138.08 亿元，资金平均节约率为 13.21%。在努力扩大采购规模的同时，各地区、各部门积极发挥政府采购在促进节能减排、扶持中小企业等方面的政策功能。2007 年，我国建立了政府强制采购节能产品制度，列入采购清单的节能产品达到 28 类 3 万多种，环境标志产品达到 24 类 2 万多种，“十一五”期间节能环保产品的采购金额达到 2 726 亿元。2011 年我国国内生产总值超过 47 万亿元，政府采购资金规模仅占 GDP 的约 2%，与国际上平均约 10% 的水平还有较大距离。

1. 政府市场的特点

与企业采购相比，政府采购具有以下特点：

（1）采购范围广泛。政府采购范围非常广泛，从飞机、汽车到衣服、家具、办公用品等，包罗万象。只要是政府机关的购买行为，均应纳入政府采购制度规范之列。

（2）接受社会公众监督。政府采购的经费主要来源于财政拨款，最终来源为纳税人的税收和公共服务收费。因此，政府采购的各个环节、各套程序都是透明的，购买行为须接受社会公众的监督。

（3）非营利性。政府采购列入财政预算，各级政府部门购买什么、购买多少要制订购买计划并受到财政预算的限制，从而提供出同等质量但价格更为低廉的商品和服务，提高财政资金的使用效益。

（4）需求受政策制约。政府采购是一种政府行为，必须遵循国家政策要求，包括最大限度地节约财政资金、优先购买本国产品、保护中小企业发展、保护环境等等。既要考虑经济因素，还要考虑政治性、军事性及社会学目标。

2．政府采购的基本方式

政府采购可以采用招标、竞争性谈判、询价采购、单一来源采购等方式。

（1）公开招标与邀请招标。公开招标是一种无限竞争性招标。招标人以招标公告的方式邀请不特定的法人或者其他组织投标。招标人事先不知道投标人的数量，但必须有三家以上符合投标资格的供应商参加投标。邀请招标是有限竞争性招标。招标人以投标邀请书的方式邀请特定的法人或者其他组织投标。招标人事先已经知道投标人的数量。对于复杂性、招标成本高或只能从有限供应者处获得的专门性采购，可采取邀请招标，并至少有三家参加邀标和投标。

（2）竞争性谈判。竞争性谈判又叫议标，它是非公开的，是一种非竞争性的招标。这种招标由招标人或代理机构物色多家供应商直接进行合同谈判，最后从中确定中标供应商。

（3）询价采购。询价采购是指采购人员向有关供应商发出询价单让其报价，在报价基础上进行比较并确定不少于三家最优供应商的一种采购方式。

（4）单一来源采购。也称直接采购，是指达到了限额标准和公开招标数额标准，但所购商品的来源渠道单一，或属专利、首次制造、合同追加、原有采购项目的后续扩充和发生了不可预见紧急情况不能从其他供应商处采购等情况。该采购方式的最主要特点是没有竞争性。

本节小结

消费者市场是一切市场的基础，消费者市场是最终起决定性作用的市场，现代市场营销的核心就是满足消费者的需求。

消费者的购买行为不仅受其内在需要和欲望驱使的，而且要受到主客观各种因素的影响，这些因素归纳起来有经济因素、个人因素、社会因素等几个方面。

消费者的购买决策过程往往要经历引起需求动机、收集信息、比较评价、购买决策、买后感受等几个阶段，企业只有准确把握好消费者在每一个阶段所表现出来的心态，及时合理地加以诱导，才能从根本上使消费者感到满意。

企业的营销对象不仅包括广大消费者，也包括生产企业、商业企业、政府机构等各类组织机构，这些组织机构形成了组织市场。组织市场的需求和购买行为与消费者市场的购买行为相比有以下特点：购买者数量少，购买规模大，地理位置集中；派生需求，波动性大；需求缺乏弹性；专家多人决策直接购买；过程长且复杂；提供服务等。

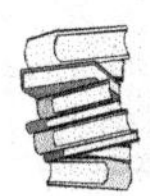

4.2　技能训练

4.2.1　基本练习

一、名词解释

1. 消费者市场　　2. 需求　　3. 动机
4. 个性　　5. 文化　　6. 相关群体
7. 产业市场　　8. 中间商市场　　9. 政府市场

二、不定项选择题

1. 个人为了人身安全和财产安全而对防盗设备、保安用品、保险产生的需要是（　　）。
   A. 生理需要　　B. 社会需要
   C. 尊敬需要　　D. 安全需要
2. 消费者购买过程是消费者购买动机转化为（　　）的过程。
   A. 购买心理　　B. 购买意志
   C. 购买行动　　D. 购买意向
3. 在消费者购买决策中，对是否买、为何买、如何买、何处买等购买决策做出最终决定的人是（　　）。
   A. 购买者　　B. 发起者
   C. 使用者　　D. 决策者
4. 西方人婚礼喜欢穿白色的礼服，而中国人偏爱红色，这是在（　　）差异上的表现。
   A. 亚文化　　B. 文化
   C. 观念　　D. 个性
5. 体育明星和电影明星是其“粉丝”的是（　　）。
   A. 首要群体　　B. 次要群体
   C. 厌恶群体　　D. 期望群体
6. （　　）市场的需求具有鲜明的可诱导性。
   A. 产业　　B. 中间商
   C. 政府　　D. 消费者
7. 购买产品和服务是为了加工后再销售的个人或组织所形成的市场叫做（　　）。
   A. 消费者市场　　B. 中间商市场
   C. 产业市场　　D. 政府市场
8. 中间商市场的需求具有（　　）的特点。
   A. 富有弹性　　B. 缺乏弹性
   C. 一般弹性　　D. 无弹性

9. (　　) 市场是产品的最终市场。

A. 消费者　　　　B. 产业

C. 中间商　　　　D. 政府

三、判断题

1. 影响购买者决策的心理因素主要包括职业、生活方式、性格、动机等。(　　)

2. 生产者购买那些技术复杂、价格昂贵的产品，或需要按特定规格制造的产品，通常经过中间商购买。(　　)

3. 现实有效市场必须具备三个因素，除了人口、购买欲望，还有产品。(　　)

4. 生产者市场需求的派生性，使得对消费品需求一定比例的增长，会引起更高比例的对生产资料需求的增长。(　　)

5. 消费者的购后评价主要取决于心理因素。(　　)

6. 购买产品或服务的目的是为加工后再销售的个人或组织所形成的市场叫做消费者市场。(　　)

四、问答题

1. 什么是马斯洛的需求层次论？它对企业的营销活动有何指导意义？

2. 购买动机从本质上看主要有哪些分类？心理动机的表现形式有哪些？

3. 与消费者市场相比，组织市场具有哪些特点？

4.2.2　理论运用

案例 1

丑陋商品的市场奇效

目前市面上销售的礼品，一般都是形象优美的。然而海外却有一家专卖古怪礼品的商店，这里出售的尽是些丑陋面具、僵尸蜡烛、异型手杖之类的东西，招徕了不少顾客。

在一次闲暇中，艾士隆公司的董事长布希耐走到郊外散步，看到几个小孩在玩一只肮脏和异常丑陋的昆虫，简直到了爱不释手的地步。这种情况使布希耐认识到，一些丑陋的玩具在部分儿童的心里占有位置，于是他机敏的头脑产生了一种灵感，他布置自己的公司，研制一套“丑陋玩具”，迅速向市场推出。这一炮果然打响，在美国掀起行销“丑陋玩具”之风。从此，艾士隆公司开发的这类新产品极尽丑陋之能事，然而却卖得很好的价钱，例如“瘋球”就是在一串小球上面绘出许多丑陋不堪的面孔，还写上令人讨厌的名字，售价要每个 3.99 美元。又如以橡皮做的“粗鲁陋夫”，长着枯黄的头发和绿色的皮肤，瞪着一双鼓胀而带有血丝的眼睛，眨眼时会发出非常难听的噪音，售价却高达 9.95 美元。出乎人们预料的是，这类玩具问世后一直畅销不衰。“丑陋玩具”给艾士隆公司带来的收益，使同行们羡慕不已。

问题：

1. 布希耐如何利用消费者心理，成功地把自己的产品推向市场的？

2. 试分析艾士隆公司是如何影响消费者购买行为的？

案例2

旅行社的“经典游”

近年来，随着人们收入水平的提高，旅游消费人群不断扩大。大学生假期旅游已成为时尚。李晓、王明、周梁是某高校大三学生，他们平时关系甚好。在李晓的提议下，三人经过与其家长反复沟通、商议，并在家长那里获取足够的旅游资金后，决定2010年暑期在国内选择一家旅行社进行他们人生中第一次旅游消费活动。

旅游消费活动对三人来讲毕竟是第一次，由于旅游花销较大，各个旅行社知名度、服务水准差异也大，旅游产品购买风险显而易见。三人开始分头了解、收集相关旅行社的信息。经过看广告、网上查询，与有经历、有经验的同学交流，去学校附近的旅行社咨询等调研后，他们决定选择A旅行社推出的“国内某一大城市经典游”项目进行旅游消费。

A旅行社为改变经典旅游产品无法满足人们的多样化、个性化需求的状况，根据大学生暑假旅游需求特点，在不增加该项目费用的前提下增加了该项目的特色。比如在原旅游项目中增加郊外运动游（爬山、漂流）。在促销方面，推出有奖销售，特等奖获得者可免费获得重大体育赛事门票两张（在此期间，该城市有国内足球比赛）。但该旅行社的定价并不比其他旅行社的同类旅游“产品”高。

三人暑期随团如期进行了旅游，旅行社按合同约定圆满提供了相应的服务。回校后李晓逢人便兴致勃勃地讲该次旅游的轶事，将该次旅游总结为一个字“爽”，俨然像该旅行社的一个推销员。

问题：

1. 说明该次旅游购买决策过程的主要角色。
2. 描述购买决策过程。
3. 站在李晓的角度，简要写出购后行为分析。

4.2.3　能力拓展实训

实训一　消费者购买行为分析实训

一、实训目的

分析消费者购买行为，从消费者需要中发掘商机。

二、实训题目

（1）对商品挑挑捡捡，讨价还价，购买决策时优柔寡断、犹豫不决的顾客。

（2）购买时态度傲慢，而又自以为是的顾客。

（3）当商店推出折价销售活动时，超量购买很多并不常用的廉价商品的顾客。

（4）由于收入较高，喜欢挑选高价格商品的顾客。

（5）购物较理智，并能冷静客观地指出商品所存在的某些不足之处的顾客。

（6）购物有一定的习惯和偏好，一般只购买自己喜欢或熟悉产品的顾客。

三、实训方案

1. 人员：5～7人组成小组，以小组为单位进行实训。
2. 时间：与第4章教学同步。
3. 步骤

（1）由指导教师介绍实训的目的和要求，调动学生实训操作的积极性。
（2）以小组为单位，结合所提供的资料，借助图书馆、网络等途径查找相关资料。
（3）每个小组分别以角色扮演的方法进行问题演示并解决问题。
（4）以小组为单位以Word形式提交分析报告，并进行PPT展示。

四、实训考核

1. 组员自评：由小组成员自己评出个人成绩，参照表1－4。
2. 组长评定：由小组长依据组员在实训过程中的贡献情况评定出所有组员的成绩，参照表1－5。
3. 小组互评：由其他小组成员根据评价指标对展示小组的成果进行评价，参照表1－6。
4. 指导教师评定：指导教师依据评价指标评出各小组成绩，参照表1－6。

实训二　组织购买行为分析实训

一、实训目的

分析组织购买行为的决策过程。

二、实训题目

巴克斯特公司向医院出售一种一次性外科手术用的非织物工作衣，该公司试图找出该医院参与这一购买决策的人员。结果发现，这一决策者是采购部的副主任、手术室管理人员以及一些外科医生，每一参与者在决策中作用各异。采购部副主任分析了医院应该采用一次性工作衣还是多次用工作衣，如果调查结果倾向一次性工作衣，那么手术室管理人员就会对各种竞争产品和价格进行比较，从中作出选择。该管理员对工作衣的吸气性、防腐性、款式以及成本加以权衡。一般来说，他会购买某种既能够体现最低成本，又能满足各功能要求的产品。最后，外科医生通过对一具体品牌满意与否加以表态，从反面来影响该项购买决策。

三、实训方案

同实训一。

四、实训考核

同实训一。

第 5 章　市场细分和目标市场营销策略

内容框架

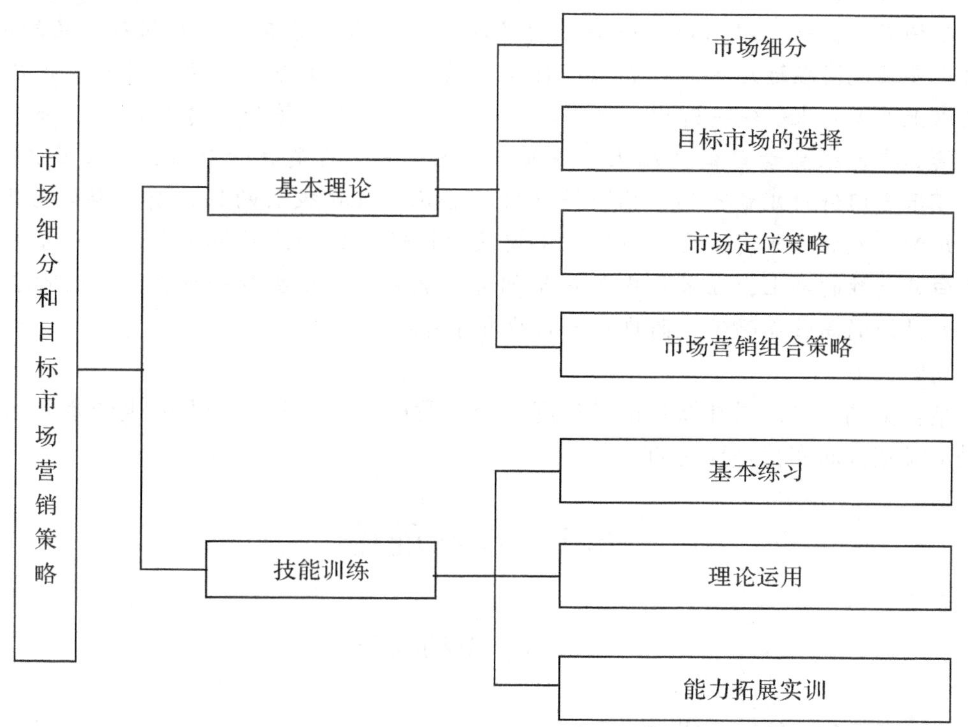

知识目标

1. 熟悉市场细分的含义、作用和细分变量。
2. 了解目标市场选择的过程。
3. 掌握市场定位的概念和方法。
4. 正确理解市场营销组合理论的发展和常用组合策略。

能力目标

能够运用市场细分的标准对指定的市场进行有效细分，准确评估和选择目标市场，灵活运用定位方法，对企业选择的目标市场产品进行合适的定位。

案例导入

中国果汁市场的差异化营销

近几年，我国果汁饮料产销量快速增长，然而销售额并没有同步增长。由于大品牌的激烈竞争，果汁饮料的价格日益透明化，厂家和经销商的利润不断变薄，果汁饮料市场销售额增长面临巨大的挑战。各大果汁饮料企业开始寻找新的利润增长点，为其产品寻找新的卖点。汇源集团试图在低浓度果汁饮料市场上全面推广维生素营养概念，推出的奇异王果，在解渴、口感好等饮料基本功能之上，重点突出了它的维生素C营养功能。百事公司的果缤纷系列则不同于以往单一口味的果汁饮料，是一种混合水果饮料。百事公司中国区饮料首席运营官艾建华认为，对于果汁饮料行业发展迅速的中国市场而言，一直以来以单一口味的果汁为主，而消费者期待着创新产品的诞生。同时，异国风情在近几年逐渐成为一种流行趋势，推出的果缤纷果汁饮料，正是为了满足以上两大需求。统一鲜橙多则在打造新营养、新内容等为宣传点的“五新行动”；在延续其丰富维生素C的基础上，增加新的内容——优质膳食纤维，凸显健康理念。可口可乐专门针对儿童市场，推出果汁饮料酷儿，直接吸引的目标消费群体为5～12岁的儿童。娃哈哈集团主力新品思慕牛奶果汁饮料将目标消费群体直接锁定在了广大年轻白领女性的身上，在果汁内加入牛奶进行调和，口感更加轻滑爽口，同时也满足白领女性想喝高营养而不是高热量产品的消费需求。

问题：

结合案例和当前果汁饮料市场情况，分析我国果汁饮料市场上的生产企业旗下产品是从哪些方面实行差异化的？

5.1　基本理论

5.1.1　市场细分

一、市场细分的含义和作用

市场细分（market segmentation）的概念是美国市场学家温德尔·史密斯（Wendell R. Smith）于20世纪50年代中期提出来的，是指营销者通过市场调研，依据消费者的需要和欲望、购买行为和购买习惯等方面的差异，把某一产品的市场整体划分为若干消费者群的市场分类过程，每一个消费者群就是一个细分市场，每一个细分市场都是具有类似需求倾向的消费者构成的群体。市场是商品交换关系的总和，本身可以细分、消费者异质需求的存在、企业在不同方面具备自身优势是市场细分的基本原理和依据。

细分市场不是根据产品品种、产品系列来进行的，而是从消费者（指最终消费者和工业生产者）的角度进行划分的，是根据市场细分的理论基础，即消费者的需求、动机、购买行为的多元性和差异性来划分的。市场细分对企业的生产、营销起着极其重要的作用。

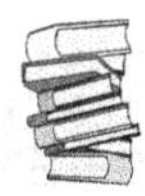

1．有利于选择目标市场和制定市场营销策略

市场细分后的子市场比较具体，比较容易了解消费者的需求，企业可以根据自己的经营思想、方针及生产技术和营销力量，确定自己的服务对象，即目标市场。针对较小的目标市场，便于制定特殊的营销策略。同时，在细分的市场上，信息容易了解和反馈，一旦消费者的需求发生变化，企业可迅速改变营销策略，制定相应的对策，以适应市场需求的变化，提高企业的应变能力和竞争力。

2．有利于发掘市场机会，开拓新市场

通过市场细分，企业可以对每一个细分市场的购买潜力、满足程度、竞争情况等进行分析对比，探索出有利于本企业的市场机会，使企业及时作出投产、销售决策或根据本企业的生产技术条件编制新产品开拓计划，进行必要的产品技术储备，掌握产品更新换代的主动权，开拓新市场，以更好适应市场的需要。

3．有利于集中人力、物力投入目标市场

任何一个企业的资源都是有限的，通过细分市场，选择适合自己的目标市场，企业可以集中人、财、物等资源，去争取局部市场上的优势，然后再占领自己的目标市场。通过市场细分后，企业可以面对自己的目标市场，生产出适销对路的产品。这样可以加速商品流转，加大生产批量，满足市场需要，同时降低企业的生产销售成本，提高企业利润，增加企业的收入。

二、有效市场细分的条件

企业进行市场细分的目的是通过对顾客需求差异予以定位，来取得较大的经济效益。众所周知，产品的差异化必然导致生产成本和推销费用的相应增长，所以，企业必须在市场细分所得收益与市场细分所增成本之间做一权衡。由此，有效的细分市场必须具备以下条件：

1．可衡量性

这是指用来细分市场的标准和变数，以及细分后的市场是可以识别和衡量的，即有明显的区别，有合理的范围。如果某些细分变数或购买者的需求和特点很难衡量，细分市场后无法界定，难以描述，那么市场细分就失去了意义。一般来说，一些带有客观性的变数，如年龄、性别、收入、地理位置、民族等，都易于确定，并且有关的信息和统计数据也比较容易获得；而一些带有主观性的变数，如心理和性格方面的变数，就比较难以确定。

2．可进入性

这是指企业能够进入所选定的市场部分，能进行有效的促销和分销，实际上就是考虑营销活动的可行性。一是企业能够通过一定的广告媒体把产品的信息传递到该市场众多的消费者中去，二是产品能通过一定的销售渠道抵达该市场。

3．可赢利性

这是指细分市场的规模要大到能够使企业足够获利的程度，使企业值得为它设计一套营销规划方案，以便顺利地实现其营销目标，并且有可拓展的潜力，以保证按计划能获得理想的经济效益和社会服务效益。如一个普通大学的餐馆，如果专门开设一个西餐馆满足少数师生酷爱西餐的要求，可能由于这个细分市场太小而得不偿失；但如果开设一个回族饭菜供应部，虽然其市场仍然很窄，但从细微处体现了民族政策，有较大的社会效益，值得去做。

4．差异性

这是指细分市场在观念上能被区别开，并且对不同的营销组合因素和方案有不同的反应。

同步案例

宝洁公司根据顾客的需求差异，开发生产了9种品牌的洗衣粉、8种品牌的手洗用肥皂、6个品牌的洗发剂、4种品牌的洗碗剂、4个牌子的牙膏、4个牌子的卫生巾、3个牌子的地面清洗剂、2个牌子的除臭剂和织物柔软剂。而且，每一品牌的产品又有好几种规格和配方，如汰渍就有常规型、无香味型和增白型三种。正是如此详尽而又系统的产品细分，使得宝洁公司赢得市场竞争的优势。

5．相对稳定性

这是指细分后的市场有相对应的时间稳定。细分后的市场能否在一定时间内保持相对稳定，直接关系到企业生产营销的稳定性。特别是大中型企业以及投资周期长、转产慢的企业，更容易造成经营困难，严重影响企业的经营效益。

此外，市场细分的基础是顾客需求的差异性，所以凡是使顾客需求产生差异的因素都可以作为市场细分的标准。由于各类市场的特点不同，因此市场细分的条件也有所不同。

三、市场细分的标准

市场细分的基础是消费需求的差异性，因此，可以以影响消费者需求和欲望的某些因素为标准对市场进行细分。影响消费者市场和生产者市场的因素不同，所以对两类市场进行细分的标准也不相同。

1．消费者市场细分的标准

消费者市场的细分标准可以概括为地理因素、人口统计因素、心理因素和行为因素四个方面，每个方面又包括一系列的细分变量，如表5－1所示。

表5－1　消费者市场细分标准及变量

细分标准	细分变量
地理因素	地理位置、城镇大小、地形、地貌、气候、交通状况、人口密集度等
人口统计因素	年龄、性别、收入、民族、职业、教育、家庭人口、家庭生命周期、宗教等
心理因素	生活方式、性格、购买动机、态度等
行为因素	购买时间、购买数量、购买频率、购买习惯（品牌忠诚度），对服务、价格、渠道、广告的敏感程度等

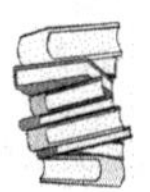

（1）按地理因素细分。按地理因素细分，就是按消费者所在的地理位置、地理环境等变数来细分市场。因为处在不同地理环境下的消费者，对于同一类产品往往会有不同的需要与偏好，例如，对自行车的选购，城市居民喜欢式样新颖的轻便车，而农村居民注重坚固耐用的加重车等。因此，对消费品市场进行地理细分是非常必要的。

1）地理位置。可以按照行政区划来进行细分，如在我国，可以划分为东北、华北、西北、西南、华东和华南几个地区；也可以按照地理区域来进行细分，如划分为省、自治区，市、县等，或内地、沿海、城市、农村等。在不同地区，消费者的需求显然存在较大差异。

2）城镇大小。可划分为大城市、中等城市、小城市和乡镇。处在不同规模城镇的消费者，在消费结构方面存在较大差异。

3）地形和气候。按地形可划分为平原、丘陵、山区、沙漠地带等；按气候可分为热带、亚热带、温带、寒带等。防暑降温、御寒保暖之类的消费品就可按不同气候带来划分。如在我国北方，冬天气候寒冷干燥，加湿器很有市场；但在江南，由于空气中湿度大，基本上不存在对加湿器的需求。

（2）按人口统计因素细分。按人品统计因素细分，就是按年龄、性别、职业、收入、家庭人口、家庭生命周期、民族、宗教、国籍等变数，将市场划分为不同的群体。由于人口变数比其他变数更容易测量，且适用范围比较广，因而人口变数一直是细分消费者市场的重要依据。

1）年龄。不同年龄段的消费者，由于生理、性格、爱好、经济状况的不同，对消费品的需求往往存在很大的差异。因此，可按年龄将市场划分为许多各具特色的消费者群，如儿童市场、青年市场、中年市场、老年市场等。从事服装、食品、保健品、药品、健身器材、书刊等商品生产经营业务的企业，经常采用年龄变数来细分市场。

同步案例

华立集团通讯有限公司2005年9月份推出了第一款专为老年人设计的“老伴”手机CCTM658，引起了老年人的关注和青睐。“老伴”手机集手机和多项实用功能于一体，专为老年人设计了五大基本特点：按键大、显示字体大、屏幕大、声音大、振动大；六大特色功能：收音机、放大镜、手电筒、助听器、语音报时和语音报号，人性化的设计为老年人提供了多方位的保障。

2）性别。按性别可将市场划分为男性市场和女性市场。不少商品在用途上有明显的性别特征。如男装和女装、男表与女表。在购买行为、购买动机等方面，男女之间也有很大的差异，如女性是服装、化妆品、节省劳动力的家庭用具、小包装食品等市场的主要购买者，男士则是香烟、饮料、体育用品等市场的主要购买者。美容美发、化妆品、珠宝首饰、服装等许多行业，长期以来是按性别来细分市场。

3）收入。收入的变化将直接影响消费者的需求欲望和支出模式。根据平均收入水平的高低，可将消费者划分为高收入、次高收入、中等收入、次低收入、低收入五个群体。收入高的消费者比收入低的消费者喜欢购买更高价的产品，如钢琴、汽车、空调、豪华家具、珠宝首饰等；收入高的消费者一般喜欢到大百货公司或品牌专卖店购

物，收入低的消费者则通常在住地附近的商店、仓储超市购物。因此，汽车、旅游、房地产等行业一般按收入变数细分市场。

4）民族。世界上大部分国家都拥有多种民族，我国更是一个多民族的大家庭，除汉族外，还有55个少数民族。这些民族都各有自己的传统习俗、生活方式，从而呈现出各种不同的商品需求。只有按民族这一细分变数将市场进一步细分，才能满足各族人民的不同需求，并进一步扩大企业的产品市场。

5）职业。不同职业的消费者，由于知识水平、工作条件和生活方式等不同，其消费需求存在很大的差异。如教师比较注重书籍、报刊方面的需求，文艺工作者则比较注重美容、服装等方面的需求。

6）教育程度。受教育程度不同的消费者，在兴趣、生活方式、文化素养、价值观念等方面都会有所不同，因而会影响他们的购买种类、购买行为、购买习惯。

7）家庭人口。按家庭人员数量，可分为单身家庭（1人）、单亲家庭（2人）、小家庭（2~3人）、大家庭（4~6人以上）。家庭人口数量不同，在住宅大小、家具、家用电器乃至日常消费品的包装大小等方面都会出现需求差异。

（3）按心理因素细分。按心理因素细分，就是将消费者按其生活方式、性格、购买动机、态度等变数细分成不同的群体。

1）生活方式。越来越多的企业，如服装、化妆品、家具、娱乐等行业，重视按人们的生活方式来细分市场。生活方式是人们对工作、消费、娱乐的特定习惯和模式，不同的生活方式会产生不同的需求偏好，如“传统型”、“新潮型”、“节俭型”、“奢侈型”等。这种细分方法能显示出不同群体对同种商品在心理需求方面的差异性。如美国有的服装公司就把女性划分为“朴素型女性”、“时髦型女性”、“男子气质型女性”三种类型，分别为她们设计不同款式、颜色和质料的服装。

2）性格。消费者的性格与他们对产品的选择有很大的关系。性格可以用外向与内向、乐观与悲观、自信、顺从、保守、激进、热情、老成等词句来描述。性格外向、容易感情冲动的消费者往往爱表现自己，因而他们喜欢购买能表现自己个性的产品；性格内向的消费者则喜欢大众化，往往购买比较朴实的产品；富于创造性和冒险心理的消费者，则对新奇、刺激性强的商品特别感兴趣。

3）购买动机，即按消费者追求的利益来进行细分。消费者对所购产品追求的利益主要有求实、求廉、求新、求美、求名、求安等，这些都可作为细分的变量。例如，有人购买服装为了遮体保暖，有人是为了美的追求，有人则为了体现自身的经济实力等。因此，企业可对市场按利益变数进行细分，确定目标市场。

（4）按行为因素细分。按行为因素细分，就是按照消费者购买或使用某种商品的时间、购买数量、购买频率、对品牌的忠诚度等变数来细分市场。

1）购买时间。许多产品的消费具有时间性。烟花爆竹的消费主要在春节期间，月饼的消费主要在中秋节以前，旅游点在旅游旺季生意最兴隆。因此，企业可以根据消费者产生需要、购买或使用产品的时间进行市场细分。如航空公司、旅行社在寒暑假期间大做广告，实行优惠票价，以吸引师生乘坐飞机外出旅游；商家在酷热的夏季大做空调广告，以有效增加销量；双休日商店的营业额大增，而在元旦、春节期间，销

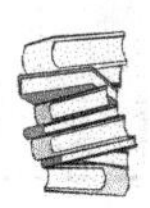

售额则更大等。因此，企业可根据购买时间进行细分，在适当的时候加大促销力度，采取优惠价格，以促进产品的销售。

2）购买数量。据此可分为大量用户、中量用户和少量用户。大量用户人数不一定多，但消费量大，许多企业以此为目标，反其道而行之也可取得成功。如文化用品大量使用者是知识分子和学生，化妆品大量使用者是青年女性等。

3）购买频率。据此可分为经常购买、一般购买、不常购买（潜在购买者）。如铅笔，小学生经常购买，高年级学生按正常方式购买，而工人、农民则不常买。

4）购买习惯（对品牌忠诚度）。据此可将消费者划分为专一品牌忠诚者、几种品牌忠诚者、转移忠诚者和无品牌忠诚者。企业必须辨别他的忠诚顾客及特征，以便更好地满足他们的需求，做出相应的销售对策，如表 5－2 所示。

表 5－2　顾客忠诚程度细分

忠诚程度类型	购买特征	销售对策
专一品牌忠诚者	始终购买同一品牌	用俱乐部制等办法保持老顾客
几种品牌忠诚者	同时喜欢几种品牌，交替购买	分析竞争者的分布，竞争者的营销策略
转移忠诚者	不固定忠于某一品牌，一段时间忠于 A，一段时间忠于 B	了解营销工作的弱点
无品牌忠诚者	从来不忠于任何品牌	使用有力的促销手段吸引他们

2．生产资料市场的细分标准

上述消费品市场的细分标准有很多都适用于生产资料市场的细分，如地理环境、气候条件、交通运输等。但由于生产资料市场有它自身的特点，企业还应采用其他一些标准和变数来进行细分，最常用的有用户要求、用户经营规模、用户地理位置等变数。

（1）按用户要求细分。产品用户要求是生产资料市场细分常用的标准。不同的用户对同一产品有不同的需要。如晶体管厂可根据晶体管的用户不同将市场细分为军工市场、工业市场和商业市场，军工市场特别注重产品质量；工业用户要求有高质量的产品和服务；商业市场主要用于转卖，除要求保证质量外，还要求价格合理和交货及时。同是钢材，有的用作生产机器，有的用于造船，有的用于建筑等。因此，企业应针对不同用户的需求，提供不同的产品，设计不同的市场营销组合策略，以满足用户的不同要求。

（2）按用户经营规模细分。用户经营规模也是细分生产资料市场的重要标准。用户经营规模决定其购买能力的大小。按用户经营规模划分，可分为大用户、中用户、小用户。大用户户数虽少，但其生产规模、购买数量大，注重质量、交货时间等；小客户数量多，分散面广，购买数量有限，注重信贷条件等。许多时候，和一个大客户的交易量相当于与许多小客户的交易量之和，失去一个大客户，往往会给企业造成严重的后果。因此，企业应按照用户经营规模建立相应联系机制和确定恰当的接待制度。

（3）按用户地理位置细分。每个国家或地区大都在一定程度上受自然资源、气候条件和历史传统等因素影响，形成若干工业区。例如，江浙两省的丝绸工业区，以山西为中心的煤炭工业区，东南沿海的加工工业区等。这就决定了生产资料市场往往比消费品市场在区域上更为集中，地理位置因此成为细分生产资料市场的重要标准。企业按用户地理位置细分市场，选择客户较为集中的地区作为目标，有利于节省推销人员往返于不同客户之间的时间，而且可以合理规划运输路线，节约运输费用，也能更加充分地利用销售力量，降低推销成本。

以上从消费品市场和生产资料市场两方面介绍了具体的细分标准和变量。为了有效地进行市场细分，有三个问题应引起注意：

第一，动态性。细分的标准和变数不是固定不变的，如收入水平、城市大小、交通条件、年龄等，都会随着时间的推移而变化。因此，应树立动态观念，适时进行调整。

第二，适用性。市场细分的因素有很多，各企业的实际情况又各异，不同的企业在细分市场时采用的细分变数和标准不一定相同，究竟选择哪种变量，应视具体情况加以确定，切忌生搬硬套和盲目模仿。如牙膏可按购买动机细分市场，服装按什么细分市场合适呢？这就要认真思考。

第三，组合性。要注意细分变数的综合运用。在实际营销活动中，一个理想的目标市场是有层次或交错地运用上述各种因素的组合来确定的。如化妆品的经营者将18～45岁的城市中青年职业女性确定为目标市场，就运用了四个变量：年龄、地理区域、性别、收入（职业女性）。

5.1.2 目标市场的选择

市场细分为企业目标市场选择提供了依据，使企业能够把有限的资源用于最有吸引力的市场机会上去。目标市场选择主要包括目标市场评估和目标市场选择策略两方面的内容。

一、目标市场的含义

目标市场，是企业决定要进入的细分市场部分，也是企业拟投其所需、为之服务的特定顾客群。企业在选择目标市场时主要有以下五种模式。

1. 市场集中化

这是一种最简单的目标市场涵盖模式，即企业只选取一个子市场作为其目标市场，然后集中人、财、物等资源只生产一种产品满足其需要。例如某服装厂只生产儿童服装，满足儿童对服装的需要。

2. 产品专业化

企业以一种产品向若干个子市场出售。如冰箱生产厂同时向家庭、科研单位、饭店宾馆销售不同容积的冰箱。这种涵盖方式既有利于发挥企业生产、技术潜力，分散经营风险，又可以提高企业声誉。该模式的不足之处是，科学技术的发展对企业威胁较大，一旦在这一生产领域出现全新技术，市场需求就会大幅下降。

3. 市场专业化

企业面向某一子市场，生产多种产品满足其需要。如一些电器企业同时生产家用

电冰箱、电视机、录像机、洗衣机等，以满足家庭对各种电器的需要。这一涵盖模式可充分利用企业资源，扩大企业影响，分散经营风险。不过，一旦目标顾客购买力下降，或减少购买支出，企业收益就会明显下滑。

4. 选择专业化

即企业选择若干个子市场作为其目标市场，并分别以不同的营销组合和策略满足其需要。选择专业化实际上是一种多元化经营模式，它可以较好地分散经营风险，有较大的回旋余地，即使在某个市场上失利，也不会使企业陷入绝境。但它需要具备较强的资源和营销实力。

5. 市场全面化

企业用一种或多种产品满足市场上各种需要，以达到占领整体市场的目的。

二、目标市场评估

确定目标市场，应从下列三个方面分析和评估细分市场。

1. 有一定的规模和发展潜力

企业进入某一市场是期望能够有利可图，如果市场规模狭小或者趋于萎缩状态，企业进入后难以获得发展，此时，应审慎考虑，不宜轻易进入。当然，企业也不宜以市场吸引力作为唯一取舍，特别是应力求避免“多数谬误”，即与竞争企业遵循同一思维逻辑，将规模最大、吸引力最大的市场作为目标市场。大家共同争夺同一个顾客群的结果是造成过度竞争和社会资源的无端浪费，同时使消费者的一些本应得到满足的需求遭受冷落和忽视。现在国内很多企业动辄将城市尤其是大中城市作为其首选市场，而对小城镇和农村市场不屑一顾，很可能就步入误区，如果转换一下思维角度，一些目前经营尚不理想的企业说不定会出现“柳暗花明”的局面。

同步案例

美国雪菲德裤袜公司根据市场调查的资料发现，有 40% 的美国女性，都因为太胖而有个“特大号”的臀部而不穿裤袜。出于对这种情况的认识，雪菲德公司企划部的人员分成两派，一派认为既然这些胖女人不穿裤袜、不买裤袜，这个市场就没有什么机会，不如干脆放弃；另一派则主张，正因为她们目前不穿裤袜，更值得用心去开拓。两派人为此反复争论、相持不下。

雪菲德公司经过长时间的研究论证，觉得 40% 的市场放弃了实在可惜，因此，突破传统消费心理，就设计出一种名为“大妈妈”型的裤袜。推广“大妈妈”型裤袜时的广告是，由 3 位胖墩墩的女娃娃穿上裤袜排成一线，标题是“大妈妈，你真漂亮”。这则广告上的 3 位胖女孩，脸上充满笑容，仰头挺胸，从侧面看上去，不但没有肥胖的感觉，而且让人觉得她们很快乐且充满了信心。广告刊出后，该公司不但在一个月内收到 7 000 封赞誉信，其销售量更是势如破竹，直线上升，从而奠定了该公司在裤袜市场的新地位。

2. 细分市场的吸引力

细分市场可能具备理想的规模和发展特征，然而从赢利的观点来看，它未必有吸引力。经济学家波特认为有五种力量决定整个市场或其中任何一个细分市场的长期的内在吸引力。这五种力量来自：同行业竞争者、新竞争者、替代产品、购买者和供应商。他们具有如下五种威胁：

（1）同行业竞争者激烈竞争的威胁。如果某个细分市场已经有了众多的、强大的竞争意识强烈的竞争者，那么该细分市场就会失去吸引力。如果出现该细分市场处于稳定或者衰退，生产能力不断大幅度扩大，固定成本过高，撤出市场的壁垒过高，竞争者投资很大，那么情况就会更糟。这些情况常常会导致价格战、广告争夺战，新产品推出，并使公司要参与竞争就必须付出高昂的代价。

（2）新竞争者的威胁。如果某个细分市场可能吸引会增加新的生产能力和大量资源并争夺市场份额的新的竞争者，那么该细分市场就会没有吸引力。问题的关键是新的竞争者能否轻易地进入这个细分市场。如果新的竞争者进入这个细分市场时遇到森严的壁垒，并且遭受到细分市场内原来的公司的强烈报复，他们便很难进入。保护细分市场的壁垒越低，原来占领细分市场的公司的报复心理越弱，这个细分市场就越缺乏吸引力。某个细分市场的吸引力随其进退难易的程度而有所区别。根据行业利润的观点，最有吸引力的细分市场应该是进入的壁垒高、退出的壁垒低。在这样的细分市场里，新的公司很难打入，但经营不善的公司可以安然撤退。如果细分市场进入和退出的壁垒都高，那里的利润潜量就大，但也往往伴随较大的风险，因为经营不善的公司难以撤退，必须坚持到底。如果细分市场进入和退出的壁垒都较低，公司便可以进退自如，然而获得的报酬虽然稳定，但不高。最坏的情况是进入细分市场的壁垒较低，而退出的壁垒却很高。于是在经济良好时，大家蜂拥而入，但在经济萧条时，却很难退出。其结果是大家都生产能力过剩，收入下降。

（3）替代产品的威胁。如果某个细分市场存在着替代产品或者有潜在替代产品，那么该细分市场就失去吸引力。替代产品会限制细分市场内价格和利润的增长。公司应密切注意替代产品的价格趋向。如果在这些替代产品行业中技术有所发展，或者竞争日趋激烈，这个细分市场的价格和利润就可能会下降。

（4）购买者讨价还价能力加强的威胁。如果某个细分市场中购买者的讨价还价能力很强或正在加强，该细分市场就没有吸引力。购买者便会设法压低价格，对产品质量和服务提出更高的要求，并且使竞争者互相斗争，所有这些都会使销售商的利润受到损失。如果购买者比较集中或者有组织，或者该产品在购买者的成本中占较大比重，或者产品无法实行差别化，或者顾客的转换成本较低，或者由于购买者的利益较低而对价格敏感，或者顾客能够向后实行联合，购买者的讨价还价能力就会加强。销售商为了保护自己，可选择议价能力最弱或者转换销售商能力最弱的购买者。较好的防卫方法是提供顾客无法拒绝的优质产品供应市场。

（5）供应商讨价还价能力加强的威胁。如果公司的供应商能够提价或者降低产品和服务的质量，或减少供应数量，那么该公司所在的细分市场就会没有吸引力。如果供应商集中或有组织，或者替代产品少，或者供应的产品是重要的投入要素，或转换

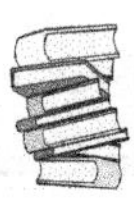

成本高，或者供应商可以向前实行联合，那么供应商的讨价还价能力就会较强大。因此，与供应商建立良好关系和开拓多种供应渠道才是防御上策。

3．符合企业目标和能力

某些细分市场虽然有较大吸引力，但不能推动企业实现发展目标，甚至分散企业的精力，使之无法完成其主要目标，这样的市场应考虑放弃。另一方面，还应考虑企业的资源条件是否适合在某一细分市场经营。只有选择那些企业有条件进入、能充分发挥其资源优势的市场作为目标市场，企业才会立于不败之地。

三、目标市场选择

目标市场选择是指估计每个细分市场的吸引力程度，并选择进入一个或多个细分市场。企业通过对不同细分市场的评估，就可确定一个或几个细分市场作为其目标市场，即确定企业目标市场营销战略。有三种不同的目标市场营销策略供企业选择，它们是无差异性目标市场营销策略、差异性目标市场营销策略和集中性目标市场营销策略。

1．无差异性目标市场营销策略

无差异性目标市场营销策略就是企业不考虑市场的差异性，把整体市场作为目标市场，对所有的消费者只提供一种产品，采用单一市场营销组合的目标市场策略（图5－1）。

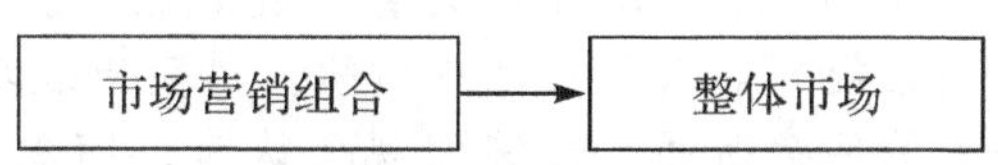

图5－1　无差异性目标市场营销策略

采用无差异性目标市场营销策略的企业一般具有大规模、单一、连续的生产线，拥有广泛或大众化的分销渠道，并能开展强有力的促销活动，投放大量的广告和进行统一的宣传。无差异性目标市场营销策略适用于少数消费者需求同质的产品；消费者需求广泛、能够大量生产、大量销售的产品；以探求消费者购买情况的新产品、某些具有特殊专利的产品。

无差异性目标市场营销策略的优点是有利于标准化和大规模生产，有利于降低单位产品的成本费用，获得较好的规模效益。因为只设计一种产品，产品容易标准化，能够大批量地生产和储运，可以节省产品生产、储存、运输、广告宣传等费用；不搞市场细分，也相应减少了市场调研、制定多种市场营销组合策略所需要的费用。无差异性目标市场营销策略的缺点是不能满足消费者需求的多样性，不能满足其他较小的细分市场的消费者需求，不能适应多变的市场形势。因此，在现代市场营销实践中，无差异性目标市场营销策略只有少数企业采用，而且对于一个企业来说，一般也不宜长期采用。

2．差异性目标市场营销策略

差异性目标市场营销策略是在市场细分的基础上，企业以两个以上乃至全部细分市场为目标市场，分别为之设计不同产品，采取不同的市场营销组合，满足不同消费者需求的目标市场策略（图5－2）。

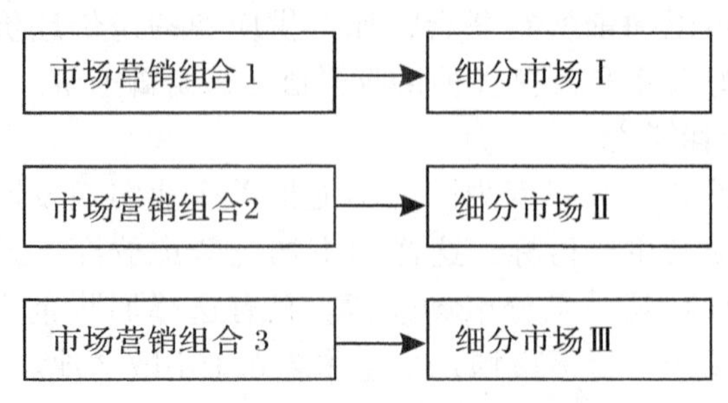

图 5－2　差异性目标市场营销策略

差异性目标市场营销策略适用于大多数异质的产品。采用差异性目标市场营销策略的企业一般是大企业，有雄厚的财力、较强的技术力量和较高素质的管理人员，是实行差异性目标市场营销策略的必要条件。

差异性目标市场营销策略的优点是能扩大销售，降低经营风险，提高市场占有率。因为多品种的生产能分别满足不同消费者群的需要，扩大产品销售。如果企业在数个细分市场都能取得较好的经营效果，就能树立企业良好的市场形象，提高市场占有率。但是，随着产品品种的增加，分销渠道的多样化，以及市场调研和广告宣传活动的增加，生产成本和各种费用必然大幅度增加。

同步案例

日本风景区热海市有一家名为新赤尾的著名观光旅馆。它的经营者赤尾藏之助突破了经营观光旅馆的常规并竖起了自己的旗帜。其突出表现有如下几个方面：

尽量延长游客每天的住宿时间。传统的观念认为，缩短每天每位游客的住房时间，可以充分提高客房使用率而取得较佳的经济效益。但赤尾藏之助却宣布凡是住进新赤尾旅馆的游客，每日进房时间为上午 8 点钟，退房时间为次日上午 10 点钟。这样，游客花 24 小时的住宿费，便可享受 26 小时的服务。

优先向全家旅行的游客服务。一般的旅馆老板愿意为人数较多的团体游客服务，而把人数较少的全家外出旅游的游客放在次要地位，以保证客房的高住客率。对此，新赤尾接待团体游客，尽量控制人数。反之，对于全家旅游，特别是新婚旅行的游客，新赤尾则非常热情，不论是客房安排，还是餐厅用餐，服务员都会优先安排，周到服务。赤尾藏之助的观点是：游客们到风景区观光旅游，是为了尽情享受优美的自然景色和旅馆的安逸舒适的生活。如果旅馆内因客满而时时人声鼎沸，势必破坏那种宁静、安逸的气氛，影响游客的兴致。团体游客最容易破坏旅馆的气氛，并且为他们服务，旅馆往往还必须折价。

为顾客提供一些免费服务。通常，观光旅馆的经营者认为，游客既然外出观光游览，一定是不会在乎几个钱的，因而游客住进店，样样服务都收费。而赤尾藏之助的做法却与众不同：在新赤尾旅馆，游客们可以免费享受到诸如早餐咖啡、温泉浴后享用的橘子水、打乒乓球及玩麻将等服务。这些免费提供的服务项目，虽然微不足道，但却给人们留下了良好的印象，有利于招徕更多的游客。

正是由于新赤尾打破常规，才使得新赤尾旅馆不仅能同任何对手竞争而且一直充满生机，稳步发展。

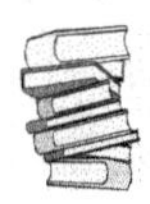

3．集中性目标市场营销策略

集中性目标市场营销策略又称密集性目标市场营销策略，是选择一个或少数几个细分市场或一个细分市场的一部分作为目标市场，集中企业全部资源为其服务，实行专门化生产和营销（图5－3）。

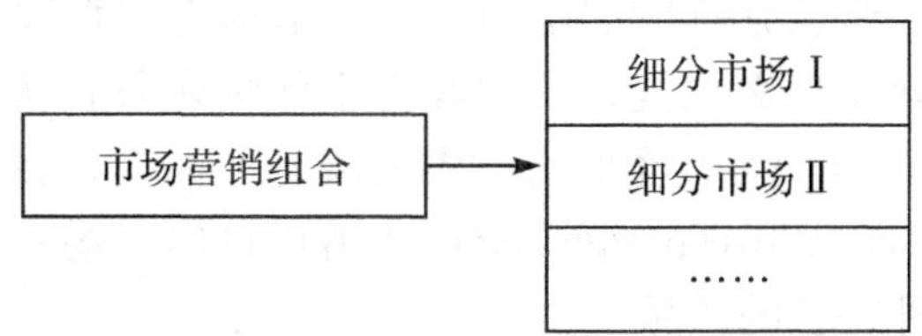

图5－3　集中性目标市场营销策略

集中性目标市场营销策略主要适用于资源有限的中小企业和初次进入新市场的大企业。中小企业由于资源有限，无力在整体市场或多个细分市场上与大企业展开竞争，而在大企业无暇顾及而自己又力所能及的某个细分市场上全力以赴，则往往容易取得成功。实行集中性目标市场营销策略是中小企业变劣势为优势的最佳选择。

集中性目标市场营销策略的优点是目标市场集中，有助于企业更深入地注意、认识目标市场的消费者需求，使产品适销对路，有助于提高企业和产品在市场上的知名度。集中性目标市场营销策略还有利于企业集中资源，节约生产成本和各种费用，增加盈利，取得良好的经济效益。集中性目标市场营销策略的缺点是企业潜伏着较大的经营风险。由于目标市场集中，一旦市场出现诸如较强大的竞争者加入、消费者需求的突然变化等，企业就有可能因承受不了短时间的竞争压力，而立即陷入困境。因此，采用集中性目标市场营销策略的企业，要随时密切关注市场动向，充分考虑企业对未来出现可能意外的情况下的各种对策和应急措施。

同步案例

日本尼西奇公司原是一个仅有30多人的生产雨衣的小公司，因产品滞销，公司酝酿转产。有一次，公司董事长多川博偶尔看到一份人口普查资料，得知日本每年出生婴儿250万。他想，每个婴儿一年用两条尿布，一年就需要500万条，如果再销往国外，市场就更加广阔。于是他果断决策：转产尿布。结果，几年工夫，该公司生产的尿布就占领了日本市场，并占世界销售总量的30%。多川博由此成为世界著名的“尿布大王”。

5.1.3　市场定位策略

一、市场定位的概念

市场定位（market positioning）概念是20世纪70年代由美国的艾·理斯（Al Rise）和杰克·特鲁特（Jack Trout）首先提出的，是根据竞争者现有产品在细分市场上所处的地位和顾客对产品某些属性的重视程度，塑造出本企业产品与众不同的鲜明个性或形象并传递给目标顾客，使该产品在目标市场上占据强有力的竞争位置。市场定位的实质是使企业与其他竞争性企业严格区分开来，使顾客明显觉察和认识这种差别，从而在顾客心目中占有特殊位置，建立起对企业和企业产品的偏好。

市场定位与产品定位、竞争性定位的区别：市场定位强调企业在满足市场需求方面与竞争者比较应当处于什么位置，使顾客产生何种印象和认识；产品定位（product positioning）是就产品属性而言，企业与对手的现有产品应在目标市场上各自处于什么位置；竞争性定位（competitive positioning）突出在目标市场上，和竞争者的产品相比较，企业应当提供何种特色的产品。

二、市场定位的方法

企业的每种产品都需要准确的市场定位，以达到与目标市场的有效沟通。准确的市场定位，要有科学的定位方法作为保证，下面介绍几种市场定位方法。

1. 首席定位

首席定位即强调自己在同行业或同类产品中的领先地位，在某一方面是“第一”。企业在广告宣传中使用“第一家”、“市场占有率第一”、“销售量第一”等口号，就是首席定位策略的运用。如波司登羽绒服定位“连续八年全国销量第一”。在现今信息社会里，各种产品宣传广告多如过江之鲫，消费者对大多数产品信息毫无记忆，但对“第一”印象最为深刻，因此，首席定位能使消费者在短时间内记住该品牌。

同步案例

在伦敦的同一条街上，住着三个裁缝。一天，一个裁缝在他的橱窗里挂出了一块招牌，上面写着：伦敦最好的裁缝。另一个看到了，在同一天也挂出了一块招牌。招牌上用大写字母写着：英国最好的裁缝。第三个裁缝看了后，思考了很久。几天之后，他也挂出一块招牌，上面写着：本街最好的裁缝。

2. 比附定位

比附定位就是通过攀附名牌，比拟名牌来给自己的产品定位，以沾名牌之光而使自己的品牌生辉。运用这种定位方法的企业大多采用“攀龙附凤”的策略，就是明确承认同类产品中有最负盛名的品牌，本品牌虽自愧不如，但在某地区或在某一方面还可与这些最受消费者欢迎和信赖的品牌并驾齐驱，平分秋色。如内蒙古的宁城老窖，宣称是“宁城老窖——塞外茅台”。

3. 对比定位

对比定位是指通过与竞争对手的客观比较来确定自己的定位，也可称为排挤竞争对手的定位。在该定位中，企业设法改变竞争者在消费者心目中现有形象，找出其缺点或弱点，并用自己的品牌进行对比，从而确立自己的地位。如农夫山泉通过天然水与纯净水的客观比较，确定天然水优于纯净水的事实，并宣布停产纯净水，只出品天然水，鲜明地亮出自己的定位，从而树立了专业的健康品牌形象。

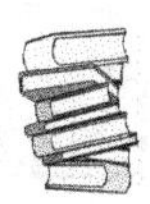

4．类别定位

该定位就是与某些知名而又属司空见惯类型的产品作出明显的区别，给自己的产品定为与之不同的另类，这种定位也可称为与竞争者划定界线的定位。如美国的七喜汽水，之所以能成为美国第三大软性饮料，就是由于宣称自己是“非可乐”型饮料，是代替可口可乐和百事可乐的清凉解渴饮料，突出其与两“乐”的区别，因而吸引了相当部分的“两乐”转移者。又如方便面“五谷道场”，定位为非油炸食品。

5．USP 定位

USP（unique selling proposition）中文意思为“独特销售主张”或“独特卖点”，一个产品只提供一个卖点。USP 定位方法是在对产品和目标消费者进行研究的基础上，寻找产品特征中消费者最关心的且竞争对手所不具备的独特的部分。比如美国 M&M 巧克力就是以“只溶在口，不溶于手”的独特卖点，从众多巧克力中脱颖而出，奠定了糖衣巧克力的头号品牌地位；乐百氏纯净水的“27 层净化”是国内 USP 定位的经典之作。

6．利益定位

利益定位就是根据产品所能满足的需求或所提供的利益、解决问题的程度来定位。运用这种方法进行定位时，向顾客传达单一的利益还是多重利益并没有绝对的定论，但由于消费者能记住的信息是有限的，往往只对某一强烈诉求容易产生较深的印象，因此向消费者承诺一个利益点的单一诉求更能突出品牌的个性，使定位获得成功。

同步案例

在汽车市场，宝马宣称“驾驶的乐趣”，富豪强调“耐久安全”，马自达是“可靠”，SAAB 是“飞行科技”，TOYOTA 宣传“跑车外形”，菲亚特则是“精力充沛”，而奔驰是“高贵、王者、显赫、至尊”的象征，奔驰的电视广告中较出名的广告词是“世界元首使用最多的车”。

7．消费群体定位

该定位直接以某类消费群体为诉求对象，突出产品专为该类消费群体设计，来获得目标消费群的认同。把品牌与消费者结合起来，有利于增进消费者的归属感，使其产生“我自己的品牌”的感觉。如广东的“客家娘酒”，定位为“女人自己的酒”，就塑造了一个相当于“XO 是男士之酒”的强烈形象，在女士们心目中留下深刻的印象；还如金利来定位为“男人的世界”；百事可乐定位为“青年一代的可乐”等都是消费群体定位策略的运用。

8．市场空当定位

市场空当定位是指企业寻求市场上尚无人重视或未被竞争对手控制的位置，使自己推出的产品能适应这一潜在目标市场的需要。如可口可乐公司推出的果汁品牌“酷儿”，在营销界堪称成功的典范，一个重要原因是瞄准了儿童果汁饮料市场无领导品牌这一市场空白。企业运用这种定位方法时，应对以下三个方面要有足够的把握：新产品在技术上是可行的；按计划价格水平，经济上是可行的；有足够的消费者。

9．档次定位

按照品牌在消费者心中的价值高低可将品牌分出不同的档次，如高档、中档和低档，不同档次的品牌带给消费者不同的心理感受和情感体验。现实中，常见的是高档次定位策略，高档次的品牌传达了产品高品质的信息，往往通过高价位来体现其价值，并被赋予很强的表现意义和象征意义。如派克钢笔是采用高档次定位获得成功的一个经典，其高雅、精美和耐用的特点，使它从一般大众化的实用品成为一种高贵社会地位的象征。

10．质量/价格定位

即结合对照质量和价格来定位。质量和价格通常是消费者最关注的要素，而且往往是相互结合起来综合考虑的，但不同的消费者侧重点不同，如果选购品的目标市场是中等收入的理智型的购买者，则可定位为“物有所值”的产品，作为与“高质高价”或“物美价廉”相对立的定位。戴尔电脑采用直销模式，降低了成本，并将降低的成本让利给顾客，因而戴尔电脑总是强调“物超所值，实惠之选”；雕牌用“只选对的，不买贵的”暗示雕牌的实惠价格，这些都是既考虑了质量又考虑了价格的定位策略。

11．情感定位

该定位是指运用产品直接或间接地冲击消费者的情感体验而进行定位，用恰当的情感唤起消费者内心深处的认同和共鸣，适应和改变消费者的心理。浙江纳爱斯的雕牌洗衣粉，运用情感定位方法，在品牌塑造上大打情感牌，其创造的“中秋团圆篇”，就是较成功的情感定位策略，“……爸、妈……雕牌洗衣粉愿家家团圆”的真情流露引起了消费者内心深处的强烈的情感共鸣，使“纳爱斯”和“雕牌”更加深入人心；丽珠得乐的“其实男人更需要关怀”也是情感定位策略的绝妙运用。

12．经营理念定位

经营理念定位就是企业用自己的具有鲜明特色的经营理念作为品牌的定位诉求，体现企业的内在本质，并用较确切的文字和语言描述出来。一个企业如果具有正确的企业宗旨，良好的精神面貌和经营哲学，那么，企业采用理念定位策略就容易树立起令公众产生好感的企业形象，借此提高品牌的价值，光大品牌形象。飞利浦的“让我们做得更好”、诺基亚的“科技以人为本”、TCL 的“为顾客创造价值”等都是经营理念定位的典型代表。

三、市场定位的策略

目标市场定位实质是一种竞争策略，它显示了一种商品或一家企业同类似的商品或企业之间的竞争关系，定位策略不同，市场竞争态势也不同，实现的途径也会有很重要的区别，主要有三种定位策略。

1．迎头定位策略

迎头定位策略是指企业选择靠近于现有竞争者或与现有竞争者重合的市场位置，争夺同样的顾客，彼此在产品、价格、分销及促销等各方面差别不大。现在我国的冰箱、彩电等家电产品，采用的基本上是这一定位策略。

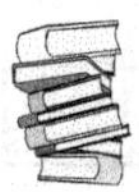

同步案例

第二次世界大战后，百事可乐采取了针锋相对的策略，专门与可口可乐竞争，把自己置身于“竞争”这个独到的市场定位。半个多世纪以来，这两家公司为争夺市场而展开了激烈竞争，而他们都以相互间的激烈竞争作为促进自身发展的动力及最好的广告宣传，百事可乐借机得到迅速发展。1988年，百事可乐荣登全美十大顶尖企业榜，成为可口可乐强有力的竞争者，应该说这与百事可乐借名创名的市场定位策略是密不可分的。百事可乐总裁罗杰·恩瑞将竞争定义为“未必要打倒敌人”。事实正是这样，通过这场旷日持久的饮料大战，可乐饮料引起了越来越多消费者的关注。当大家对百事可乐和可口可乐之战兴趣盎然时，双方都是赢家，因为喝可乐的人越来越多，两家公司都获益匪浅。

2. 避强定位策略

避强定位策略是指企业回避与目标市场上的竞争者直接对抗，将其位置确定在市场“空白点”上，开发并销售目前市场上还没有的某种特色产品，开拓新的市场领域。由于这种定位方式市场风险较少，成功率较高，常常为多数企业所采用。

同步案例

在金融业兴旺发达的香港，“银行多过米铺”这句话毫不过分。在这一弹丸之地，各银行使出全身解数，走出了一条细分市场，利用定位策略，突出各自优势的道路，使香港的金融业呈现出一派百家争鸣、百花齐放的繁荣景象。

汇丰银行：定位于分行最多、实力最强、全港最大的银行。这是以自我为中心、实力展示式的诉求。20世纪90年代以来，为拉近与顾客的情感距离，它改变了定位策略，新的定位立足于“患难与共、伴同成长”，旨在与顾客建立同舟共济、共谋发展的亲密朋友关系。

恒生银行：定位于充满人情味、服务态度最佳的银行，通过走感性路线赢得顾客心。突出服务这一卖点也使它有别于其他银行。

廖创兴银行：定位在助你创业兴家的银行，以中小工商业者为目标对象，为他们排忧解难，赢得事业的成功。香港中小工商业者是一个很有潜力的市场，廖创兴敏锐地洞察到这一点，并摸准他们的心理：想出人头地、大展宏图。据此，廖创兴将自身定位在专为这一目标顾客群服务，给予他们在其他大银行和专业银行不能得到的支持和帮助，从而牢牢地占有了这一市场。

3. 重新定位策略

重新定位策略是指企业通过变动产品特色等手法，改变目标顾客对产品的认识，塑造新的形象。即使企业产品原有定位很恰当，但当出现下列情况时，也需要考虑重新定位：第一，竞争者推出的市场定位侵占了本企业品牌的部分市场，使本企业产品市场占有率下降；第二，消费者偏好发生了变化，从喜爱本企业品牌转移到喜爱竞争对手的品牌。

同步案例

美国强生公司的洗发液由于产品不伤皮肤和眼睛，最初定位于婴儿市场，当年曾畅销一时。后来由于人口出生率下降，婴儿减少，产品逐渐滞销。经过分析，该公司决定重新将产品定位于年轻女性市场，突出介绍该产品能使头发松软、富有光泽等特点，再次吸引了大批年轻女性。

四、实施市场定位策略易出现的问题

企业在实施市场定位策略时，容易出现以下四类问题：

1．不充分定位

很多公司在市场定位时，由于定位策略选择不当或贯彻定位战略不彻底，导致市场定位模糊，潜在购买者没有真正意识到企业或产品品牌的独特之处。

2．过分定位

过分定位是指消费者对品牌认同过于狭窄，不利于产品线延伸或品牌延伸。“营养还是蒸的好”，叶茂中当年凭细分市场定位这招救了中式快餐“真功夫”，但同时也给“真功夫”戴了个马嚼子，马是有了方向，却被马嚼子限制死了。因为过分定位，使产品基本没有延展性。品牌定位要有高度，产品宣传要有深度。

同步案例

太太口服液在20世纪90年代初刚上市时，企业把功效定位为治疗黄褐斑，宣称“三个女人一个黄”。由于功效定位过于狭窄，市场反应不尽如人意。对市场调研后，强调产品的美化肌肤功能，“肌肤健美，女人真的美”，准确进行市场定位后，现在该企业成为我国女性保健品行业独树一帜的大企业。

3．混淆定位

由于市场定位战略诉求点过多或者市场定位策略更迭过于频繁，使购买者对企业或产品品牌形象感到困惑不解或无从下手，造成市场定位不清。

4．可疑定位

即选择不恰当的诉求点来体现企业及产品的市场定位。如消费者对广告中提及的产品特点、价格水平不相信，最终致使企业或产品的市场定位失败。

企业在制定和运用市场定位策略时，应设法避免以上四类错误，方能有效地开展目标市场营销活动。

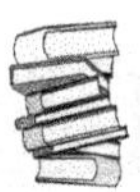

5.1.4 市场营销组合策略

一、市场营销组合的产生和发展

市场营销组合指的是企业在选定的目标市场上，综合考虑环境、能力、竞争状况等企业自身可以控制的因素，加以最佳组合和运用，以完成企业的目的与任务。

1960年，麦卡锡提出了著名的产品（production）、渠道（place）、价格（price）、促销（promotion）4P组合。麦卡锡认为，企业从事市场营销活动，一方面要考虑企业的各种外部环境，另一方面要制订市场营销组合策略，通过策略的实施，适应环境，满足目标市场的需要，实现企业的目标。麦卡锡指出，4P组合的各要素将要受到这些外部环境的影响和制约。

后来，市场营销组合又由4P发展为6P，6P是由科特勒提出的，它是在原4P的基础上再加上政治权力（politics power）和公共关系（public relations）。6P组合主要应用于实行贸易的特定市场。随后，科特勒又进一步把6P发展为10P。他把已有的6P称为战术性营销组合，在此基础上提出了新4P，即调研（probing）、细分（partitioning）、择优（prioritizing）和定位（positioning），他称新4P为战略性营销组合。他认为，战略营销计划过程必须先于战术性营销组合的制订，只有在搞好战略营销计划过程的基础上，战术性营销组合的制订才能顺利进行。为了做到这一点，营销人员必须事先做好探查、分割、优先和定位等营销战略计划，同时还要求营销人员必须具备灵活运用政治权力和公共关系两种营销技术的能力。

到20世纪90年代，又有人认为，包括产品、价格、渠道、促销、政治权力和公共关系的6P组合是战术性组合，企业要有效地开展营销活动，首先要有为人们（people）服务的正确的指导思想，又要有正确的战略性营销组合即新4P的指导。这种战略的4P营销组合与为人们服务的正确的指导思想和战术性的6P组合就形成了市场营销的11P组合。

同步案例

微软在“视窗95”的推广中，通过整合营销传播使技术含量极高的软件产品变得如感性商品般贴近大众生活，这不仅是营销史上的奇迹，也是一个社会文化奇观。1995年8月24日，微软的“视窗95”横空出世，以20多种语言在全球同时推出。微软公司以2亿美元的巨额投入支持其在全球的营销活动，电视、广播、互联网、MTV、CD、录影带、印刷品、促销活动、公关活动等各种传播工具无所不用，如急管繁弦般的营销大协奏充斥在每一个能接触到目标对象的空间。在北美，“视窗95”创下上市4天就售出100万套的奇迹，且有消费者连夜排队抢购的奇观。

二、市场营销组合策略

市场营销组合策略是企业市场的一个重要组成部分，是指将企业可控的基本营销措施组成一个整体性活动。市场营销的主要目的是满足消费者的需要，而消费者的需要很多，要满足消费者需要所应采取的措施也很多。因此，企业在开展市场营销活动时，就必须把握住那些基本性措施，合理组合，并充分发挥整体优势和效果。

1．以满足市场需求为目标的4P策略

4P是市场营销过程中可以控制的因素，也是企业进行市场营销活动的主要手段，对它们的具体运用，形成了最基本的企业的市场营销战略。

产品（product）具体来说是指企业提供给目标市场的货物和服务的集合，这其中包括产品的效用、质量、外观、式样、品牌、包装和规格，此外还包括服务和保证等因素。

价格（price）主要包括基本价格、折扣价格、付款时间、借贷条件等。它是指企业出售产品所追求的经济回报。

渠道（place）通常就包括分销渠道、储存设施、运输设施、存货控制，它代表企业为使其产品进入和达到目标市场所组织、实施的各种活动，包括途径、环节、场所、仓储和运输等。

促销（promotion）是指企业利用各种信息载体与目标市场进行沟通的传播活动，包括广告、人员推销、营业推广与公共关系等。

2．以追求顾客满意为目标的4C策略

4C策略是1990年美国营销专家劳特伯恩教授提出的，它以消费者需求为导向，重新设定了市场营销组合的四个基本要素，即消费者（consumer）、成本（cost）、便利性（convenience）、沟通（communication）。

消费者（consumer）指消费者的需要和欲望。企业要把重视顾客放在第一位，强调创造顾客比开发产品更重要，满足消费者的需求和欲望比产品功能更重要，不能仅仅卖企业想制造的产品，而是要提供顾客确实想买的产品。

成本（cost）指消费者获得满足的成本，或是消费者满足自己的需要和预想所愿意付出的成本价格。其中包括：企业的生产成本，即生产适合消费者需要的产品成本；消费者购物成本，不仅指购物的货币支出，还有时间耗费、体力和精力耗费以及风险承担。因此，企业要想在消费者支持的价格限度内增加利润就必须降低成本。

便利性（convenience）指购买的方便性。比之传统的营销渠道，新的观念更重视服务环节，在销售过程中强调为顾客提供便利，让顾客既购买到商品，又感觉到便利。企业要深入了解不同的消费者有哪些不同的购买方式和偏好，把便利原则贯穿于营销活动的全过程。售前做好服务，及时向消费者提供关于产品的性能、质量、价格、使用方法和效果的准确信息。售后应重视信息反馈和追踪调查，及时处理和答复顾客意见。

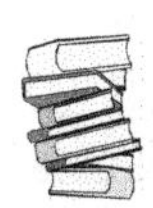

沟通（communication）指与用户沟通。企业可以尝试多种营销策划与营销组合，如果未能收到理想的效果，说明企业与产品尚未完全被消费者接受。这时，不能依靠加强单向劝导顾客，要着眼于加强双向沟通，增进相互的理解，实现真正的适销对路，培养忠诚的顾客。

3．以建立顾客忠诚为目标的 4R 策略

21 世纪伊始，美国的艾略特·艾登伯格提出了关于 4R 策略的营销新理论，阐述了一个全新的营销四要素：与顾客建立关联（relevance）、反应（react）、关系（relation）、回报（return）。

与顾客建立关联（relevance），是指在竞争性市场中，企业通过某些有效的方式在业务、需求等方面与顾客建立关联，形成一种互助、互求、互需的关系，把顾客与企业联系在一起。顾客是具有动态性的，顾客忠诚度也是变化的，要提高顾客的忠诚度，赢得长期而稳定的市场，避免其忠诚度转移到其他的企业，必须要与他们建立起牢固的关联，这样才可以大大减少顾客流失的可能性。

反应（reaction），是指企业的市场反应，在相互影响的市场中，对经营者来说最现实的问题不在于如何控制、制订和实施计划，而在于如何站在顾客的角度及时地倾听顾客的希望、渴望和需求，并及时答复和迅速做出反应，满足顾客的需求。对于企业来说应该建立快速反应机制，了解顾客与竞争对手的一举一动，从而迅速做出反应。

关系（relation），是要求通过不断改进企业与消费者的关系，实现顾客固定化。同时企业要注意的是尽量对每一位不同的顾客的不同关系加以辨别，这其中包括从一次性顾客到终生顾客之间的每一种顾客类型。分清楚不同的关系，在进行企业市场营销时才不至于分散营销力量。与顾客建立起良好的关系，从而获得顾客的满意和忠诚感，才能保持顾客，进一步把满意的顾客变成亲密的顾客。

回报（return），对企业来说，是指市场营销为企业带来短期或长期的收入和利润的能力。一方面，追求回报是市场营销发展的动力；另一方面，回报是维持市场关系的必要条件。企业要满足客户需求，为客户提供价值，同时也要获取利润。因此，市场营销目标必须注重产出，注重企业在营销活动中的回报，一切市场营销活动都必须以为顾客及股东创造价值为目的。

4．以提高企业核心竞争力为目标的 4S 策略

4S 策略则主要强调从消费者需求出发，建立起一种“消费者占有”的导向。它要求企业提高核心竞争力，针对消费者的满意程度对产品、服务、品牌不断进行改进，从而企业服务品质最优化，使消费者满意度最大化，进而使消费者达到对企业产品产生一种忠诚。4S 是指满意（satisfaction），服务（service），速度（speed）和诚意（sincerity）。

满意（satisfaction），是指顾客满意，强调企业要以顾客需求为导向，以顾客满意为中心，企业要站在顾客立场上考虑和解决问题，要把顾客的需要和满意放在一切考虑因素之首。

服务（service），是指作为企业，要以最好的服务、优质的产品、适中的价格来吸引顾客多次光临，要为顾客营造一个温馨的服务环境，用眼睛去观察，用头脑去分析，提供对顾客体贴入微、关怀备至的服务。

速度（speed），是指不让顾客久等，而能迅速地接待、办理，有最快的速度才能迎来最多的顾客。

诚意（sincerity），是指要有以他人利益为重的真诚来服务客人。要想赢得顾客，必先投之以情，用真情服务感化顾客，以有情服务赢得无情的竞争。

三、四种营销组合策略各自的优缺点

在市场营销过程中，4P、4C、4R、4S 策略拥有着各自的优势和劣势。

对于4P 策略来说，其直观性、可操作性和易控制性是最大的优点。4P 包含了企业营销所运用的每一个方面，它可以清楚直观地解析企业的整个营销过程，而且紧密联系产品，从产品的生产加工一直到交换消费，能完整体现商品交易的整个环节。对于企业而言，容易掌握与监控，哪个环节出现了问题，都容易及时诊断与纠正。4P 策略的缺陷也是比较明显的，它是以企业为中心的，以追求利润最大化为原则，这势必会产生企业与顾客之间的矛盾。4P 策略不从顾客的需求出发，其成本加利润法则往往不被消费者所接受，企业也不考虑消费者的利益，只是采用各种手段让消费者了解他的产品，从而有机会购买其产品，而不是注意引导消费者需求。

4C 策略则注重以消费者需求为导向，克服了 4P 策略只从企业考虑的局限。但是，从企业的营销实践和市场发展的趋势来看，4C 策略也有一些不足。首先，它立足的是顾客导向而不是竞争导向，而在市场竞争中，要取得成功，既要考虑到客户，也要考虑到竞争对手。其次，4C 策略在强调以顾客需求为导向的时候却没有结合企业的实际情况。最后，4C 策略仍然没有体现既赢得客户，又长期地拥有客户的关系营销思想，被动适应顾客需求的色彩较浓，没有解决满足顾客需求的操作性问题。

4R 策略的最大特点是以竞争为导向，弥补了 4C 策略的不足，主动地创造需求，运用优化和系统的思想去整合营销，通过关联、关系、反应等形式与客户形成独特的关系，把企业与客户联系在一起，形成竞争优势。为追求回报，企业必然实施低成本战略，充分考虑顾客愿意付出的成本，实现成本的最小化，并在此基础上获得更多的市场份额，形成规模效益。这样，企业为顾客提供价值和追求回报相辅相成、相互促进，客观上达到的是一种双赢的效果。当然，4R 策略也有缺陷，它要求同顾客建立关联，需要实力基础或某些特殊条件，并不是所有的企业可以轻易做到的。

4S 策略的主要优点则是建立起一种“消费者占有”的导向，要求企业针对消费者的满意程度，对产品、服务、品牌不断进行改进，从而达到企业服务品质最优化，使消费者满意度最大化，进而使消费者达到对企业产品产生一种忠诚。但对于一个企业来说，要达到消费者满意，并且树立起企业的独特品牌却有相当大的难度。这不仅关系到企业的决策层，更关系到企业上上下下每一个员工的态度，更要求企业要树立起

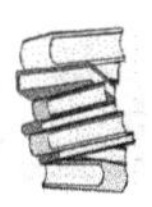

一定的企业文化，这才能为顾客提供最好最精的服务，才能达到使顾客满意，对企业的品牌产生认可。

本节小结

市场细分是把某一产品的市场整体划分为若干消费者群的市场分类过程。有效市场细分具备可衡量性、可进入性、可盈利性、差异性、相对稳定性五个条件。市场细分标准分消费者市场细分标准和生产者市场细分标准。

目标市场是企业决定要进入的细分市场部分，也是企业拟投其所需、为之服务的特定顾客群。企业根据一定的标准选择目标市场并实施营销策略。主要的目标市场策略有：无差异性市场营销策略、差异性市场营销策略和集中性市场营销策略。

企业的每种产品都需要准确的市场定位，主要的定位方法有首席定位、比附定位、对比定位、类别定位、USP 定位、利益定位、消费群体定位、市场空当定位、档次定位、质量/价格定位、情感定位、经营理念定位等，结合这些方法和企业在实施定位过程中的常用策略，避免定位中出现的问题，明确自身竞争优势，选择企业相对的竞争优势和市场定位策略，准确地传播企业的市场定位。

市场营销组合指的是企业在选定的目标市场上，综合考虑环境、能力、竞争状况对企业自身可以控制的因素，加以最佳组合和运用，以完成企业的目的与任务。常用的营销组合策略有：4P 策略、4C 策略、4R 策略、4S 策略。

5.2　技能训练

5.2.1　基本练习

一、名词解释

1. 市场细分　　2. 目标市场
3. 无差异性目标市场营销策略　　4. 差异性目标市场营销策略
5. 集中性目标市场营销策略　　6. 市场定位
7. 市场营销组合

二、不定项选择题

1. 依据目前的资源状况能否通过适当的营销组合去占领目标市场，即企业所选择的目标市场是否易于进入，这是市场细分的（　　）原则。

　A. 可衡量性　　B. 可实现性

　C. 可赢利性　　D. 可区分性

2. 属于产业市场细分标准的是（　　）。

A. 职业　　B. 生活格调
C. 收入　　D. 用户经营规模

3. 某工程机械公司专门向建筑业用户供应推土机、打桩机、起重机、水泥机、搅拌机等建筑工程中所需要的机械设备，这是一种（　　）策略。
A. 市场集中化　　B. 市场专业化
C. 全面市场覆盖　　D. 产品专业化

4. 采用无差异性目标市场营销战略的最大优点是（　　）。
A. 市场占有率高　　B. 成本的经济性
C. 市场适应性强　　D. 需求满足程度高

5. 市场定位是（　　）在细分市场的位置。
A. 塑造一家企业　　B. 塑造一种产品
C. 确定目标市场　　D. 分析竞争对手

6. 重新定位，是对销路少、市场反应差的产品进行（　　）定位。
A. 避强　　B、对抗性
C. 竞争性　　D. 二次

7. （　　）是实现市场定位目标的一种手段。
A. 产品差异化　　B. 市场集中化
C. 市场细分化　　D. 无差异营销

8. 企业营销组合策略是围绕（　　）进行的统一的整体策略。
A. 企业营销目标　　B. 企业利润
C. 竞争者　　D. 消费者

9. 企业在销售工作中突出什么策略，兼顾什么策略，要根据企业内外环境以及考虑市场营销组合的各个约束条件做出决定。下面不是约束条件的是（　　）。
A. 企业资源状况　　B. 目标市场特点
C. 个人的经验　　D. 市场环境营销

10. 下面不是4P策略中促销内容的是（　　）。
A. 人员促销　　B. 产品和服务
C. 营业推广　　D. 公共关系

三、判断题

1. 在同类产品市场上，同一细分市场的顾客需求具有较多的共同性。（　　）
2. 某个市场的每一个细分市场对某个企业来说都具有切实可行的市场机会。（　　）
3. 同质性产品适合于采用集中性市场营销战略。（　　）
4. 集中性市场战略适合于资源薄弱的小企业。（　　）

5. 现在一些以“银发市场”为目标市场的旅行社，主要为老年人设计适合其年龄、心理特征的康复保健、休闲度假旅游产品，以满足该市场的需求。这种目标市场

选择的模式是市场专业化。（　　）

6. 企业采用服务差别化的市场定位战略，就可以不再追求技术和质量的提高。（　　）

7. 市场营销组合体现了“以生产为中心”的经营理念。（　　）

四、简答题

1. 什么是市场细分？市场细分的标准有哪些？
2. 简述企业目标市场营销策略的三种模式。
3. 企业市场定位的方法有哪些？
4. 简述四种营销组合策略的含义和各自的优劣势。
5. 选择具体的企业，分析其是如何运用营销组合中的4P策略的。

5.2.2　理论运用

“万宝路”的市场定位

20世纪20年代的美国，被称为“迷惘的时代”。经过第一次世界大战的冲击，许多青年都自认为受到了战争的创伤，并且认为只有拼命享乐才能将这种创伤冲淡。他们或在爵士乐的包围中尖声大叫，或沉浸在香烟的烟雾缭绕当中。无论男女，他（她）们嘴上都会异常悠闲雅致地衔着一支香烟。妇女们愈加注意起自己的红嘴，她们精心地化妆，与一个男人又一个男人“伤心欲绝”地谈恋爱；她们挑剔衣饰颜色，感慨红颜易老，时光匆匆。妇女是爱美的天使，社会的宠儿，她们抱怨白色的香烟嘴常沾染了她们的唇膏。于是“万宝路”出世了。“万宝路”这个名字也是针对当时的社会风气而定的。

为了表示对女烟民关怀，莫里斯公司把“Marlboro”香烟的烟嘴染成红色，以期广大爱靓女士为这种无微不至的关怀所感动，从而打开销路。但“万宝路”从1924年问世，一直至20世纪50年代，始终默默无闻。它的温柔气质的广告形象似乎也未给广大淑女们留下多少利益的考虑，因为它缺乏以长远的经营、销售目标为引导的带有主动性的广告意识。莫里斯的广告口号“像五月的天气一样温和”显得过于文雅，而且是对妇女身上原有的脂粉气的附和，致使广大男性烟民对其望而却步。这样的一种广告定位虽然突出了自己的品牌个性，也提出了对某一类消费者（这里是妇女）特殊的偏爱，但却为其未来的发展设置了障碍，导致它的消费者范围难以扩大。女性对烟的嗜好远不及对服装的热情，而且一旦她们变成贤妻良母，她们并不鼓励自己的女儿抽烟。香烟是一种特殊商品，它必须形成稳固的消费群，重复消费的次数越多，消费群给制造商带来的销售收入就越大。而女性往往由于其爱美之心，担心过度抽烟会使牙变黄，面色受到影响，在抽烟时较男性烟民要节制得多。“万宝路”的命运在上述原因的作用下，日趋黯淡。

抱着心存不甘的心情，莫里斯公司开始考虑重塑形象。公司派专人请利奥伯内特广告公司为“万宝路”做广告策划，以期打出“万宝路”的销路。“让我们忘掉那个脂粉香艳的女子香烟，重新创造一个富有男子汉气概的举世闻名的万宝路香烟!”利奥伯内特广告公司的创始人对一筹莫展的求援者说。一个崭新大胆的改造“万宝路”香烟形象的计划产生了。产品品质不变，包装采用当时首创的平开式盒盖技术，并将名称标准的（Marlboro）尖角化，使之更富有男性的刚强，并以红色作为外盒主要色彩。

广告的重大变化是：“万宝路的广告不再以妇女为主要对象，而是用硬铮铮的男子汉。”在广告中强调“万宝路”的男子汉气概，以吸引所有爱好追求这种气概的顾客。菲利普公司开始用马车夫、潜水员、农夫等做具有男子汉气概的广告男主角。但这个理想中的男子汉最后还是集中到美国牛仔这个形象上：一个目光深沉、皮肤粗糙、浑身散发着粗犷、豪气的英雄男子汉，在广告中袖管高高卷起，露出多毛的手臂，手指总是夹着一支冉冉冒烟的“万宝路”香烟。这种洗尽女人脂粉味的广告于1954年问世，它给“万宝路”带来巨大的财富。仅1954~1955年，“万宝路”销售量提高了3倍，一跃成为全美第10大香烟品牌，1968年其市场占有率上升到全美同行第二位。

是什么使名不见经传的“万宝路”变得如此令人青睐了呢?美国金融权威杂志《富比世》专栏作家布洛尼克1987年与助手们调查了1 546个“万宝路”爱好者。调查表明：许多被调查者明白无误地说他喜欢这个牌子是因为它的味道好，烟味浓烈，使他们感到身心非常愉快。可是布洛尼克却怀疑真正使人着迷的不是“万宝路”与其他香烟之间差异，而是“万宝路”广告给香烟所带来的感觉上的优越感。布洛尼克做了个试验，他向每个自称热爱“万宝路”味道品质的“万宝路”瘾君子以半价提供香烟，这些香烟虽然外表看不出“万宝路”牌号，但厂方可以证明这些香烟确为真货，并保证质量同商店出售的“万宝路”香烟一样，结果只有21%的人愿意购买。布洛尼克解释这种现象说：“烟民们真正需要的是万宝路包装带给他们的满足感，简装的‘万宝路’口味质量同正规包装的‘万宝路’一样，但不能给烟民带来这种满足感。”调查中，布洛尼克还注意到这些“万宝路”爱好者每天要将所抽的“万宝路”烟拿出口袋20~25次。“万宝路”的包装广告所赋予“万宝路”的形象已经像服装、首饰等各种装饰物一样成为人际交往的一个相关标志。而“万宝路”的真正口味在很大程度上是依附于这种产品所创造的美国牛仔形象之上的一种附加因素。这正是人们真正购买“万宝路”的动机。

问题：

1. “万宝路”原来的市场定位存在什么问题?
2. “万宝路”的重新定位为何能够成功?

5.2.3 能力拓展实训

一、实训目的

深入理解市场定位策划的重要性，初步掌握市场定位策划的步骤与方法。

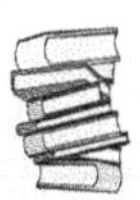

二、实训题目

“动感地带”面世以来的一系列活动吸引了众多注意力，促使“动感地带”的知名度和市场占有率迅速提升。一位广告界人士说：“动感地带是中国移动通信领域的第一个真正意义上的品牌。”系列广告中周杰伦现身说法，展现出品牌新奇、时尚、好玩、探索的个性，吸引年轻的消费者融入“动感地带”的天地，拓展出一方属于自己的领地。

伴随着 3G 浪潮的到来，手机将凭借运营网络的支持，实现从语音到数据业务的延伸，服务内容更将多样化，同时更孕育着巨大的市场商机。而同其他运营商一样，中国移动旗下的全球通、神州行两大子品牌缺少差异化的市场定位，目标群体粗放，大小通吃。内容同质化无法获得消费者的认同和忠诚，这也是竞争者的可乘之机。中国移动作为中国移动电信市场的领导者，终于决定向自己发起挑战，通过消费者细分，寻找有潜力的目标市场，用差异化的服务和产品吸引目标客户，提升客户忠诚度，把过去传统的业务竞争提升到品牌竞争的高度，通过品牌价值获得新的增长点。

麦肯锡对中国移动用户的调查资料表明，中国将超过美国成为世界上最大的无线通信市场，25 岁以下的新一代消费群体将成为未来移动通信市场最大的增值群体。因此，中国移动将以业务为导向的市场策略率先转向了以细分的客户群体为导向的品牌策略，在众多的消费群体中锁住 15 ~ 25 岁年龄段的学生、白领，产生新的增值市场。

“动感地带”摸准了年轻人的心理，斥巨资邀请周杰伦作为其形象代言人，在全国范围内进行了立体式媒体轰炸。周杰伦被称为“飘一代”的代言人，他以个性飞扬和青春叛逆深受年轻人的疯狂追捧。“动感地带”的广告语“我的地盘，我做主”也极具煽动性和个性挑战，反映了年轻人追求独立、叛逆、自主的个性。

“动感地带”定位为年轻人的品牌，做年轻人喜欢做的事。为了不断地迎合动感年轻人的爱好和消费特征，从最初的“以信会友”，再到“动感地带”与麦当劳联合推出动感套餐的“以吃会友”，并且计划在上海淮海路最繁华的地段建立最大、最全、最专业的业务与服务展示、体验平台——旗舰店。“动感地带”这一系列大手笔的举动不断地给动感一族带来惊喜和兴奋。

三、实训方案

1. 人员：5 ~ 7 人组成小组，合理分工，以小组为单位提交方案。

2. 时间：与第 5 章教学同步。

3. 实训步骤和要求：

（1）由指导教师介绍实训的目的和要求，调动学生实训操作的积极性。

（2）以小组为单位结合所提供的资料，借助图书馆、网络等途径查找相关资料。

（3）小组讨论，拟出“动感地带”成功因素，结合当前市场态势提出改进方案提纲。

（4）小组分工协作，形成小组“动感地带”定位新方案。

（5）每个小组提交 word 文档，并以 PPT 形式展示分析结果。

四、实训考核

1. 组员自评：由小组成员自己评出个人成绩，参照见表 1－4。

2. 组长评定：由小组长依据组员在实训过程中的贡献情况评定出所有组员的成绩，参照表 1－5。

3. 小组互评：由其他小组成员根据评价指标对展示小组的成果进行评价，参照表 1－6。

4. 指导教师评定：指导教师依据评价指标评出各小组成绩。参照见表 1－6。

第 6 章　产品策略

内容框架

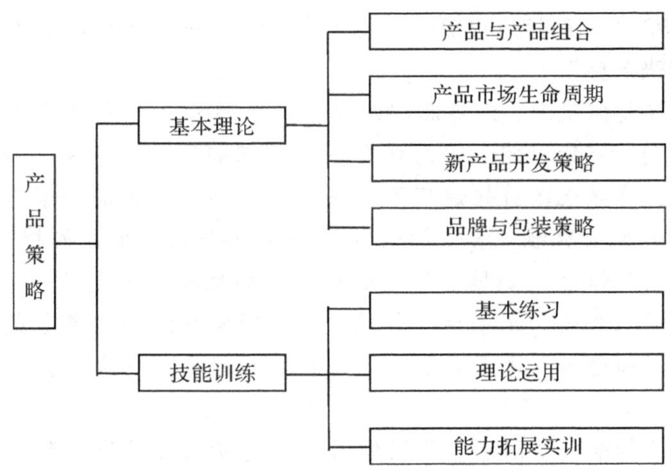

知识目标

1. 能够准确把握产品整体概念所包含的层次内容。
2. 全面理解产品组合策略、品牌及包装策略的相关理论。
3. 熟悉企业针对产品生命周期各阶段特点采取不同的相应对策。

能力目标

了解新产品的开发程序、产品组合策略、品牌与包装策略之间的内在联系，掌握针对不同的产品设计和运用不同的产品策略的基本技巧。

案例导入

上海“冠生园”的品牌之争

早在新中国成立前，上海有一家著名的糖果厂——ABC 糖果厂，该厂的老板冯伯镛是一位通晓经营之道的生意人。他看到当时“米老鼠”卡通片在上海滩风靡一时，备受儿童喜爱，就灵机一动设计了一种米老鼠包装。从此，“ABC 米老鼠奶糖”就在上海一下子走俏，并且成为国内最畅销的奶糖。

新中国成立以后，ABC 糖果厂进行了公私合营的改造，更名为“爱民糖果厂”，之后并入上海冠生园，其主要产品就是“米老鼠”奶糖。到了20世纪50年代，由于批判崇洋媚外思想，考虑到老鼠是“四害”之首，冠生园决定再选择另一种卡通形象作为产品的品牌，这时他们想到了兔子，形象活泼、幽默风趣、天真善良的兔子无疑是“正面形象”，于是就请上海美术设计公司设计了一种以大白兔为核心的产品包装。1956年，“大白兔”奶糖作为上海冠生园的又一个新品牌问世了，它立刻就受到了消费者的青睐。1959年，“大白兔”奶糖作为自力更生的成果向国庆十周年献礼，接着开始组织产品出口，受到国外消费者的一致好评。当时在国外有一种说法：“把两块大白兔奶糖放到水中就可以泡成一杯牛奶”，可见“大白兔”质量之高，信誉之佳。此后几十年里，“大白兔”奶糖不断改进质量和包装，形成了独特的配方和稳定保质的工艺流程，产品一直盛销不衰，成为中国的一大特色产品。1979年，“大白兔”奶糖荣获国家银质奖，1992年又被评为中国十大驰名商标中唯一的食品类品牌。

一、痛失“米老鼠”

由于没有产品整体观念，没有品牌意识，冠生园一直没有把“大白兔”和“米老鼠”进行商标注册。有段时间，国内外有不少厂家假冒“大白兔”和“米老鼠”，争夺冠生园的市场，这也未能引起该厂的觉醒。1983年，广州的一家只会生产硬糖的糖果厂派人到上海冠生园取经，善良的老师傅们手把手地把生产奶糖的技术教给他们。而徒弟回去后不仅开始生产奶糖，并且还从师傅那里顺手牵走了一个品牌形象——一只牵着三只气球的米老鼠。两年后，当冠生园想到要去注册“米老鼠”奶糖时，却意外地收到了一张驳回通知，原来南方的“徒弟”已经抢先一步，在几个月前把“米老鼠”的商标注册了。

没过多久，又传来一个消息，美国的沃特·迪斯尼公司为了夺得“米老鼠”形象在中国的垄断权，以4万美元从广州那家小厂买下了“米老鼠”商标。冠生园这时才痛惜万分，区区4万美元，按当时的汇率只值十几万人民币，而从ABC糖果厂到冠生园，半个世纪为这个品牌付出的心血却一下子付之东流了。沃特·迪斯尼本是“米老鼠”名正言顺的“生父”，并且又通过法律手段正大光明地夺回了在中国的控制权，这时的冠生园只得忍痛割爱，舍弃了“米老鼠”这个著名的中国糖果品牌。

二、拯救“大白兔”

美国迪斯尼公司在买到“米老鼠”商标控制权后，又主动找到上海冠生园，表示允许冠生园继续使用该商标，但要求每年坐享利润的8%作为商标特许使用费。冠生园终于从梦中觉醒了。值得庆幸的是，当年的“除四害”使冠生园诞生了一只“大白兔”，而不至于倾家荡产。更幸运的是，当时的国家工商行政管理局出于深远考虑，为获得质量奖的国优产品保留了注册商标的权利。冠生园赶紧为幸存的“大白兔”注册。

当时，由于市场上对“大白兔”奶糖的假冒侵权行为十分严重，假冒产品遍及全国17个省市，并且跨国假冒，在泰国和菲律宾也出现了假冒的“大白兔”奶糖。甚至还出现了“影射侵权”，即把同“大白兔”注册商标相同或相似的文字、图形作为自己产品的名称和包装装潢，以图混淆视听，愚弄消费者。

针对以上情况，冠生园苦苦钻研商标战术，决定把“大白兔”奶糖的整个包装分别作为8种商标注册，使一张糖纸和包装袋的任何部位都具有法律保护的效力。同时

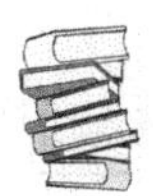

围绕主商标，他们又设计出十几个近似商标，包括大白兔、大灰兔、大黑兔、大花兔、小白兔、金兔、银兔等等，都进行了商标注册，组成“立体防卫体系”，使“大白兔”商标成为一个“家族商标群”。鉴于包装装潢并不受商标保护，但可以申请外观设计专利，于是冠生园又决定建立商标注册与申请专利相结合的一个互补系统，这样就形成了一个开阔的防御体系，防止任何假冒品牌向主商标靠拢。

冠生园又进一步认识到，“大白兔”是一个公认的含金量极高的商标，如果仅仅把它局限在糖果行业而且还是特定的“奶糖”这一品种上，未免显得眼光过于狭窄。从长远利益出发，冠生园开始把“大白兔”商标在与企业发展有关的所有领域进行超前注册。现在，不仅食品、服装、家具、钟表、自行车等行业，就连餐饮、通信、银行、保险等服务性行业，“大白兔”商标都拥有了一席之地。

冠生园的全面出击并不是到此为止。当年的沃特·迪斯尼公司对“米老鼠”的垄断，也教会了“大白兔”到境外“抢滩”，去占领国际市场。从痛失“米老鼠”的1985年起，他们就拿出大量外汇在境外注册“大白兔”商标。今天，冠生园已在知识产权《商标国际注册马德里协定》的20多个成员国和另外70多个国家和地区拿到了“大白兔”的注册证。出色的商标战略，使冠生园在国内企业中脱颖而出，成为市场竞争中的佼佼者。

三、让“大白兔”“活”起来

超前性的商标注册，只是为“大白兔”的未来发展打下了基础，而今关键是如何让“大白兔”在国内外市场上活跃起来。冠生园根据时代的变化，开始重新塑造这只“兔子”。过去的那只“大白兔”只是作为一种简单的商品符号。今天，经过一番精心设计，一只以跳跃的兔子为主体、以大蘑菇为背景、崭新的“大白兔”商标诞生了。这个漂亮的兔子形象，不仅加深了中国人对老品牌的印象，也受到世界消费者的欢迎。美国人甚至把中国听装“大白兔”奶糖上那只活泼可爱的兔子当成了复活节的象征。接着，冠生园又创造了20多种卡通大白兔的形象，有唱歌的、跳舞的、划船的、钓鱼的、开摩托车的、打球的、射箭的等，都多姿多彩、美不胜收，“大白兔”终于“活”起来了。

问题：

1. 作为名牌产品的企业应该如何保护自己的品牌？
2. 如果冠生园将其业务扩展到其注册的众多领域，你认为有何利弊？
3. 冠生园不愿花钱购买“米老鼠”使用权，而宁愿花钱把“大白兔”注册到全世界，你认为此举是否明智？有何利弊？

6.1　基本理论

6.1.1　产品与产品组合

产品是市场营销活动的轴心，企业在整个市场营销过程中都离不开产品。任何企业在制定战略计划时，首先要考虑的问题是企业用什么样的产品和劳务来满足目标市场需求。产品策略直接影响和决定了其他市场营销组合因素的管理，对企业市场营销的成败关系重大。

一、产品整体概念

什么叫产品？通常人们理解为：产品指的是一种具有某种特定的形态、形状和用途的劳动生产物，如牙膏、衣服、手表、粉笔、照相机等。这只是产品的狭义概念。广义的产品是指人们通过购买而获得的能够满足某种需求和欲望的物品的总和。它既包括具有物质形态的产品实体，又包括非物质形态的利益。

1．产品整体概念的层次界定

产品整体概念具体可以划分为五个组合层次，分别是核心产品、形式产品、期望产品、延伸产品、潜在产品（图6－1）。这一概念的内涵和外延皆以消费者的需求为标准，充分体现了以顾客为中心的现代营销理念。

（1）核心产品。其是指费者购买产品不仅仅是为了占有产品实体，还要获得能满足自身某种需要的基本效用和利益。

（2）形式产品。其指产品在市场上出现时的具体物质形态，核心产品必须通过形式产品才能实现，形式产品主要表现在品质、特色、式样、商标、包装等方面，是核心利益的物质载体。

（3）期望产品。其是指顾客在购买产品时期望得到的与产品密切相关的一整套属性和条件。即在购买产品前对所购产品的质量、方便程度、性能等方面的期望值。

（4）延伸产品。其是指顾客购买形式产品和期望产品时，附带获得的各种利益总和，包括说明书、保证、安装、维修、送货、技术培训等。

（5）潜在产品。其是指产品在各个层次的延伸，最终可能发展成为未来产品的演变趋势和前景。

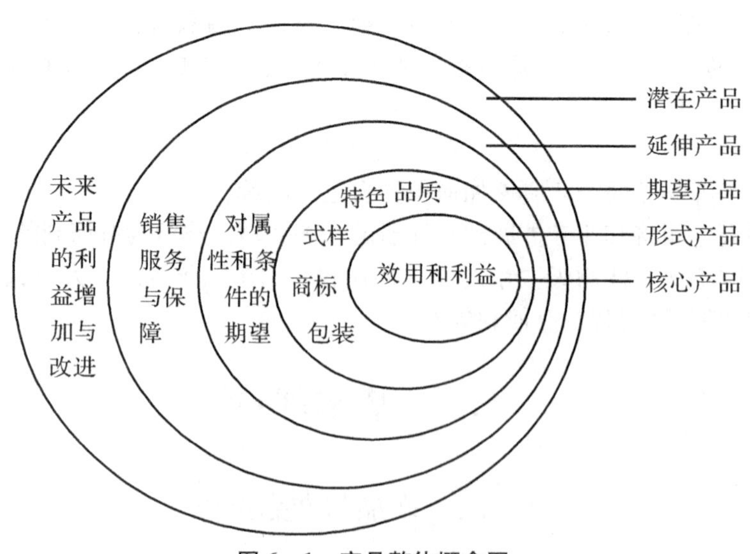

图6－1　产品整体概念图

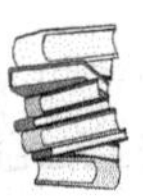

同步案例

露华浓（Revlon）公司每年销售给全世界消费者10亿美元以上的化妆品和香水。露华浓公司之所以拥有许多成功的香水产品，是因为公司在卖香水时，不仅是卖具有香味的液体，而且卖的是香味所能带给使用者的一切利益。

当一位女士购买香水时，她所买的不仅仅是具有香味的混合液体，她还购买了香水所代表的品牌形象、期望以及香水的气味、名字和包装等，这些都是构成香水产品的一部分内容。因此，露华浓公司出售香水时，不只是销售有形的产品，而且卖出的是生活方式、自我表现的独特性；成就、成功和地位；温柔、浪漫、热情和幻想；回忆、希望和美梦。

2. 认识产品整体概念的意义

产品整体概念所涵盖的五个层次的内容总是随着营销理论的发展而不断丰富和完善的，对指导现代企业开展营销活动有重要意义。

（1）产品整体概念是现代市场营销观念的充分体现。一般来讲，产品价值大小不是由生产者决定的，而是由顾客来裁决的。随着消费者需求的复杂化和竞争的白热化，现代企业在产品核心功能趋同的情况下，总是不断拓展产品的外延，在成功定位的基础上有效地满足不同消费者对产品需求的利益。消费者对产品的期望价值越来越多地包含了其所能提供的服务、企业人员的素质及企业整体形象的“综合价值”。

（2）增加顾客感知价值，提高顾客满意度。顾客对产品的期望值的评价不仅受自身的知识水平、收入水平、生活习惯、价值观念等因素影响，也会受到顾客原有的购买经验、朋友的建议或营销者的承诺、竞争者产品的影响。顾客是否满意主要取决于顾客感知价值和顾客期望之间的对比关系，顾客感知价值越接近于甚至超出顾客期望，顾客满意度越大，反之越小。企业可以通过增加产品的延伸部分，给顾客以惊喜，增加顾客的感知价值，并在此基础上，进一步培养顾客忠诚。

（3）产品的差异性和特色是突出竞争优势的有效途径。产品差异构成企业经营特色的主体，企业要在激烈的市场竞争中取胜，必须致力于创造自身产品的特色。产品整体概念的五个层次中任何一个要素都有可能形成与众不同的特点。企业在产品的效用、包装、款式、安装、指导、维修、品牌、形象等各方面都可以按照市场需要进行创新设计，为自身发展创造更多机会。美国著名管理学家李维特曾说过：“新的竞争不在于工厂里制造出来的产品，而在于工厂外能够给产品加上包装、服务、广告、咨询、融资、送货或顾客认为有价值的其他东西。”

二、产品的分类

按不同的标准划分，产品的分类也是多种多样的。市场营销学根据购买者身份的不同及产品自身形式的不同，大体上可把产品分为消费品和工业品两大类。

1. 消费品

（1）按产品的有形性、耐用性程度分类。

1）耐用品。其是指能够多次使用、寿命期较长的商品。由于对功能、质量要求高，相对价格较高。如汽车、电脑、电冰箱、电视机等。消费者选购此类商品需要经过周密的考察才能做出决策。耐用品属于有形产品。一般要求生产企业注重技术创新，不断提高性能和质量，同时通过多种服务和保证增强消费者的购买信心。

2）非耐用品。其是指消费周期短，易被消耗的日用百货。如洗衣液、啤酒、饮料、化妆品等。非耐用品属于有形产品，消耗快，购买频率高，相对价格便宜。

3）劳务。其是指各种服务性产品。如邮政、电信、旅游、银行、娱乐等服务性行业都涉及服务质量问题。服务在被购买之前往往是不可感知的，而被消费之后则通过心理感受、利益、满足感表现出来。服务具有无形、不可分离、可变和易消失等特点。因此，作为供应者应加强质量控制管理、注重自身信誉。

（2）按照购买习惯分类。

1）便利品。其主要指价格低廉，消费者日常生活中经常需要购买的产品。日用品的范围极为广泛，如食品、日用百货等。消费者在选购时，通常不愿花费太多的时间去比较同类商品的质量、价格，希望就近即刻买到。

2）选购品。其主要指价格一般比便利品高，消费者对商品质量、价格、式样等反复选择比较后才决定购买的产品。如服装、皮鞋、手表、小家电等。这类商品消费者在购买时愿意花较多的时间，比较同一类型的各种不同品牌商品之间的质量区别。

3）特殊品。其主要指那些具有独特的品质特点、经久耐用的产品。一般指高档的消费品，如高档西装、裘皮大衣、结婚戒指等。消费者选购时特别谨慎，尤其注重产品的质量、性能、品牌威望及良好的售后服务。

4）非寻觅品。其是指消费者目前尚不知道，或者虽然知道但暂时没有兴趣购买的产品，如刚上市的新产品、各种保险、墓地等。

2．工业品

根据工业品的制造过程以及价值水平，可以分为材料和部件、资本项目以及供应品和服务。

（1）材料和部件。其是指完全参与生产过程，其价值全部转移到最终产品中的那些物品，包括原材料以及加工过的材料和部件。其中原材料又可分为天然产品（如矿产品、木材、原油等）和农产品（如小麦、水果、家畜等）两类。天然产品的供应一般缺乏弹性，随着价格的上升，经营者往往采用惜售的经营方式；农产品具有季节性、易腐性等特点，一般要求企业减少经营环节，扩大分销网点以方便购买。而加工过的材料是指如钢铁、水泥、棉纱等，一般需要进行二次深加工。而部件则指可以直接成为最终产品或作为配件使用的产品，如轮胎、铸件、显像管等。这类产品的质量和价格最为重要，厂家主要通过目录广告或参展的方式扩大影响。

（2）资本项目。其是指辅助购买者通过生产运营，价值以折旧、摊销的方式部分转移到最终产品中的那些产业用品，包括装备和附属设备。这些装备与设备不会成为最终产品的一部分，它们只是在生产过程中起辅助作用。重要的资本项目一般占用资金量巨大，许多设备价格昂贵，用户通常向生产厂家直接购置，供需双方往往需反复磋商、谈判才能订立购买合同。

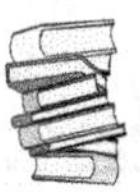

（3）供应品和服务。其是指不会形成最终产品的那类产品。供应品包括两种类型：一类是作业辅助品，如复印纸、铅笔、润滑油、墨盒等；另一类是维修品，如油漆、铁钉、水龙头、笤帚等。供应品相当于工业领域内的便利品，具有单价低、需要经常购买等特点。服务包括维修和商业咨询服务。这类产品的质量、价格、服务和电视广告都很重要。

三、产品组合

一般情况下，企业不可能只经营单一的产品品种，也不可能经营所有的产品。企业总是要考虑到各产品品种之间的相互协调和组合问题。首先要明确几个相关的概念。

1．产品项目

产品项目是指企业所生产的具有不同功能、不同尺寸和规格及不同包装形式的产品品种。

2．产品线

产品线是指密切相关的一组产品系列。这种相关联可能是由于满足同类顾客的需要；也可能是由于产品本身相关联，可以配套使用；或是由于一些产品在价格、分销渠道方面相近似。

3．产品组合

产品组合是指某一个企业在生产或销售的全部产品大类、产品项目结构或结合方式。其主要通过产品组合的四个维度，即宽度、长度、深度、关联度表现出来：

（1）产品组合的宽度。其是指一个企业生产经营的产品线数量的多少。产品线数量越多，则产品组合的宽度越广。

（2）产品组合的长度。其是指一个企业的产品组合中包含的产品项目总数。

（3）产品组合的深度。其是指产品大类中每种产品有多少花色、品种、规格。

（4）产品组合的关联度。其是指一个企业各个产品大类之间在最终用途、生产条件、销售方式或其他方面的密切相关程度。产品组合的关联度也叫产品组合的密度。

调整产品组合的四维度结构，对企业经营具有重大意义。一般情况下，拓宽、增加产品线，有利于发挥企业的综合潜力，开辟新市场，提高整个企业的综合效益；延长或加深产品线，可以占领比同类企业更多的细分市场，迎合更广泛的消费者不同的需要和爱好；加强产品组合的关联度，则可以增强企业在某一行业领域的市场地位，有助于提高本企业在该行业方面的竞争优势。

四、产品组合策略

企业根据市场状况及自身的经营实力，对产品组合的宽度、长度、深度、关联度进行有机组合方式的策略，称之为产品组合策略。可供企业选择的产品组合策略主要有：

1．扩展策略

扩展策略包括扩展产品组合的宽度和长度，通过增加产品线或产品项目的数量，扩大企业经营范围，或者开发系列产品，实行更多品类或品种的生产或经营。扩展策略可以充分利用企业的人力、物力等资源，提高企业的综合效益；提高企业产品在整个市场上的覆盖面，加强企业经营的稳定性；深挖潜力，分散风险，增强竞争力。

但这种策略也有局限性，它要求企业拥有多条生产线，具有多种销售渠道，促销形式也要多样化，这将会增加生产成本和销售费用。甚至由于新产品的质量、功能等问题，影响到企业原有产品的信誉。

同步案例

“太阳神”曾经是中国保健饮品行业的一面旗帜。1988年创业，只用了3年时间就占领了全国大部分市场，其保健品口服液的市场占有率在1990年曾一度达到63%。但在残酷的市场竞争中，从1994年开始便急剧膨胀，一年内，上马了包括石油、房地产、化妆品、电脑、酒店业务等在内的20个项目，成立了新疆、云南、广东等三家经济发展总公司和山东弘易公司，投资3亿多元。不幸的是，这些钱几乎“石沉大海”。同时也导致“太阳神”销售额从1993年10亿元的最高峰跌至后来的2亿多元。

导致“太阳神”效益滑坡的另一重要因素是产品更新换代滞后。在中国保健品市场，除了“太阳神”的甘菊型和猴头菇口服液外，尚不能找出第3个产品可以连续销售10年。由于科技人员严重脱离市场，“太阳神”耗费巨资开发出来的20多个产品都无法在市场上站稳脚跟，使企业一再错失发展良机。

2．缩减策略

从产品组合中剔除那些疲软的产品线或产品项目，集中力量，经营获利多的产品线和产品项目。一般是在市场不景气或原材料、能源供应紧张时考虑的策略。缩减策略能集中企业的资源、技术等优势，对少数产品的品质加以改进，以提高这些产品的市场销售额；有助于剔除获利小的产品，减少资金占用，加快资金周转，提高经济效益。但这种策略也有一定风险性，即产品的品种不宜太少，一旦生产经营的产品在市场上失利，企业将遭受严重损失。

同步案例

第二次世界大战后初期阶段，日本的尼西奇公司还是一个生产雨衣、游泳帽、玩具、尿布等各种橡胶制品的综合型小企业，只有30多人，企业订货不足，经营不稳，经济效益较差。为了生存和发展，该公司通过市场调查和预测，根据日本第二次世界大战后婴儿出生率高的情况，决定放弃其他产品生产，专门生产经营婴儿尿布，产品销往世界70多个国家和地区。

3．产品延伸策略

产品线是产品组合的基础，实现产品组合的最佳化，离不开产品线的决策。每一个企业的产品都有其特定的市场定位。产品延伸策略指全部或部分地改变公司原有产品的市场定位，在原有档次的基础上向上、向下或双向延伸，主要包括下列三种策略：

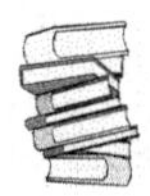

（1）向上延伸策略。其是指企业原来生产中档或低档产品，新近推出了高档的同类产品。这种策略的主要特点是：能完善产品线，满足不同层次消费者的需要；可以获取更丰厚的利润，有效提升企业形象。但同时要求企业原有的声誉比较高，并且具有向上延伸的经营实力。

（2）向下延伸策略。其是指企业在原有生产高档或中档产品的基础上，再生产低档的同类产品。这种策略可以反击竞争对手的进攻，弥补中低档产品的空缺；有效防止竞争对手乘虚而入。但也会给人一种“走下坡路”的不良印象。为此，企业应权衡利弊后再做出决策。

同步案例

美国派克公司是钢笔的发明者，派克品牌也形成了“超凡脱俗、卓然出众”的内涵个性，特别是 1962 年，派克公司获准成为英国皇室书写用具和墨水的独家供应商，派克钢笔成为伊丽莎白二世的御用笔，这件事更使派克金笔身价倍增，成为一种高贵身份的象征。1982 年，派克公司新任总经理詹姆斯·彼得森上任后，为了扩大市场份额，做出了一项致命的错误决策：全力生产定位于 3 美元以下的中低档钢笔。结果派克公司虽然投入不少，不但没有顺利打入低档笔市场，反而使其高档笔的市场份额下降了 17%。而竞争对手克罗斯公司的产品当时市场份额已经达到 50%，一跃成为美国制笔业的领袖品牌，派克公司高档金笔的霸主地位被取而代之。1986 年 2 月，派克公司被英国一家公司以 1 亿美元的价格收购。

（3）双向延伸策略。其是指原来生产中档产品的企业同时扩大生产高档和低档的同类产品。采用这种策略的企业主要是为了扩大产品的市场份额，增强企业的竞争能力。但要注意，只有在原有的中档产品已经取得市场优势，而且有足够资源和能力时，才可以进行双向延伸。

6.1.2　产品市场生命周期

一、产品市场生命周期的概念

产品市场生命周期是指产品从进入市场到退出市场所经历的市场生命循环过程。产品经过研发、试销，然后被推入市场，它的生命周期才算开始，产品退出市场，标志着其生命周期的结束。在市场经营过程中，任何产品都有一个产生、发展和被淘汰的过程。产品市场生命周期包括导入期、成长期、成熟期、衰退期四个阶段，一般是以企业的销售额和利润额的变化来衡量，见图 6－2。

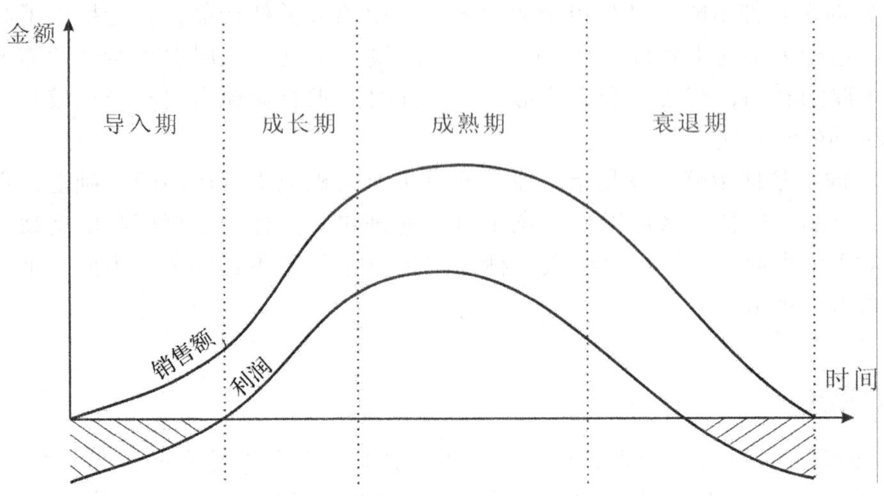

图 6－2　产品市场生命周期图

产品市场生命周期的四个阶段，只是一种典型化的描述。由于各种产品自身的特点不同，产品市场生命周期各阶段的时间长短也不同。有些产品如时装，整个市场寿命周期可能只有几个月，有些产品的市场生命周期则可能长达几十年甚至数百年，经久不衰。此外，各种产品也不一定都经历了市场生命周期的四个阶段，有的产品可能刚进入市场不久就被淘汰，成为短命产品；有的产品可能一进入市场就销售看旺，属于直接进入成长期。但一般来讲，大多数产品都会“衰老”，直到退出市场。

产品的市场生命和使用寿命是两个不同的概念。市场生命指的是产品在市场上经销时间的长短，它受消费者的需求特点及收入水平、生产者的技术水平等因素的制约，因此又称其为经济寿命。使用寿命主要指产品的耐用程度，受自然属性的制约，因此又称为自然寿命。从市场发展趋势看，产品的市场生命周期正在日益缩短，有的产品甚至可以用“日新月异”来形容。

二、产品市场生命周期各阶段的特点及营销策略

1．导入期

由于新产品初次进入市场，生产批量较小，技术还不熟练，次品率高，总生产成本比较高；消费者对产品不了解，需要投入大量的广告促销费用；因此企业往往无利可赚，甚至还会亏损。在这一阶段，企业的营销策略应放在“准”字上，即看准市场机会，正确选择新产品上市的最佳时机；看准市场行情，确定合适的上市价格；看准市场需求特点，选择合适的分销渠道和有效的促销手段，尽早打开销售局面。企业的营销重点主要集中在价格和促销方面，有四种营销策略可供选择：

（1）高价高促销策略。实行高价策略，同时配合大规模的促销活动，先声夺人，占领市场。采取这种策略必须有一定的市场环境，如大多数潜在消费者还不了解这种新产品；已经了解这种新产品的人急于求购，并且愿意按价购买；企业面临潜在的竞争威胁大。

（2）高价低促销策略。以高价格、低促销费用的形式进行经营，以求获得更多利

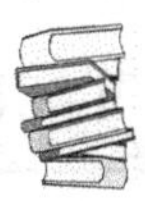

润。这种策略可以在市场规模比较小、市场上大多数的消费者已熟悉该新产品、购买者愿意出高价、市场容量相对有限、潜在竞争威胁不大的市场环境下使用。

同步案例

2010 年，宝马公司成功销售了超过 146 万辆轿车，增幅达 13.6%，在中国销售超过 16.8 万辆，增幅更是高达 84%。2010 年宝马集团销售收入达 604.77 亿欧元，税前利润跃至 48.36 亿欧元，全年净利润为 32.34 亿欧元。高档次意味着“高附加值”，宝马的产品在设计美学、动感和动力性能、技术含量和整体品质等方面拥有出色的表现，因此集团希望以较高的单车利润率而非庞大的销量来实现利润的稳步增长。

（3）低价高促销策略。实行低价格、高促销费用的策略，迅速打入市场，取得尽可能高的市场占有率。在市场容量很大，消费者对产品不熟悉，但对价格非常敏感，潜在竞争激烈的情况下，适于商品的单位成本可以因大批量生产而降低的企业采用。

（4）低价低促销策略。以低价格、低促销费用来推出新产品。这种策略适用于市场潜在需求量很大，消费者熟悉这种产品但对价格反应敏感，并且存在潜在竞争者的市场环境。

以上四种营销策略并非只能选择一种，企业可以从整个生命周期阶段的不同特点及总体战略角度去考虑，灵活地交替运用。

2. 成长期

经过导入期阶段，消费者对产品已有所认识和了解，形成了一定的市场需求，销量迅速上升。同时，由于产品基本定型，大批量的生产能力已经形成，生产成本会因销量的大幅提高而降低，利润开始增加，产品的销售呈现出光明的前景。企业为了保持较快的增长率和较大的市场占有率，应充分利用产品的黄金时光，全力以赴地发展生产，改进技术性能，提高产品质量，使产品迅速成为“拳头”产品。可以采用的营销策略有：

（1）改进产品。从产品的质量、性能、式样、包装等加以改进，以对抗竞争产品，扩大产品的用途，巩固自己的竞争地位。

（2）加强企业与产品的品牌地位。广告策略的目标应由建立产品知名度逐步转向树立商品品牌的信赖度，增强宣传产品的特色，使其在消费者心目中与众不同。

（3）调整产品价格。在适当的时候降低价格或采取打折的形式，以吸引更多的消费者购买，不断扩大产品的市场占有率。

3. 成熟期

企业产品已在市场上确立了自己的地位，销量逐渐达到高峰，市场需求也趋向饱和。利润增加到一定程度，开始趋于下降。许多同类产品和替代品进入市场，使消费者对商品的质量、花色、品种等的选择余地更大，企业纷纷开始降价。

进入成熟期的产品，情况较为复杂，企业应从自身和产品的经营状况综合考虑。对于实力不够雄厚，但产品具有一定优势的企业，可采取防守型策略，即通过实行优惠价格、优质服务等，尽可能长期地维持现有市场。对于无力竞争的产品，也可采用撤退型策略，转产其他的新产品。如果企业实力雄厚，则应采取积极的进攻策略，通过挖掘企业潜力，开发新产品，寻求新市场，促使产品生命周期出现再循环，以加强竞争地位。具体的营销策略有：

（1）扩大市场销售量。途径有两个：一是争取尚未使用过本产品的顾客，通过改进产品，激发消费者的购买兴趣；二是开展各种优惠活动，如买一送一、以旧换新、打折等形式，提高消费者的购买频率。

（2）改良产品。通过开发新产品，如改变产品的外形或包装，提高产品的性能和质量，向消费者提供更完善的服务或增加外延利益，增加花色、品种等，使顾客对产品产生新鲜感，以扩大购买量。

（3）调整营销组合策略。随着产品生命周期的变化及企业外部竞争环境的变化，企业的营销组合策略也应随之调整。如降低价格、开辟多种销售渠道、增加销售网点、强化服务、采用新的广告宣传方式等。此外，还要抓紧换代新产品的研制工作，一旦老产品一蹶不振，马上应有新产品推出。

同步案例

美国杜邦公司所生产的尼龙原来用于制造降落伞、绳索等，主要用户是军队。第二次世界大战后，军用产品减少，销量下降。企业转入民用市场，用于生产针织品类，尤其是袜类。开始生意甚为兴隆，但没过几年，销量再次呈现出下降趋势，公司便采用以下策略：一是频加使用，以高昂的宣传成本强调社交必须穿袜子，促使顾客多购买；二是增加花色，首先推出淡色丝袜，作为时髦标志的装饰，后来又推出带有花纹的高级丝袜，使丝袜由附属品变为时尚品，且花样翻新，使人觉得年年都有新花样可买；三是创造新顾客，宣传不同年龄的女性都要在正式场合穿着丝袜；四是寻求新用途，如把尼龙用于轮胎里的帘子布生产，以开拓新市场。随着尼龙产品不断开发出新的用途来，尼龙产品的需求量不但没减少，反而增加，使尼龙产品在市场上的寿命得以延长。

4．衰退期

此时，替代品大量进入市场，消费者对老产品的忠诚度下降；产品销售量大幅度下降，价格下滑，利润剧减；竞争者纷纷退出市场等。针对处于衰退期的产品，通常有以下几种策略可供选择：一是继续策略，仍按照原来的细分市场，使用相同的分销渠道、定价及促销方式，直到这种产品完全退出市场为止；二是集中策略，把企业能力和资源集中在最有利的细分市场和分销渠道上，尽量减少促销费用，以维持原有的利润水平；三是放弃策略，如立即停止生产或采取逐步放弃的方式。

6.1.3　新产品开发策略

随着科学技术的发展，人们的生活水平不断提高、消费观念日新月异，促使产品的生命周期趋于缩短，市场竞争日益激烈。产品生命周期理论告诉我们：企业得以生存和发展的关键在于不断地开发新产品，创新是企业永葆青春的唯一途径。持续开发

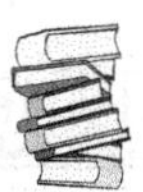

新产品，能使企业在某些产品面临衰退时，另一些新产品已进入成长期；当有的产品处于成熟期时，另一些产品已向市场推进，这样才能使企业的总利润始终保持稳步上升的势头。

同步案例

产品创新具有丰富的内涵，它既包括新产品的发明，也包括产品质量的提高、性能的改进和成本的降低等。Mattel公司的产品——芭比娃娃已经40多岁了，从年龄上说该是“阿姨”了，但为什么她还如此受全球小朋友的宠爱呢？这是因为她不断创新的缘故——20世纪50年代，芭比是个广交朋友、能说会道的小女孩；60年代，芭比细眉轻弯，平民化突出；70年代，有不同肤色的芭比；80年代，黑色的芭比十分可爱，而且有不同的职业装；90年代，芭比飞指敲击键盘，灵性十足；现在，孩子们可以在网站上设计出更新潮的、各具特色的芭比娃娃，而且还会赋予她一个非常特别的性格。

一、新产品的概念

市场营销学中的新产品不仅仅是指用新技术、新材料、新工艺制作的全新产品，而且还包括改变整体产品中的任何一部分所提供的改良产品，甚至是老产品发现了新用途、进入了新市场，或者是消费者认为是新的、能从中获得新满足的产品。因此，新产品是指与旧产品相比，具有新功能、新结构或新用途，能在某些方面满足顾客新需求的产品。大体上可分成下列四种：

1．全新产品

全新产品是指采用新原理、新材料及新技术等研制出的前所未有的新产品。它往往预示着科学技术在发展历史上又有了新的突破。例如，电话、飞机、复印机、真空管、尼龙、电子计算机、盘尼西林等。但研制出这样的新产品往往要耗费大量的时间、精力和财力，企业承担的市场风险较大。调查表明，全新产品仅占各类新产品总数的10%。

2．换代新产品

换代新产品又称为部分新产品，是指在原有产品的基础上，部分采用新技术、新材料制成的，在性能或品质上有了新突破的产品。例如，洗衣机从单缸发展到双缸、全自动洗衣机等。

3．改进新产品

改进新产品又称为形式改良新产品，主要指在产品的材料、结构、造型、颜色、规格、包装等方面有所改进，在保持原产品功能的基础上，使其在用途、品质方面又有新的发展。如带过滤嘴的纸烟、加碘盐、新款服装等。与换代产品比较，改进产品受技术限制较小，成本较低，便于市场推广。

4．仿制新产品

仿制新产品又称为本企业的新产品，是指对国际或国内市场上已经出现的产品进行引进或模仿，研制生产出的产品。例如，通过引进国外汽车生产线，制造和销售国外知名品牌的汽车。从市场竞争和企业营销的角度来看，仿制也有其积极的意义。一方面可以借鉴别人的研发技术，提高本企业的生产技术；另一方面，可以扩大市场供应量，压缩生产成本，降低价格，有利于维护消费者利益。

二、开发新产品的意义

随着科技的发展进步，消费者生活水平不断提高，人们的需求开始趋向多样化。企业一方面要加快产品的更新换代，另一方面还要在短期内迅速收回研制新产品的投资额，因此，重视开发新产品对企业有重大意义。具体表现在：

1．随着人们消费观念的改变，对新产品的接受能力日益增强

在激烈的市场竞争中，消费者需求不断变化，技术日新月异，产品的生命周期日益缩短。据统计，19 世纪 20 年代以前，一项新产品从推入市场到畅销平均大约需要 34 年的时间，如电话从上市到推广普及经历了大约 56 年；20 世纪 40 年代开发出的新产品，如电视机、洗衣机，从上市到推广普及平均只用了 8 年时间；进入 20 世纪 80 年代以后，一件新产品的畅销只用了平均不足 3 年的时间。

2．及时推出新产品成为企业在竞争中始终保持优势地位的关键所在

由于市场竞争的加剧，为了争夺顾客，占领市场，每个企业都竞相在产品的包装、维修、服务、广告等方面下工夫，以保持优势。但竞争最终使企业之间所提供的产品几乎相差不大，唯有及时地推陈出新，通过专利等手段保护新产品，才能使企业以新取胜，长期获取稳定的利润。

三、开发新产品的程序

美国一家著名的市场研究机构，对 80 家公司的新产品开发资料进行了研究，发现平均有 40 件新产品的设想，只有一件新产品获得了成功。因此，开发新产品必须严格遵循开发程序，层层把关和筛选，才能将风险性降低到最小限度。

1．构思阶段

开发新产品的第一个步骤，是根据企业自身的条件及计划目标，提出广泛的关于新产品的构想。构思是创造性思维，即对新产品进行设想或创意的过程。缺乏好的新产品构思已成为许多行业新产品开发的瓶颈。一个好的新产品构思是新产品开发成功的关键。新产品构思创意的主要来源有：顾客、科研人员、竞争对手、企业推销人员和经销商、企业高层管理人员、市场研究公司、广告代理商等。除了以上几种来源外，企业还可以从大学、咨询公司、同行业的团体协会、有关的传播媒介那里寻求有用的新产品创意。一般来说，企业主要是依靠激发内部人员的热情寻求创意。通过建立各种激励性制度，对提出创意的职工给予奖励，而且高层人员应对这种活动表现出充分的重视和关心。

（1）顾客。顾客的需求是企业活动的起点，企业要对消费者进行调查，了解消费者对现有产品的意见，或者对创新产品提出的愿望。

（2）科研人员。新产品的发明与创造主要依靠科研人员的攻关。因此，科研人员

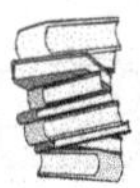

的每一个新的设想都有可能孕育着一件新产品。

（3）竞争对手。通过与竞争对手产品的对比，可以有效地分析出产品存在的缺陷，以便进一步改进和完善。

（4）销售者。这里既包括经销商，也包括企业内部的营销人员。由于他们直接接触目标顾客，比较熟悉行业内产品的市场发展趋势，往往能提供出有价值的新产品构思。

同步案例

成功的新产品开发来自市场调查。为此，宝洁公司建立了一支专业调查队伍，他们的足迹遍及全国城乡。调查人员深入普通百姓家庭，与消费者同吃、同住，观察他们的生活习惯，看他们如何洗衣服、如何刷牙、如何洗头、如何给孩子换尿布。10年来，他们用这种办法，与数十万计的消费者进行了接触。他们的调研方式还包括定量样本研究、定性效果分析、举办消费者座谈会、入户访问、商店调查等。在深入调查研究的基础上，宝洁公司推出了调整配方后的沙宣洗发液，增加了其中的保湿成分，以体现东方人发质的自然柔韧；推出了洁花田七人参当归洗发精，以适应中国人崇尚天然植物洗发水的消费习惯；推出了结合中医理论、含有中草药配方的佳洁士多合一牙膏。这些产品上市后，能够受到老百姓的喜爱是自然的。

为了使产品过硬，产品开发出来后，还要把新产品与市场上的其他产品用同一标志分两组进行盲测，一组是宝洁的产品，另一组是宝洁以外的市场上流行的几种品牌。进行盲测的目的主要是便于企业自身考察。如果通过盲测发现产品本身是好的，还需作进一步的市场调查研究，以了解该产品能否带来经济效益。

2. 评价与筛选

好的构思对于开发新产品十分重要，但并非所有好的构思都要付诸实施，这要根据企业的经营能力和营销目标进行评价与筛选，一般从以下几方面考察：

（1）产品自身因素。如功能如何、对顾客是否具有吸引力、是否具备竞争优势。

（2）企业因素。如技术能力、生产能力、市场营销能力。

（3）外部环境因素。如竞争状况、物料供应商的配合、政府的相关政策。

（4）企业战略目标因素。如资金储备、投资规模、企业中长期战略。

在筛选过程中，应避免两种失误：一是误舍。如有的产品本来有很大的开发前景，能给企业带来意想不到的效益。但决策人员看不到这一点，造成舍弃。二是误用。过于宽松的筛选，常使不良的构思付诸开发，造成失败。进行有效的筛选，应该全面分析影响产品成败的因素，慎重选择。

3. 产品概念的开发与测试

新产品构思只是为新产品开发指明了方向，必须把新产品构思转化为新产品概念才能真正指导新产品的开发。新产品概念是企业从消费者的角度对产品构思进行的详尽描述。即将新产品构思具体化，任何一种产品构思都可能转化为几种产品概念。企业还要根据市场调查情况和同类产品的竞争程度，确定企业准备开发的产品概念。尤其是要测试消费者对新产品的渴求程度，让顾客判断产品概念是否有发展的可能性。

4．商业分析

商业分析的主要内容是对新产品概念进行财务方面的分析，即估计销售量、成本和利润，判断其是否符合企业开发新产品的目标，以此判断投产后新产品成功的可能性。商业分析的方法有很多，常用的有：盈亏平衡分析法（量、本、利分析法）、投资回收期法、投资报酬率（资金利润率）法、净现值法、内部收益率法等。

5．开发试制

新产品实体开发主要解决产品概念能否转化为在技术上和商业上可行的产品这一问题。它是通过对新产品实体的设计、试制、测试和鉴定来完成的。新产品的开发研制主要由企业的科研部门和生产部门共同完成。同时企业的最高管理层与营销部门也要协同参与，把握好开发试制的进程，以提供各种有用的信息，使新产品的开发试制工作顺利进行。实物样品做好之后，还要经过一连串的测试和鉴定，以确定产品使用的安全和有效性。

6．市场试销

市场试销就是测试消费者对企业推出新产品所表现出的各种态度反应。既可以是针对产品的性能、质量、价格方面的试销；也可以是针对分销渠道、广告促销方面的试销。企业试销时必须作出如下决策：试销市场的范围大小，选择在什么地区进行，试销期限长短，试销中要收集到哪些资料，试销后如何改进等。同时，还要严密观察试销过程中试用率和重购率的变化，及时调整企业的营销策略。见表 6－1。

表 6－1　试销中的购买变化结果对比

首次购买人次	重复购买人次	结　　论
高	高	为成功产品，应抓紧时机上市
高	低	产品还需在质量、性能等方面改进
低	高	要加强广告促销、扩大影响面
低	低	为失败产品

当然，并非任何产品都要进行市场试销，有的产品就可直接推入市场。如价格昂贵的特殊品及高档消费品；购买量不大的工业品；容易泄露信息，极易被对手利用，加以仿制的产品等。所以，有的企业为了避免同行抢占市场，往往把精力集中到产品概念开发与测试阶段，以回避市场试销这一阶段的市场风险。

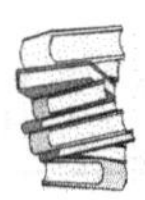

同步案例

美国的艾尔维克公司在试销新研制出的洗涤液时，曾就选出的四个城市分别运用了不同的推销方式：一是普遍广告，挨户赠送样品；二是大量做广告与散发样品；三是普遍广告，部分邮寄可换取样品的赠送券；四是普遍广告，不赠送样品。经过试销发现，第三种试销方式效果最好。1978年该公司在试销“毯新”地毯清洁粉时，与其展开竞争的莱·恩——芬克公司已经注意到这种清洁粉试销效果很好，立即组织力量仿制，并抢先占领市场，短短七个月内，产品就遍及全国，迫使“毯新”清洁粉自行退出市场。

7. 正式上市

新产品经过试销过程，企业应根据收集到的顾客意见，进一步提高产品质量，及时调整某些营销组合方案，然后，开始大批量生产，以投放市场。

6.1.4　品牌及包装策略

品牌策略作为产品策略的一个重要组成部分，直接关系到企业知名度和信誉的建立与维护，在企业营销策略中占着举足轻重的地位。

一、品牌的含义及相关术语

美国市场营销协会对品牌的定义如下：品牌是一种名称、术语、标记、符号或设计，或是它们的组合运用，其目的是用于识别某个销售者或某群销售者的产品或劳务，并使之同竞争对手的产品和劳务区别开来。通常由文字、标记、符号、图案、颜色等要素组合构成。品牌作为一个集合概念，又包括品牌名称、品牌标志和商标。

品牌名称是指品牌中可以用语言称呼的部分。如“奔驰”、“可口可乐”、“海尔”、“老板”等，都是著名的品牌名称。品牌标志是指品牌中可以被识别，但不能用语言称呼的部分，如符号、标记、设计、图案等。商标是指企业在国家商标局登记注册后依法享有对某个“品牌名称”和“品牌标志”的专用权部分。这种专用权受到法律保护，其他任何组织不经商标权人许可不得仿效使用。商标具有区域性、时间性和独占性特点。作为企业一项重要的无形资产，经过注册登记的商标标记为“TM”或“R”。

随着商品形态和价值内涵的不断发展和进化，作为商品表征的品牌内涵也越来越丰富。科特勒在《营销管理》中归纳了品牌具有的六层内涵：

第一，属性。一个品牌首先代表着商品某种特定的属性。例如“海尔”代表产品的质量可靠、服务上乘，“一流的产品，完善的服务”奠定了海尔成为中国家电第一品牌的基础。

第二，利益。属性需要转换成功能和情感利益才能更有效地传达给消费者。如“高露洁”牙膏根据产品带给消费者的某项特殊利益定位，突出了“没有蛀牙”的功效。

第三，价值。品牌能提供一定的价值。品牌价值包括产品价值和认知价值。产品价值体现在核心产品的功能、效用上。认知价值是在产品价值的基础上衍生的、满足消费者心理需求的品牌文化价值。例如，在奔驰汽车客户的心目中，奔驰不仅仅是交通工具，更多体现的则是地位和能力的象征。

第四，文化。品牌往往附加和象征了一种文化，“可口可乐”、“舒肤佳”把消费者在使用这种产品所期待产生的心理和生理感受作为品牌命名的起点，使品牌具有明确而有力的定位营销力量。

第五，个性。品牌还能代表一定的个性，“娃哈哈”这个品牌向消费者传达了一种祝福和愿望，正是这种消费的情感效应，再结合儿童的天性，使之成为品牌命名的核心。

第六，使用者。品牌还体现了购买或使用这种产品的是哪一类消费者，这一类消费者也代表一定的文化、个性，这对于公司细分市场、市场定位有很大帮助。

同步案例

保时捷（Porsche）是德国的一个顶级跑车品牌，享誉世界。在消费者心中，保时捷就代表着6汽缸、引擎后置的911系列跑车，这种清晰的定位曾经使保时捷深受消费者追捧。然而，为了进一步扩大市场份额，保时捷也进行品牌延伸，二十世纪70年代及80年代，保时捷尝试进军小车市场，先后与大众汽车、奥迪汽车联合推出了引擎中置的914及引擎前置的924，结果这两款车型都未被消费者接受而夭折。1978年，保时捷又退出引擎前置、V－8动力的928车型，最后也挥泪推出。其实，保时捷引擎后置的911系列跑车已深入人心，对于保时捷的爱好者来说，其他类型的汽车都不是真正的保时捷。

所以，品牌是个复杂的符号。营销人员必须注重挖掘品牌特性的深度层次。购买者更重视品牌利益而不是属性，一个品牌不单单是一种名称、标记、符号或其设计组合，更重要的是品牌所传递的价值、文化和个性，它们共同构成了品牌的实质。

二、品牌的作用

随着商品经济的发展，品牌在现代营销中的作用也越来越大。不但经营者注重品牌，而且消费者在很大程度上购买的不仅仅是商品，更重要的是消费品牌。品牌作为形式产品中的一个重要组成部分，在企业的营销活动中有着举足轻重的地位。

（1）识别商品的出处。市场上有众多的同类产品，顾客在选购时，往往是依据不同的品牌加以区别。一个构思新颖、美观大方的品牌，往往给人留下深刻的印象，便于消费者选购。

（2）宣传推广商品，促进商品销售。依附于商品实体的品牌是宣传推广的重要媒体，品牌作为企业形象与信誉的代言者，往往使人们联想到商品的生产者、产品质量与特色，从而刺激消费者产生购买欲望。优秀的品牌往往享有很高的知名度和忠诚度，有助于消费者建立品牌偏好。

（3）保证和监督商品的质量。对于陌生的事物，消费者不会轻易去冒险。对于品牌和非品牌的产品，消费者更愿意选择的是品牌的产品。这时，品牌给消费者的另一种信心、一个保证。例如，宝洁公司的洗涤用品在消费者眼中就是质量的保证，人们

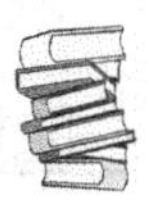

在购买和使用时会感到安心、舒心、放心。因此，无论是创立品牌还是维护品牌，品牌都是公众监督产品质量的重要手段。

（4）品牌设计就是企业的身价，可以为企业累积资产。商标作为品牌的一个组成部分，送交商标管理部门经过登记注册后将受到法律保护。商标作为一种知识产权，是企业的无形资产，世界驰名商标更是企业的无形财富。随着企业所投入的宣传成本日积月累，品牌价值还会因产品过硬的质量、不断创新的品种或者一流的服务不断升值。美国“可口可乐”1967 年的品牌价值是 30 亿美元，目前其品牌价值已达 670 多亿美元，成为全球最有价值的品牌之一。

（5）成为企业竞争的锐利武器。在市场竞争中，产品的差异性所表现出来的任何优势都有可能被同行企业超越，但企业借助品牌优势进行市场定位，以“第一品牌”的良好形象让消费者先入为主往往是竞争对手无法超越的。古人云，兵马未动，粮草先行。商标对于企业来说，就像出征打仗时的粮草。品牌从表面上来看往往表现为注册商标，其实背后需要一个强大的支撑系统，通过产品、服务、广告、品牌文化等多元素的综合渗透，才能提升品牌知名度和美誉度。

三、品牌策略及其选择

品牌策略是企业产品策略的重要组成部分，为了使品牌在市场营销中更好地发挥作用，必须采取适当的品牌策略，企业可以选择的策略有：

1．品牌化决策

企业推出一种新产品，首先要决定是否使用品牌。如果使用品牌，必然涉及为其产品设立品牌名称、品牌标志，并向有关机构注册登记取得商标专用权的业务活动。在经济欠发达时期，市场上的许多产品并不使用品牌，生产者和中间商直接从桶、箱子等容器内取出销售。随着商品经济的发展，商品供应不断丰富，品牌使用日益普遍。但是，目前仍有一些未经加工的原料产品、固定规格标准或一次性销售的产品，企业考虑到节省成本而不使用商标。

同步案例

20 世纪 90 年代，我国厨房餐桌上的食品和调味品大多是有品类无品牌。由于消费者认知和购买习惯等原因，市场上很少出现主导品牌。而今被食品业称为“隐形富豪”的海天酱油，从一个地方酱油生产小厂发展成今天海天酱油、海天蚝油、海天黄豆酱、海天鸡精等大类为主打的 200 多个规格品种的调味品王国，销量每年以 20% 的增长速度上升，2009 年销售额就达到 60 亿元。相对调味品 1 500 亿元销售额这个整体市场，竞争对手仍有巨大的空间。中国调味品行业是中国公认的为数不多的未完成市场整合的行业。

2．品牌归属策略

一旦决定使用品牌，就要明确使用谁的品牌。产品在品牌归属上有以下几种选择：

（1）制造者品牌。生产者根据商标的价值、声誉及拥有后将付出的代价，决定将全部产品置于制造者品牌之下，而且产品的质量、设计、特性等都是由制造商确定。当品牌有较高的威望后，不仅消费者乐于购买，中间商也乐于销售。

（2）中间商品牌。企业把产品销售给中间商，通过使用中间商品牌转卖产品。近年来，西方国家许多享有盛誉的百货公司、超级市场、服装商店等都使用自己的品牌，甚至强有力的批发商中也有许多使用自己的品牌，以增强对价格、供货时间等方面的控制能力。

同步案例

耐克作为知名度很高的全球运动品牌，2009 年销售额近 197 亿美元，跻身《财富》500 强行列，并被誉为近 20 年来最成功的消费品公司之一。耐克作为一个不折不扣的中间商品牌，自己并不生产耐克鞋，而是在全世界寻找条件最好的生产商贴牌生产，因此耐克规避了制造业的风险，专心于产品的研究与开发，大大缩短了产品的生命周期，快速推出新款式。

（3）混合品牌。即一部分产品使用制造商的品牌，另一部分产品使用中间商的品牌。这种策略比较适合于资金力量薄弱、营销经验不足的生产企业。生产者可以集中精力抓产品设计和生产，等待实力雄厚时再拓展制造商品牌。而且，借助品牌声誉好的销售者经销自己的产品，也有利于扩大产品销量。

现代市场经济条件下，制造商品牌和经销商品牌之间经常展开激烈的竞争，实质上是制造商与经销商之间实力的较量。当制造商具有良好的市场声誉，拥有较大市场份额的情况下，无力经营自己品牌的经销商只能接受制造商品牌。相反，当经销商品牌在某一市场领域中拥有良好的品牌信誉及庞大、完善的销售体系时，利用经销商品牌也是有利的。因此，进行品牌决策时，要结合具体情况，充分考虑制造商与经销商的实力对比。

同步案例

品牌授权又称品牌许可，是指授权者将自己所拥有或代理的商标或品牌等，以合同的形式授予被授权者使用，并收取相应的使用费用。在迪斯尼公司的米老鼠形象刚刚出名时，一位家具制造商就找上门来要求将米老鼠的形象印在写字台上，代价是支付给迪斯尼 300 美元。这笔钱成为迪斯尼公司的第一笔品牌授权金。今天，主题公园、电视、电影及各类商品支撑起了迪士尼的品牌价值，迪斯尼在全球已拥有 4 000 多家品牌授权企业，其产品包括了从最普通的圆珠笔，到价值 2 万美元一块的手表。在中国，也已经有 170 多家公司取得了迪士尼的品牌授权。如爱国者 MP3 上的米老鼠造型、三枪儿童内衣胸前的小熊维尼、儿童家具用品上的灰姑娘，都需要取得迪士尼的品牌授权并缴纳授权费才能使用。

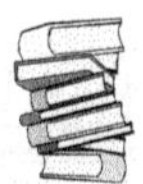

3．家族品牌策略

企业一旦决定使用自己的品牌，还要决定其产品是分别选用不同的品牌名称，还是使用同一个或几个品牌名称，具体包括：

（1）统一品牌策略。企业对所生产的不同产品及品种，均使用同样的品牌。采用这种策略的好处在于能减少品牌的设计和广告费用，迅速建立“企业识别系统”，并使新产品在市场上尽快站稳脚跟，壮大企业产品声势，提高品牌知名度。不过，只有当家族品牌已在市场享有盛誉，而且各种产品有相同的质量水平时，该策略才能行之有效。否则，一种产品出现质量问题将会危及到整个企业的信誉。

同步案例

苹果公司是全球最赚钱的公司之一，目前苹果手机的利润大约占全球手机利润的39%，而销量排名前三名的诺基亚、三星和LG的利润之和仅占32%。苹果公司的各类产品和服务已涵盖了手机、计算机、平板电脑、数字音乐播放器和数字媒体发行等领域，但风靡世界的苹果产品绝大多数不是苹果生产的，而是由众多的台湾IT企业为苹果代工。仅2010年鸿海集团共计为苹果代工了约4 000万部iPhone手机、近1 500万台iPad平板电脑。而台资代工企业的主要生产基地都设在大陆，比如珠三角、长三角，乃至内地的重庆、成都和郑州，累计雇佣上百万劳工，涉及上千亿元人民币的工业产值。苹果公司凭借强大的创新能力和品牌形象，获得了整个产业链收益的50%以上，它甚至将部分技术设计都进行外包。苹果公司的掌舵人乔布斯甚至宣称“一个人，一张桌子，一台电脑，就能改变世界”。

（2）个别品牌策略。企业决定每个产品分别使用不同的品牌，为每种产品寻求不同的市场定位，有利于增加销售额和对抗竞争对手，还可以分散风险，使企业的整个声誉不致因某种产品表现不佳而受到影响。

（3）将企业名称与个别品牌相结合。对所有产品使用共同的家族品牌名称，即在企业各种产品的个别品牌名称之前冠以企业名称，不仅使产品系列正统化，享受企业已有的品牌信誉；而且个别品牌又可使产品各具特色。如通用汽车公司生产的各种小轿车分别使用“凯迪拉克”、“雪佛兰”、“庞蒂克”等品牌，而每个品牌前都另加“GM”字样，以表明是通用汽车公司产品。

4．品牌延伸策略

品牌延伸是指企业将一个现有的品牌名称使用到一种新类别的产品上。使用这种策略不但可以提高新产品的市场认知率，降低新产品的市场风险，同时还可以强化品牌效应，满足多样化需求，在一定程度上还可以有效降低顾客的感知风险，促进企业战略性的发展。实质上，品牌延伸并非只借用表面上的品牌名称，而是对整个品牌资产的策略性使用，进而实现品牌资产价值的积累与增值。随着市场经济的高速发展，品牌延伸的内涵也在不断丰富。

同步案例

金利来公司在品牌扩张时，成功地运用了产品线品牌扩张策略。金利来系列男士用品在高收入男性阶层中备受青睐，“金利来，男人的世界”这一广告词也为人们认知、认同。金利来公司的扩张是对市场做了翔实调查后，逐步推出了新的男士用品，从而实现了扩张。几年来，金利来陆续地推出了皮带、皮包、钱夹、T恤衫、西装、吊带、钥匙扣等男士服装和饰品，最近还推出了男装皮鞋，从而使“金利来，男人的世界”得到进一步体现，成功实现了企业的品牌扩张。

四、包装与包装策略

消费者步入超市时，在摆满各种琳琅满目的商品货架上，更容易被那些造型别致、色彩鲜艳的商品包装所吸引。只重视保护产品的传统包装观念已经发展到讲究包装、式样，重视产品和品牌的整体效果。在现代市场营销中，包装也成为一种重要的促销手段。

1. 包装的分类

包装是指放置产品的容器或包裹材料。产品包装一般包括两大类：

(1) 装运包装。俗称大包装或外包装，它在储运、装卸过程中直接保护商品。如纸箱、木箱、麻袋等。现代运输包装业比较重视运用新材料，包装容器也在不断创新，如将塑料泡沫垫衬材料用于容易破损商品的装运包装。装运包装上常见的标志有三种，一是识别标志，用于表示货物名称、收货人和发货人名称、目的地名称，以及件号、体积、重量、原产地等；二是指示标志，用于标明注意事项，如防潮、叠压限度、开启方向等；三是警告标志，用于表示危险性质，如有毒物品、易燃品、放射性物品等。

(2) 销售包装。俗称小包装或内包装。它既便于经营者展示陈列商品，也利于消费者识别、选购、携带和使用商品。销售包装的容器如盒、瓶、罐、桶、袋等，以及包装装饰物如吊环、丝带、衬垫等，还有装饰、美化和宣传商品的功能。销售包装标志除了指导、警告标志外，还有下列三种标志：一是解释标志，用于消除顾客心理上的疑惑，如面制品包装上标明无漂白剂等；二是激励标志，在包装上使用强烈的文字、色彩、图案，刺激消费者产生购买欲望，如标上“全新产品”、“最新包装”等字样；三是管理标志，在包装上使用条形码、绿色标志、安全认证等。

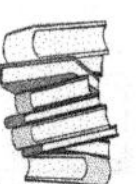

同步案例

泉州有数十家出口企业的数千个货柜报检后，在沙特海关滞留，主要原因在于部分出口纺织品的产品成分与服装吊牌所列不相符。泉州检验检疫机构的统计数字显示，2010年泉州共检出不合格产品42批，因成分标注与原材料不符的产品4批。

据了解，此前沙特海关基本不检查检测认证证书，纺织品通关较容易。因此，部分出口企业并未对产品进行检验检测，甚至在服装吊牌上随意标注成分，如把“涤纶”标注成“全棉”。而近期，沙特官方开始要求对所有进口纺织品严格进行批批检测，产品成分必须与服装吊牌所列相符，并要求企业提供有效力的检测认证证书。因此，出口企业应当加强与当地进口商的沟通，及时收集出口国的相关检测标准，并通过权威机构进行检验检测认证，以避免不必要的损失。

2. 包装设计的要求

按用途不同可以将商品包装分为装运包装与销售包装。其中装运包装的设计原则是“牢固、适用、经济”，重点在于保护商品，提高物流效益。在此我们重点谈谈商品销售包装的设计要求。

(1) 美观大方，造型新颖、别致。包装设计中尽量采用新材料、新图案、新形状，引人注目。装潢新颖独特，给人以美感的产品包装，有可能随时诱发消费者的购买欲望。但是，包装成本也要与商品的价值或质量水平相适应。不能单纯追求包装的华贵，忽视其内在产品的价值，令人感到“金玉其外，败絮其中”。

(2) 便于识别、挑选，并具有广告宣传的功效。对于需要显示产品的外形、色彩等特点，如服装、装饰品、茶具等，最好选用全透明包装、开天窗包装，或在包装外附印彩色画面。

(3) 包装上文句的设计要有利于引导消费，增强顾客的购买信心。对不同的商品应根据顾客的心理，突出不同的重点。如食品类包装上应重点说明原料成分、食用方法、风味特点等；药品类应注明功效、成分含量、服用量、禁忌及注意事项等。

(4) 包装的造型和结构应考虑使用、保管和携带的方便。如对某些液体、粉末、胶质类的商品应考虑采取自动喷射等结构。在便于使用的前提下，还要注意陈列、贮存、运输、携带上的方便。

(5) 符合相关的法律法规，包装色彩、图案以及数量设计上要符合各民族的风俗习惯和宗教信仰，不犯禁忌。此外，还要考虑各国对包装及包装材料的标准化规定，避免包装造成公害，保护生态平衡。

3. 包装策略

包装是企业促进销售的工具，优良的包装能激发消费者的购买欲望。因此，包装策略已成为产品策略中重要的组成部分。可供企业选择的包装策略主要有：

(1) 类似包装策略。企业对所生产的各种不同的产品，在包装上采用相同的图案、色彩或其他共同的特征，使顾客一看就能识别出它们都是一家企业的产品。这种包装策略的优点是：既可以扩大企业和产品的影响，使消费者迅速接受新产品，又能节省

包装设计费用。

（2）差异性包装策略。也称等级包装策略，是指企业把生产不同等级、不同品种的产品，按各自的特征，在设计上采取不同的风格、不同的色调和不同的材料进行包装。如对特级茶叶可以用听装，而对一般的茶叶则用塑料袋装。

（3）再使用包装策略。即原包装的商品用完之后，空的包装容器还有其他的利用价值。如盛装咖啡、水果罐头的瓶子可做茶杯用，装衣服的袋子做手提袋等等。这种包装策略一方面能引起用户的购买兴趣，另一方面还能使刻有品牌的容器发挥广告宣传作用。但是，这类包装成本一般较高，实际上包装已成为一种产品。

（4）配套包装策略。企业根据人们生活习惯的不同，将多种有关联的产品搭配成套，组合在一个包装物中。如把爽肤水、护肤霜、润肤露等组合为成套化妆品。这样，既方便了消费者购买，又便于携带使用。这种策略的优点是节省购买时间，一物带多物，扩大了产品的销售，但在风格设计上各产品应力求统一。

（5）附赠品包装策略。在商品的包装物内，附赠奖券或小礼品，吸引消费者重复购买，以扩大销售。如儿童市场上的玩具、糖果等，在包装内附赠连环画、识字卡或奖券等。

（6）改变包装策略。根据产品和市场上的竞争状况，不失时机地改变包装设计风格，旨在以新颖的包装吸引顾客。当一种产品的包装已使用较长时间时，也应考虑推陈出新，通过更换包装来迎合消费者的求新心理。

本节小结

产品是指人们通过购买而获得的能够满足某种需求和欲望的物品的总和。它既包括具有物质形态的产品实体，又包括非物质形态的利益。其具体可以划分为五个组合层次，即核心产品、形式产品、期望产品、延伸产品、潜在产品。

产品组合是指某一个企业在生产或销售的全部产品大类、产品项目结构或结合方式。主要通过产品组合的四个维度，即宽度、长度、深度、关联度表现出来。产品组合策略主要包括扩展策略、缩减策略和产品延伸策略。

产品市场生命周期是指产品从进入市场到退出市场所经历的市场生命循环过程，包括导入期、成长期、成熟期、衰退期四个阶段。

新产品是指与旧产品相比，具有新功能、新结构或新用途，能在某些方面满足顾客新需求的产品。新产品开发一般经历产品构思、评价与筛选、产品概念的开发与测试、商业分析、开发试制、市场试销、正式上市等七个步骤。

品牌策略是企业产品策略的重要组成部分，为了使品牌在市场营销中更好地发挥作用，必须采取适当的品牌策略，企业可以选择的策略有品牌化决策、品牌归属策略、家族品牌策略和品牌延伸策略。

包装是企业促进销售的工具，优良的包装能激发消费者的购买欲望。因此，包装策略已成为产品策略中重要的组成部分。可供企业选择的包装策略主要有类似包装策略、差异性包装策略、再使用包装策略、配套包装策略、附赠品包装策略和改变包装策略。

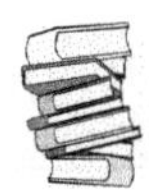

6.2　技能训练

6.2.1　基本练习

一、名词解释

1. 产品的整体概念
2. 产品组合
3. 产品线
4. 产品市场生命周期
5. 新产品
6. 换代新产品
7. 仿制新产品
8. 晚期接受者
9. 市场试销
10. 家族品牌策略
11. 品牌
12. 商标
13. 品牌延伸
14. 配套包装策略

二、不定项选择题

1. 宾馆所提供的房间包括床、浴室、毛巾、桌子、衣橱、厕所等产品，它们属于（　　）层次的产品。
   A. 核心产品　　B. 形式产品
   C. 期望产品　　D. 延伸产品
2. 一个家电企业生产 4 种电冰箱产品、8 种洗衣机产品、5 种空调产品，该企业的产品线有（　　）。
   A. 1 条　　B. 3 条
   C. 17 条　　D. 8 条
3. 可口可乐公司的老板说，如果公司一夜之间被付之一炬，他第二天就可以从国际银行贷款数十亿美元重新开始。他凭借的是（　　）。
   A. 企业形象　　B. 商标
   C. 标准色　　D. 品牌
4. 产品特色属于产品整体中的（　　）部分。
   A. 核心　　B. 附加
   C. 形式　　D. 期望
5. 下列（　　）属于形式产品。
   A. 使用价值　　B. 造型
   C. 款式　　D. 售后服务
6. 下列属于成熟期特点的是（　　）。
   A. 消费者对产品不熟悉，广告促销费较高
   B. 销售额迅速增长
   C. 市场需求趋向饱和，销售量和利润达到最高点
   D. 竞争最为激烈

三、判断题

1. 商标专用权受严格的国别限制，一经申请即可永久使用。（　　）
2. 产品生命周期是指某种产品从开始使用到消耗磨损废弃为止所经历的时间。（　　）

3. 成熟期产品的竞争最为激烈。 ( )

4. 企业的产品线越长越能更好地满足消费者多样化的需求，企业盈利就越高。 ( )

5. 品牌、商标、厂牌是同一个事物的不同表述，其含义完全一样。 ( )

6. 产品整体概念的核心层次包括了功能、质量、效用等。 ( )

7. 市场营销中的新产品就是我们从未见到过的产品。 ( )

四、简答题

1. 怎样理解产品的整体概念？对企业的营销活动有何指导意义？
2. 简述产品市场寿命周期各阶段的特点及其可供企业选择的营销策略。
3. 商标和品牌有哪些区别？我国企业如何才能走向创立和保护名牌之路？
4. 品牌策略有哪些具体分类？
5. 举例分析说明开发新产品的步骤。
6. 试对各超市的日用品和食品包装展开调查，并举例分析目前我国相关商品包装中存在哪些突出问题。

6.2.2 理论运用

案例 1

可口可乐新配方饮料的失败

20 世纪 70 年代中期以前，可口可乐占据了全美 80% 的市场份额，年销量增长速度高达 10%。然而好景不长，百事可乐的迅速崛起令可口可乐公司不得不着手应付这个饮料业“后起之秀”的挑战。

1975 年，全美饮料业市场份额中，可口可乐领先百事可乐 7 个百分点；到了 1984 年可口可乐仅仅比百事可乐领先 3 个百分点，市场地位受到严重威胁。百事可乐公司的战略意图十分明显，就是通过大量动感而时尚的广告冲击侵蚀可口可乐市场。

首先，百事可乐公司以年轻人为目标消费群，推出“百事新一代”广告系列。该广告系列以冒险、青春、理想、激情等为题材，赢得了许多青少年的钟爱，也使百事可乐树立了“年轻人的饮料”的品牌形象。

随后，百事可乐又推出一款非常大胆而富于创意的“口味测试”广告。在被测试者毫不知情的情形下，请他们对两种不带任何标志的可乐口味进行品尝。由于百事可乐口感稍甜、柔和，80% 以上的人回答是百事可乐的口感优于可口可乐。因此，这一现场直播广告中的结果令百事可乐公司非常满意；这个名为“百事挑战”的直播广告却令可口可乐一下子无力应付。市场上百事可乐的销量再一次激增。

为了迎接挑战，寻找产品销量下滑的原因，可口可乐公司推出了一项题为“堪萨斯工程”的市场调研活动。1982 年，可口可乐广泛深入到 10 个主要城市，进行了大约 2 000 次的访问。为了调查口味因素是否是可口可乐市场份额下降的重要原因，在问卷设计中，特意添加了“你想试一试新饮料吗？”、“可口可乐味变得更柔和一些，您是否满意？”等问题。同时征询顾客对新口味可乐的意见。最后调研结果表明，顾客愿意品

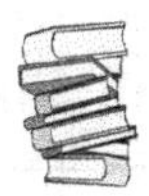

尝新口味的可乐。这一结果更加坚定了可口可乐公司的决策：长达99年的可口可乐配方已不适合今天消费者的需要了，必须着手开发新口味的可乐。

于是，可口可乐公司向世人推出了比老可乐口感更柔和、口味更甜、泡沫更少的新可口可乐样品。在推向市场之初，公司又不惜血本进行了新一轮的口味测试。先后斥资400万美元，在13个城市中邀请19.1万人参加了对无标签的新、老可乐进行口味测试的活动。结果60%的消费者认为新可乐比原来的好，52%的人认为新可乐比百事好。新可乐的受欢迎程度彻底打消了可口可乐领导者原有的顾虑。

在投入大批量生产时，由于新的生产线需要调整瓶装生产，各地的可口可乐瓶装商因追加成本而拒绝新可乐。然而公司为了争取市场，不惜又一次投入巨资帮助瓶装商们重新改装生产线。在新产品上市之初，可口可乐又大造一番广告声势。1985年4月23日，在纽约城的林肯中心举办了盛大的记者招待会，共有200多家报纸、杂志和电视台记者出席。

起初，新可乐销路不错，有1.5亿人试用了新可乐。然而，新可口可乐配方并不是每个人都能接受的，不接受的原因也并非都是口味问题，其中一个原因就是这种“变化”受到了原可口可乐老顾客的排挤。开始，可口可乐公司认为他们可能采取抵制活动并作好了应付准备，不料顾客的愤怒情绪犹如火山爆发一般难以驾驭。

顾客之所以愤怒是认为多年来秘不示人的可口可乐配方代表了一种美国精神，热爱传统配方的可口可乐就是美国精神的体现，放弃传统配方意味着一种背叛。在西雅图，一群忠诚于传统可乐的人组成“美国老可乐饮者”组织，准备发起全国范围内的“抵制新可乐运动”。在洛杉矶，有的顾客威胁说：“如果推出新可乐，将再也不买可口可乐。”即使是新可乐推广策划经理的父亲，也开始批评起这项活动。

当时，老口味的传统可口可乐则由于人们担心供应量会减少而居为奇货，价格竟在不断上涨。每天，可乐公司都会收到来自愤怒的消费者成袋的信件和1 500多个电话。为数众多的批评，使可口可乐迫于压力不得不开通83部热线电话，雇请大批公关人员温柔地安抚愤怒的顾客。

面临如此巨大的批评压力，公司决策者们不得不开始动摇当初的决定。在随后推出的顾客意向调查中，30%的人说喜欢新口味可口可乐，而60%的人却明确表态拒绝新口味产品。可口可乐公司又一次恢复了传统配方的可口可乐生产，同时也保留了新可口可乐的生产线和生产能力。

在不到3个月的时间内，尽管公司曾花费了400万美元，进行了长达2年的调查，但最终还是彻底失算了！

问题：

1. 如果你是可口可乐公司的一名营销人员，你在新可乐遭受失败之际，可以给公司提出什么样的解决方案？

2. 从新可口可乐的决策失误中你能得到哪些启示？

案例 2

宝洁公司的产品策略

宝洁公司创始于1837年，是全球最大的制造商之一，公司组成了五大产品部门：保健/美容、食品/饮料、纸类、肥皂、特殊产品（如化学品），共涉足香皂、牙膏、漱口水、洗发精，到咖啡、橙汁、土豆片，到卫生纸、化妆纸、感冒药等多种行业。经营特点：一是种类多。从香皂、牙膏、漱口水、洗发精、护发素、柔软剂、洗涤剂，到咖啡、橙汁、烘焙油、蛋糕粉、土豆片，再到卫生纸、化妆纸、卫生棉、感冒药、胃药，横跨了清洁用品、食品、纸制品、药品等多种行业；二是许多产品大都是一种产品多个牌子。以洗衣粉为例，他们推出的牌子就有“汰渍”、“洗好”、“欧喜朵”、“波特”、“世纪”等近10种品牌。在中国市场上，香皂用的是“舒肤佳”、牙膏用的是“佳洁士”，卫生巾用的是“护舒宝”，洗发水就有“飘柔”、“潘婷”、“海飞丝”等五个品牌。要问世界上哪个公司的牌子最多，恐怕是非宝洁公司莫属。该公司各类产品的平均市场占有率接近25%。宝洁公司的多品牌策略之所以获得成功主要表现在：

1. 新产品开发。宝洁公司是一个积极的产品开发者，目前，宝洁公司在世界各地建立了18个技术开发中心，公司拥有8 300多名科研人员，每年研究与开发的投入达到15亿美元，平均每年申请专利20 000项。公司每天都会邀请受试对象使用新的洗衣剂，给婴儿试用新尿布，或在脸上涂抹新的护肤霜。佳洁士就是宝洁公司花了10年的时间研究和开发的第一个有效的防蛀牙膏。

2. 产品定位。宝洁公司对于众多产品都有清晰而明确的定位。例如，佳洁士营销人员不是谈论佳洁士的组成成分，也不再谈论佳洁士的防蛀和增白功效，而是谈论它能给消费者“带来生活中健康美丽的笑容”。此外，对于消费者而言，飘柔是顺滑，海飞丝是去屑，潘婷是营养，沙宣是专业美发，伊卡露是染发。

3. 产品差异化。宝洁公司经营的多种品牌策略不是把一种产品简单地贴上几种商标，而是追求同类产品不同品牌之间的差异，包括功能、包装、宣传等诸方面，从而形成每个品牌的鲜明个性。这样，每个品牌都有自己的发展空间，市场就不会重叠。他们认为，不同的顾客希望从产品中获得的利益是不同的组合形式。有些人认为洗涤和漂洗能力最重要，有些人认为使织物柔软最重要，还有人希望洗衣粉具有气味芬芳、碱性温和的特征。于是就利用洗衣粉的9个细分市场，设计了9种不同的品牌。

4. 产品线延伸。宝洁公司经营着250个品牌，每条产品线都拥有众多品牌。比如，其家庭日用产品就包括了7种洗衣粉、6种洗衣皂、5种洗发水和4种餐具洗涤剂。仅仅佳洁士牙膏就有16种不同的规格，像佳洁士多重功效、佳洁士防蛀、佳洁士多重增白、佳洁士儿童防蛀、佳洁士苏打洁白等。

5. 品牌扩展。宝洁公司就像一个技艺高超的厨师，把洗衣粉、洗发水等看似简单的产品，加以不同的佐料，烹调出多种可口的大菜。不但从功能、价格上加以区别，还从心理上加以划分，赋予不同的品牌个性。宝洁公司经常借用其强有力的品牌名称推出新产品。因为在一个强有力的现行品牌名称下推出一种新产品，可以得到较快的认可和较多的信赖度，并减少许多广告开销。通过多品牌策略，宝洁公司占领了美国

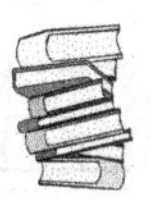

55%的洗涤剂市场，这往往是单个品牌无法达到的。

6. 制造“卖点”。宝洁公司的多品牌策略从市场细分上讲是寻找差异，而从营销组合的另一个角度看是找准了“卖点”。卖点也称“独特的销售主张”，英文缩写为USP。这是美国广告大师罗瑟·瑞夫斯提出的一个具有广泛影响的营销理论，其核心内容是：广告要根据产品的特点向消费者提出独一无二的说辞，并让消费者相信这一特点是别人没有的，或是别人没有说过的，且这些特点能为消费者带来实实在在的利益。

在这一点上，宝洁公司更是发挥得淋漓尽致。以洗发水为例，“海飞丝”的个性在于去头屑，通过设计出海蓝色的包装，首先让人联想到蔚蓝色的大海，带来清新凉爽的视觉效果，“头屑去无踪，秀发更出众”的广告语，更进一步在消费者心目中树立起“海飞丝去头屑的信念”；“潘婷”在于对头发的营养护理，通过使用杏黄色的包装，首先给人以营养丰富的视觉效果；而“飘柔”的个性则是使头发光滑柔顺，不仅从品牌命名上就让人明白了能使头发柔顺的特性，而且草绿色的包装给人以青春美的感受，结合“含丝质润发素，洗发护发一次完成，令头发飘逸柔顺”的广告语，再配以少女甩动如丝般头发的画面，更深化了消费者对“飘柔”飘逸柔顺效果的印象。

7. 品牌管理。宝洁公司是品牌管理系统的首创者。在这一系统中，一个经理负责一个品牌。该系统已被许多竞争者所仿效，但却常常不如宝洁公司那样成功。最近，宝洁公司改变了总的管理结构，使每个品牌类目都由一位负有生产数量和利润之责的类目经理负责。这种新结构并非取代品牌管理制度，但却有助于引导管理者集中到对关键消费者的需要及类目竞争者的研究上。

问题：

1. 以宝洁公司某产品为例解释产品的整体概念。

2. 宝洁的多品牌策略为什么能获得成功？

3. 宝洁公司成功实施了哪些产品策略？结合我国产品现状，谈谈给予企业哪些启示。

6.2.3　能力拓展实训

一、实训目的

学会分析和设计产品策略的综合性运用技巧。

二、实训题目

欢度中秋佳节，月饼是人们的必备佳肴。但随着人们生活水平的提高，健康状况的不断下降，以及消费者健康意识的不断加强，国内月饼市场必将顺应食品健康化的大趋势，朝着低糖、低脂、低热、低盐的健康化方向发展。甲企业经过严密的市场调查后，拟开发出一种适合老年人食用的月饼，走差异化发展的道路。请你从新产品开发到品牌名称、商标、包装标志的设计等各环节为该企业制定出一整套的产品策划方案。

三、实训方案

1. 人员：5～7 人组成小组，每个成员都有不同的分工，并以小组为单位进行实训。

2. 时间：与第 6 章教学同步展开。

3. 步骤：

（1）由指导教师介绍实训的目的和要求，调动学生实训操作的积极性。

（2）组织讨论确定新产品开发的流程和筛选标准的确定。

（3）确定品牌名称、商标图案和包装标示。

（4）研究制定产品策划方案。

（5）每个小组以 Word 文档形式提交产品策划方案，并以 PPT 形式展示。

四、实训考核

（1）组员自评：由小组成员自己评出个人成绩，参照表 1－4。

（2）组长评定：由小组长依据组员在实训过程中的贡献情况评定出所有组员的成绩，参照表 1－5。

（3）小组互评：由其他小组成员根据评价指标对展示小组的成果进行评价，参照表 1－6。

（4）指导教师评定：指导教师依据评价指标评出各小组成绩，参照表 1－6。

第 7 章　价格策略

内容框架

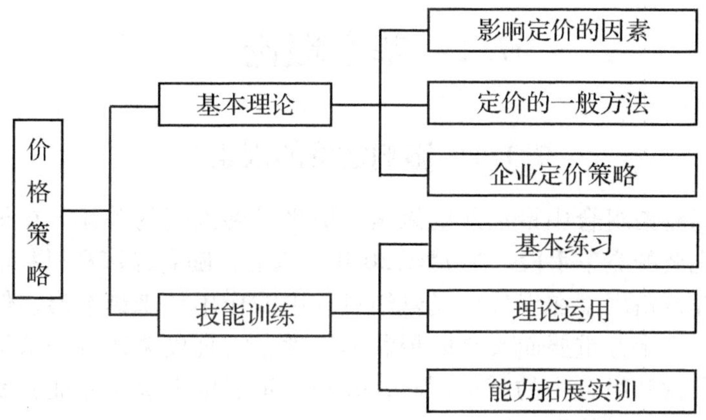

知识目标

1. 能够正确把握影响企业定价的因素和程序。
2. 了解企业定价的基本方法、基本策略和技巧。
3. 能够熟练把握企业价格调整的方式及应对价格变动的调整策略。

能力目标

能为特定企业产品进行定价，准确掌握定价技巧，制定价格策略。

案例导入

为什么会有平价药店

药品的价格在过去的竞争中并不占主要优势，消费者对药品的质量更为关注，而连锁药店因为统一规范的管理，能保证药品质量，因而得以蓬勃发展，消费者高价购药其实也是一种无奈之举（药价都这么高，没有选择余地）。但是随着国家连续 11 次对药品进行降价，媒体对“药品价格依然虚高”的热衷报道，使得消费者对药品价格变得极为敏感，并且在心里已经有了一个降价预期。而国家又不断地加大药品质量的

监控力度，价格逐渐取代了质量，成为消费者购药的首选因素。

降价，对于企业是一种十分“廉价”的市场策略，因为具有见效快，成本低，非常直接、简单的优点。而且，在药价虚高不下时，出现了平价药店，不啻平地惊雷，广告效果可想而知。

从平价药店的角度来看，自2001年年底，各地相继解冻了封停两三年的零售药店开办申请，进一步取消进入壁垒，再加上医药流通领域丰厚的利润回报，致使药店的数量急剧膨胀，竞争也随之加剧。

问题：

1. 平价药店的出现对医药行业发展有何影响？
2. 你认为我国医药用品应采取何种定价策略？

7.1　基本理论

7.1.1　影响定价的因素

价格作为市场营销组合中最活跃的因素，历来受到人们的关注。在早期的市场竞争中，价格是最主要的竞争手段。20世纪30年代以后，随着经济和科技的发展以及消费水平的提高，非价格因素在现代市场营销过程中的作用越来越突出，但价格仍然是市场营销组合中一个十分重要而又难以控制的因素。它直接关系着需求量的多少和利润的高低，影响着营销组合中的其他因素，并在一定程度上决定企业营销成败。所以价格问题是企业营销人员特别关注的问题之一。

一、企业定价目标分析

所谓定价目标，是指企业希望通过价格手段的运用而达到的预期营销效果。在企业的价格决策中，确定适当的、明确的定价目标，是价格决策的前提和首要内容，也是价格决策中选择定价方法和定价策略的主要依据。产品价格的确定必须按照企业的目标市场战略和市场定位战略的要求来进行。由于不同的市场环境和不同的企业状况，不同企业的定价目标会有所不同。例如，在成长性较好的市场上，企业可能更注重占有率的增长而暂时降低对利润的要求，采取低价渗透策略；在成长性较差的市场上，企业可能更多地考虑短期财务绩效，而采取高价撇脂策略。一般来说，企业的定价目标有以下几种。

1．以获取当前最高利润为定价目标

获取当前最高利润是指获取目前能够从市场上获取的最高利润。这几乎是所有企业的共同愿望。

追求最大利润并不等于追求最高价格。当一个企业的产品在市场上处于某种绝对优势地位时，如拥有专卖权或垄断地位等，固然可以实行高价策略获得超额利润。然而，由于存在市场竞争，所以任何企业要想在长时期内维持一个过高的价格几乎是不可能的，必然会遭到来自各方的抵制。例如，需求少、代用品加入、竞争对手增多、

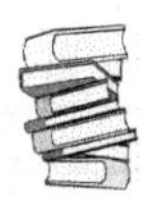

购买行为推迟，甚至会引起公众的不满而遭到政府的干预等。因此企业可把追求最大利润作为一个长期的指导思想，同时选择一个适应当前环境的短期目标来确定实际价格。

2．以提高市场占有率为定价目标

市场占有率也称市场份额，是一个企业在某一市场上出售某种产品的销售额或销售量相对该行业同一时期内该种产品在这一市场上的总销售额或销售量的比率。市场占有率是企业经营状况和产品竞争力状况的综合反映。较高的市场占有率可以保证企业产品的销路，便于掌握消费者的需求变化。所以企业一般尽量保持或提高市场占有率，并以此作为定价目标。

3．以实现预期的投资收益率为定价目标

预期的投资收益率即利润相对投资总额的比率。企业都期望所投入的资金在预期时间内分批收回。因此，定价时一般在总成本之外加上一定比例的预期盈利。在产品成本不变的情况下，价格的高低往往取决于企业确定的投资收益率的大小。如果投资收益率低于同期银行存款利率，这种投资是不划算的。

一般来说，只有企业在同行业中处于领导地位或者其产品是全新的、受保护的或没有竞争对手的产品时，才适宜选用此种定价目标。否则定价太高会遭到用户排斥。

4．以应付或防止竞争为定价目标

价格是市场竞争的重要手段。在激烈的市场竞争中，无论厂商的规模大小，对于竞争对手的价格都很敏感。实力雄厚的大企业都能左右市场价格，它们为保持自己的市场地位往往以稳定商品的价格为主要目标。有时一些大企业为了击败竞争对手或阻止新的竞争对手的出现，往往采取低价倾销的手段力争独占市场，然后制定对企业有利的垄断价格。而实力弱的企业只能紧随市场主导企业的价格或以其为参考，与其保持适当的差异。

5．以维持企业生存为定价目标

维持生存的定价目标是企业处于不利环境中所采取的一种特殊的过渡性定价目标，目的是使企业能够继续生存。由于生产能力过剩、市场竞争激烈或顾客需求发生变化，造成企业产品积压、资金周转困难，影响企业生存。这时企业就给自己产品制定较低的价格，以求早日收回成本，使企业得以继续经营下去，因为这时生存比获利更重要。但这只能作为企业面临困境时的短期目标，一旦出现转机，企业应该马上选择其他的定价目标。

6．以维持高品质产品形象为定价目标

维持高品质形象是指维持市场上产品质量领导者的形象。采用这种定价目标，企业必须制定高价，一方面使顾客产生优质产品的印象，另一方面收回优质产品生产和开发研究的高额费用。名牌产品多采用这种定价目标。

7．以保证中间商合理利润为定价目标

对于那些须经中间商推销商品的企业来说，保持分销渠道畅通无阻，是保证企业获得良好经营效果的重要条件之一。为了使分销渠道畅通，企业必须研究价格对中间商的影响，充分考虑中间商的利益，保证中间商有合理利润，促使中间商有更高的积极性去推销商品。在现代市场营销活动中，中间商是现代企业营销活动的延伸，对宣传企业产品、提高企业知名度有十分重要的作用。

8．以保护生态环境为定价目标

随着全球性环境保护意识的增强，消费者对于使用产品所引发的环境问题给予越来越多的关注，从而使企业不得不用“绿色”眼光来开发、生产和销售产品。因此，企业定价时需要把用于环境保护的费用计入产品成本，这会使产品的价格有所提高。

二、影响企业定价的因素

企业定价除了考虑定价目标，还要考虑其他的影响因素。

1．产品成本费用

成本是产品价格的主要组成部分，也是定价的基础。产品成本包括制造成本、销售成本和储运成本等。企业为了保证再生产的实现，既要收回成本，又要实现一定的利润。因此，成本是产品定价的最低限度。从长期来看，任何产品的价格都应高于所发生的成本费用，这样在生产经营过程中所发生的耗费才能从销售收入中得到补偿，企业才能获取利润。企业必须了解成本的具体构成及变化情况，努力降低成本、控制价格、扩大销售、增加盈利。

2．市场需求状况

市场需求是影响企业定价的重要因素。当产品价格高于某一水平时，将无人购买。因此，市场需求是产品定价的上限。所以，企业在制定价格时，必须了解价格与需求的关系、需求价格弹性等因素。

（1）价格与需求的关系。一般情况下，同种产品的价格与需求之间成反比关系。即价格下降，需求增加；价格上升，需求减少。但是也有一些产品，需求与价格之间呈同向变化的关系，如能代表一定社会地位和身份的装饰品、显示经济实力的标志性产品或有价值的收藏品等。

（2）需求价格弹性。价格的变动会影响市场需求，那么需求对价格的变动将做出多大的反应呢？这就必须了解需求价格弹性。

需求价格弹性，简称需求弹性，它是指价格变动而引起的需求相应变动的比率，反映需求变动对价格变动的敏感程度。它的大小一般依据需求弹性系数测定，需求弹性系数反映需求变动率与价格变动率的比值，用 E_P 来表示：

$$\text{需求价格弹性系数 } E_P = \frac{\text{需求量变动的百分比}}{\text{价格变动的百分比}}$$

不同产品具有不同的需求价格弹性，对价格的制定影响很大。

$E_P > 1$，富有弹性。即需求的变动对价格的变动十分敏感，价格较小幅度地下降或上升，就可能引起需求量较大幅度地增加或减少，这种产品的需求是富有弹性的。这时，应该降低价格，以刺激需求，实现薄利多销。

$E_P < 1$，缺乏弹性。即需求的变动对价格的变动不敏感，价格变动对需求的影响不大。这时，企业可以适当地提高产品的价格，增加企业的总收益。因为商品缺乏弹性，降价会减少企业的收益。

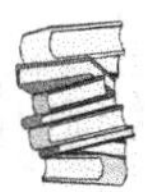

$E_P=1$，单一弹性。即需求的变动与价格的变动反向同幅度。价格下降10%，需求量就增加10%，对企业总收益影响不大。这时，企业应采取通行价格，来实现预期的利润。

$E_P=0$，完全无弹性。即需求的变动对价格的变动一点都不敏感，价格的任意变化都不会引起需求量的变动。这时，可适当提价，当然也有幅度问题。

$E_P\to\infty$，完全有弹性。即需求的变动对价格变动有无穷大的敏感性。这时，企业应综合考虑各种因素，努力使自己的产品以市场上的通行价格出售。

需求价格弹性的大小主要受以下因素的影响：

1）产品的需求程度。需求弹性与产品的需求程度成反比。生活必需品的需求弹性较小，一般产品需求弹性则较大。

2）产品的独特性和知名度。越是独特的和知名度高的名牌产品，消费者对价格越不敏感，需求弹性越小。

3）产品的替代性。需求弹性与产品的替代性成正比。产品的可替代性越强，需求弹性越大；反之，弹性越小。

此外，需求弹性的大小还受产品供求状况、购买时间等因素的影响。

3．市场竞争

企业的定价是一种竞争行为，任何一次价格的制定或调整均会引起竞争对手的关注，并可能导致竞争对手采取相应的对策。同时，竞争对手的定价行为也会影响本企业产品的定价，迫使本企业做出相应的反应。所以，企业在定价时，必须考虑各个竞争对手产品的质量和价格，把它们作为自己定价的出发点。

4．政府的法律、政策

所有国家的政府都有自己的经济政策，对市场价格的制定和调整也都有相应的限制和法律规定。例如，我国的价格法、反不正当竞争法就对价格的制定做出种种限制。政府禁止的价格行为有以下四类：

（1）价格垄断。价格垄断行为分为两种类型。

1）滥用市场优势控制市场价格的行为。经营者为了获取高额利润，利用或滥用市场优势，控制市场价格，严重损害其他经营者和消费者的利益，属于法律禁止之列。

2）联合控制价格行为。此行为包括两类：一是联合固定价格行为，指处于垄断状态的两个或两个以上经营者为避免价格竞争，以合同、协议等方式共同决定商品或服务的价格；二是限制转卖价格行为，指生产企业在向批发商或零售商提供商品时，要求他们必须按照所限定的价格销售商品，剥夺了批发商或零售商本应享有的自由定价权，使他们无法根据各自面临的竞争状况以及成本费用来制定商品的销售价格，减弱了同一商品的不同经营者之间的价格竞争。

（2）价格欺诈。价格欺诈行为主要有两种：一种是虚假降价。它是指谎称降价而实际没有降价的行为，如虚假宣传、伪装削价、虚拟原价等；一种是模糊标价。它是指故意用模糊的语言、文字、计量单位等表示价格的行为。

（3）价格歧视。所谓价格歧视，是指提供相同等级、相同质量的商品或服务时，使具有同等交易条件的消费者在价格上处于不平等地位。例如，对同等条件的甲、乙企业，对甲实行批量作价，对乙则不实行批量作价；或允许甲讨价还价，对乙则不允许，从而构成价格歧视行为，使条件相同的买主处于不平等的地位，妨碍了它们之间的正当竞争。

（4）低价倾销。企业在降价处理商品时，不得以排挤竞争对手或者独占市场为目的，不能以低于成本的价格销售商品。这实质就是禁止经营者的低价倾销行为。

5. 其他因素

如产品市场生命周期。在产品市场生命周期的不同阶段，市场竞争状况不同，企业定价目标不同，因而定价方法和策略也应有所不同。另外，还有收入弹性、交叉弹性等，这里不再论述。

同步案例

在巴黎，你常常会看到许许多多的咖啡馆，它们大小不等、招牌各异，显示出巴黎的独特文化。有人说，假如巴黎的大街小巷少了这些咖啡馆，将大为逊色。巴黎的咖啡馆也有诸多奥秘。初到巴黎，看到路边许多咖啡馆里座位空空，而人们都拥挤在吧桌旁，依靠着柜台，或是同老板，或是同顾客谈天说地，甚至有人仅举着空杯子。这不禁使人想起19世纪、甚至更古老的巴黎。为什么人们不坐在座位上聊天呢？光顾一家咖啡馆，就会了解其中的奥秘。例如，一家咖啡馆的一种商品有4个价位，看在什么位置喝。以拿一杯咖啡为例，在柜台旁站着喝4法郎；坐在一般座位上喝6法郎；坐在靠近马路的座位上喝，可以隔窗看景，收费8法郎；坐在露天席，可直接欣赏街景，看看过往行人，收费10法郎。看来，法国人依靠柜台站着喝咖啡，除了传统因素外，还因为它最便宜。

7.1.2 定价的一般方法

定价方法是企业确定价格、实现定价目标所采用的具体方法。由于价格的高低主要受成本费用、市场需求、竞争状况等因素的影响，所以企业选择定价方式时就要考虑这三个主要因素中的一个或多个。因此，根据侧重点不同，企业的定价方法就可以归纳为成本导向定价法、需求导向定价法、竞争导向定价法。

一、成本导向定价法

成本导向定价法，就是以产品的成本作为定价的基本依据，定价时较少考虑市场需求和竞争状况。包括以下三种具体方法。

1. 成本加成定价法

企业根据所确定的加成率和单位产品的总成本来制定产品的单价。定价时，首先确定单位变动成本，再加上分摊的固定成本，构成单位产品总成本，在此基础上加一定的毛利率，计算出产品的价格。其计算公式：

$$产品单位价格 = 产品单位成本 \times (1 + 加成率)$$

生产部门较多采用成本加成定价法，零售商业部门较多采用售价加成定价法。

成本加成定价法应用范围广泛。它的优点是计算简便易行，计算出来的价格能保证获得预期的利润；缺点是忽视了市场需求的变化和竞争的影响，缺乏灵活性，而且它只是从卖方的角度来考虑，不一定切合实际。在产品销量与产品成本相对稳定以及竞争不太激烈的情况下，可以采用。

2．目标利润定价法

它是根据企业的总成本和确定的目标利润来制定产品价格。它的具体做法是：先预计未来时期的销售量，计算出在这个预计销售量下的总成本，再结合企业确定的目标利润计算出产品的价格。其计算公式：

$$\text{单位产品价格}=\text{单位产品总成本}+\frac{\text{目标利润}}{\text{预计销售量}}$$

这种方法计算简便，但它没有考虑价格与需求之间的关系和竞争对手产品的价格等因素对企业产品销量的影响。如果在目标期内实际销量小于预期的销量，那么目标利润就很难实现。所以，这种方法适用于市场占有率较高或带有垄断性的产品。

3．边际贡献定价法

边际贡献定价法是企业仅计算变动成本，而暂不计算固定成本，也就是按变动成本加预期的边际贡献来制定产品的价格。边际贡献是指产品销售收入与产品变动成本的差额，如果边际贡献弥补固定成本之后有剩余，就形成企业纯收入，否则企业将发生亏损。在企业经营不景气、销售困难、生存比获利更重要或企业生产能力过剩时，只有降低售价才能扩大销售，就可以采用边际贡献定价法。其计算公式：

$$\text{单位产品成本}=\text{单位产品变动成本}+\text{单位产品边际贡献}$$

边际贡献定价法的原则是，产品单价高于单位变动成本时就可以考虑接受。因为不管企业是否生产、生产多少，在一定时期内固定成本都是要发生的，而只要产品单价高于单位变动成本，这时销售收入弥补变动成本后的剩余，就可以弥补固定成本，减少亏损或增加企业的盈利。

二、需求导向定价法

需求导向定价法是以消费者对产品的价值感受和需求强度来作为定价的基本依据。这是一种伴随营销观念的更新而产生的新型的定价方法。面对商品供应的日益丰富和消费需求的不断变化，企业已经认识到，判定产品价格是否合理，最终并不取决于生产者或经销商，而是取决于消费者和用户。需求导向定价法主要包括以下三种。

1．理解价值定价法

以消费者对商品价值的感受和理解程度来确定价格。因为消费者在购买商品时，总会在同类商品之间进行比较，选择那些既能满足其需求，又符合其支付标准的商品。当价格水平和消费者对商品价值的理解大体一致时，消费者就会顺利购买。

理解价值定价法的关键是要正确地估计顾客的认知价值。如果估计过高，会导致定价过高，影响销售；如果估计过低，会导致定价过低，虽然产品卖出去了，但影响收益。所以，为了加深顾客对商品价值的理解程度，提高其愿意支付的价格限度，企业在定价前，应先搞好市场定位，突出产品特色，加深顾客对产品的印象，从而提高购买率。

同步案例

对于美国人而言，“星巴克”咖啡与“可口可乐”和“百事可乐”一样，是不可或缺的佐餐饮料。如今，这家总部设于美国西雅图的美国咖啡连锁经营商正在积极实施其“亚洲战略”，力争利用最短时间进军潜力巨大的亚洲市场。自创办第一家东京连锁店后仅仅4年时间，“星巴克”已在亚洲的10个国家中拥有250家分店（其中日本125家，中国12家，韩国5家）。

“星巴克”在亚洲的运营成功，毫无疑问首先是包含了本身“口味独特”的因素。在这里，人们不仅可以享受到15种以上享誉全球的高原咖啡及综合咖啡，还可品尝各式各样新鲜烤制的糕点，并可买到与咖啡制作有关的器具及相关的小商品。这在一般的咖啡店是难得见到的。

此外，“星巴克”这一享誉全球的咖啡名品所具有的品牌效应也为其打开亚洲市场发挥了巨大作用。在许多亚洲消费者心目中，“星巴克”是“健康、成功和地位”的象征。因此，在亚洲经济逐渐摆脱金融危机的影响而日益复苏，以及许多亚洲消费者对其消费层次的关注程度日趋加深的时候，越来越多的亚洲中产阶层人士为了提升饮食方面的消费档次，或者为了追求时尚，甚至愿意以两倍或三倍、四倍于茶饮料的价格去品尝一杯他们认为具有“成功”意味的“星巴克”咖啡。

2. 市场可销价格倒推定价法

这种定价法也称反向定价法。即根据消费者能够接受的销售价格，倒推出批发价和出厂价。其计算公式：

批发价＝市场可销零售价/（1＋批零差率）

出厂价＝市场可销批发价/（1＋进销差率）

市场可销价格的确定，可通过主观评价、市场调查或试销评估来确定。批零差率和进销差率一般可由买卖双方共同协商，按利润合理分配，或依据一般行情来确定。这种定价方法不以实际成本为依据，而是以市场需求为定价的出发点，力求使价格为消费者所接受，并促使企业降低生产成本，有利于开展市场竞争，提高经济效益。但企业的成本必须降到出厂价格规定的范围内，否则无法采用。这种方法比较适合批发商和零售商采用。

3. 需求差异定价法

需求差异定价法又称差别定价法，指在特定的条件下，产品可按不同的价格出售。可以按顾客需求强度差别、不同市场的差别、消费者群的差别、产品的差别以及消费时间的差别等引起的需求不同，制定产品的价格。这种价格差异并非以成本差异为基础，而是以顾客需求差异为基础。这充分体现了定价的灵活性。差别定价法有以下几种形式：

（1）因顾客而异。即对同一产品或服务，根据顾客不同的需求强度，制定不同的

价格；或不同的顾客在同一价格下，享受不同的配套服务。例如，对批发商和零售商采用不同的价格；有的公共交通工具对学生和老人收取较正常票价低的费用，银行对大、小储户采用不同的存贷利率等。

(2) 因产品形式而异。即对同一产品，根据不同式样、花色、规格等，制定不同的价格，并且这种价格上的差异与成本差异不成比例。例如式样新颖的服装比式样陈旧的服装定价要高些；同一质量和成本的花布，因花色不同，需求量不同，定价也不同；同是汗衫，普通的可能卖7元，而文化衫可以卖到13元。

(3) 因时间而异。即同一种产品或服务，在不同的季节、不同的月份、不同的日子，甚至不同的钟点，制定不同的价格。例如，长途电话的收费，在白天与晚上、平时与节假日就不相同；宾馆在旅游旺季和淡季的收费标准也不相同。

(4) 因地点而异。即企业为处于不同位置的产品或劳务制定不同的价格，即使它们的成本费用没有任何差异。例如，影剧院、体育场前排和后排的票价就不相同。

企业实行差别定价必须具备一定的条件：市场能够细分，并且各个细分市场显示出不同的需求强度；以低价购买产品的顾客不可能将产品用高价转卖出去；在高价市场上，不存在竞争对手用低价倾销手段争夺顾客的可能；差别定价不会导致顾客的反感，不会影响企业形象。

三、竞争导向定价法

竞争导向定价法是以市场上相互竞争的同类产品的价格为依据，来确定自己产品的价格。其特点是价格不与成本和需求发生直接关系，而只与竞争对手的产品价格发生直接联系，即使成本和需求发生变化，只要竞争对手产品价格不变，企业产品的价格也不会改变。具体包括：

1. 随行就市定价法

随行就市定价法又称通行价格定价法，它是以本行业的平均价格水平或本行业中占主导地位的企业的价格水平作为定价的基础。

在有许多同行相互竞争的情况下，每个企业都生产着类似的产品，价格高于别人，就可能失去销量。价格低于别人，则必须通过扩大销量来弥补降低了的单位产品利润，但这样可能导致竞争对手随之降价，又会失去价格优势。因此许多企业倾向于与竞争对手保持价格一致，而平均价格水平往往被认为是“合理价格”，容易被市场接受。同时，企业希望与竞争对手和平相处，避免恶性价格战所产生的风险，而且这种通行价格一般也能为企业带来适度的利润。当需求弹性不易测量，成本难以估计，企业认为现行价格反映了本行业的集体智慧时，就可采用这种定价方法，如钢材、面粉及其他原材料的定价都是如此。

2. 竞争价格定价法

与随行就市定价法不同，竞争价格定价法是一种主动竞争的定价方法。它指企业利用价格因素主动出击，通过竞争获取利润。即它不追随竞争对手的价格，而是根据本企业的实际情况及与竞争对手的产品差异状况，以高于或低于竞争对手的价格来出售产品。采用这种定价方法，首先要了解竞争对手的价格策略和方法，然后要把本企

业的产品与竞争性产品进行比较分析，找出本企业产品所具有的优势，作为制定主动出击价格的依据，最后根据上述的竞争形势和有利条件，制定出本企业产品的价格。这种定价方法的关键是知己知彼。此方法可以随时调整定价，充分体现了定价的灵活性，一般被实力雄厚或产品独具特色的企业所采用。

3. 密封投标定价法

大宗物资采购、工程项目承包、仪器设备引进、矿产能源开发等大都采用招标和投标的交易方式。投标价格是投标者根据竞争对手的报价估计确定的，而不是按照自己的成本费用确定的。投标企业在报价时，必须预测竞争对手的价格意向，努力制定既能保证中标、又能保证最大利润的最佳报价，而这正是投标定价的困难之所在。

投标定价法的另一种形式是拍卖定价法。它是指预先展示所出售的商品，在一定的时间和地点，按一定的规则，由买主公开叫价，引导购买者报价，利用买方竞购的心理，从中选择最高价格成交。这种方法具有竞争公开、出价迅速、交易简便的特点，流行于世界各地，尤其在出售文物、古董、珍品、高级艺术品、房产等商品时多用此法。

7.1.3 企业定价策略

在激烈的市场竞争中，定价策略是企业争夺市场的重要武器，企业不仅要根据适当的定价方法科学地制定产品的基本价格，还要根据具体的市场环境、产品特点、产品所处生命周期阶段、消费者心理需求和特点等，运用灵活的定价策略和技巧，对产品的基本价格进行调整和修正，以促进销售，增加盈利。

一、新产品定价策略

新产品的定价十分重要，它对新产品能否打开市场起着重要的作用。由于消费者对新产品不熟悉，因此新产品定价的自由度很大。常见的新产品定价策略有以下几种。

1. 取脂定价策略

即向市场高价投放新产品，价格远高于价值，力求在短时间内收回总成本，并获取利润。这就像从牛奶中撇取油脂一样，所以称取脂定价或撇脂定价。

这种策略的优点是：便于企业实现预期的利润；掌握市场竞争及新产品开发的主动权；树立高档名牌产品形象；便于价格调整，因为开始的高价为后面降价留有充分的余地。例如，摩托罗拉公司在中国市场上率先推出传呼机的时候，就采取了这种定价策略。当时，一台汉字传呼机的成本约200元，而在20世纪80年代的中国市场上，售价却在2 500元左右，消费者把拥有一台传呼机作为财富、身份和地位的象征。随着竞争对手数量增加，其价格也随之下调。后来摩托罗拉又推出手机产品，每当新型号的产品上市时，定价都很高，当竞争对手也推出同类型产品时，它再降低价格。通过这种价格策略，摩托罗拉公司在中国取得了很好的经济效益。

这种策略的不足是在高价抑制下，销路不易扩大；而且高价厚利，极易诱发竞争，使企业获得高额利润的时间比较短。例如，摩托罗拉公司在中国通信市场上的成功吸引了诺基亚、爱立信、飞利浦等众多竞争对手的加入。

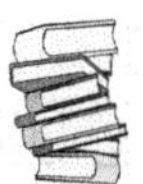

同步案例

1990 年，当 SONY 在日本市场首先引入高清晰度彩电（HDTV）时，这个高科技产品价值 43 000 美元。这种电视机是为那些可以为高科技负担高价格的顾客准备的。其后的三年，SONY 不断降低价格以吸引更多的顾客，到 1993 年，日本顾客只要花费 6 000 美元就可以购得一台 28 英寸的高清晰度彩电。2001 年，日本顾客仅需 2 000 美元就可以买到 40 英寸的高清晰度彩电，而这个价格是大多数人都可以接受的。SONY 以此种方式从不同的顾客层中获得了最大限度的利润。

采用这种定价策略，主要是利用消费者对新产品的好奇、求新的心理动机。新产品刚上市时，竞争产品还未出现，新产品的新颖性和优越性会降低人们对价格的敏感度，而且在细分市场上，总有一些追求时尚、标新立异、乐于接受新生事物的消费者，他们有较高的支付能力和较强的支付愿望，愿意以高于平均水平的价格获得特定数量的新产品和服务。这种策略适宜的条件是：市场上无类似的替代品；需求相对无弹性，即使把价格定得很高，市场需求也不会大量减少；市场生命周期短、花色式样变化快的产品；产品具有明显的优势，且短期内不易消失，其他竞争对手难以进入；顾客主观上认为该产品具有很高的价值等。

2. 渗透定价策略

即向市场低价投放新产品，以吸引顾客、扩大销售、提高市场占有率。采用这种定价策略，主要是利用消费者求廉求实的心理。在新产品上市时，以低价刺激人们的需求，给消费者留下经济实惠的感觉和印象，取得顾客的信赖。

这种策略的优点是：能够帮助企业迅速打开销路，占领市场，并渗透到更多的细分市场，以提高市场占有率；帮助企业树立良好的形象；低价薄利不易诱发竞争，有效阻止新竞争对手的加入，便于企业长期占领市场，实现利润最大化。例如，美国最早发明传真机，并制定了很高的价格；比美国晚两三年的日本，给传真机的定价比美国低 40%，很快就占领了市场。

这种定价策略的缺点是：低价销售产品，成本回收期长；企业在市场竞争中价格变动余地小，难以应付短期内骤然出现的竞争和需求的变化；低价容易使消费者产生便宜没好货的联想。

这种策略适用的条件是：市场需求弹性大，顾客对价格比较敏感；市场容量大，生产该产品的规模经济效益明显，企业的生产成本会随着销量的增加而减少；新产品的生产购买力较薄弱，采用低价出售，容易被消费者接受，从而扩大生产；出于竞争或其他原因，企业希望尽快占领较大市场，以求在同行中占据领先地位；低价不会引起竞争对手的报复和倾销指控。

这种策略一般用于创新程度不高的新产品和专用性不强的产品，此外也常用于价格敏感的市场。在某种情况下，渗透定价可紧随取脂定价，即企业可对新产品制定一个较高的初始价格，以吸引对价格不敏感的消费者，收回初期的投入后，就接着运用渗透定价策略，以吸引对价格敏感的消费者，并提高市场占有率。

需要注意的是，渗透定价策略不是减价让利，更不是亏本经营，而是抓住时机，立足长远，以期通过市场占有率的提高和规模经济的形成来降低成本，增强市场竞争能力。

同步案例

英特尔公司对“486 微处理器”计算机芯片和后来的“奔腾”芯片的定价方式，向我们展示了新产品定价在新产品能否在市场上获得成功方面所起的重要作用。由于对手在开发有竞争力的芯片方面还比较落后，所以英特尔公司就给“486 芯片”定了一个很高的价格。当速度比“486”快了两倍多的“奔腾”芯片投放市场时，英特尔公司得知摩托罗拉公司正和 IBM 和苹果公司合作开发类似的芯片。于是，公司就实施了较低的定价，以便在短时间内销售出更多的产品，从而打击了摩托罗拉公司进入市场的最初努力。这一战略在英特尔公司获得了成功。

3. 满意定价策略

满意定价策略是介于取脂定价和渗透定价之间的一种定价策略。企业的价格水平适中，同时兼顾厂商、中间商和消费者的利益，使各方面都能顺利接受。有的企业在竞争中处于优势地位，有条件采用取脂定价获取高额利润，但为了使各方面满意，从长计议，还是采用满意定价策略，制定一个各方面均可接受的“温和价格”，故也称君子定价策略。

这种策略制定的价格具有较大的合理性，可以避免高价带来的竞争风险，又可防止低价可能导致的损失，保持价格稳定，按期实现企业的盈利目标。缺点是可能比较保守，会使企业失去更大的盈利机会，不适于复杂多变或竞争激烈的市场环境。

这种策略适用的条件是：产品在市场上的供求基本平衡；竞争不太激烈，具有同种商品的一些大型企业或主要企业的价格关系协调；企业对利润的短期追求不太迫切，财务状况较好；产品的需求弹性较大，并希望较长时期维持平稳的价格。

二、折扣定价策略

企业为了鼓励顾客的某些行为，如提早付款、批量购买，会对基本价格进行修订，实行价格折扣和折让，以适应消费者的偏好和需求变动，充分体现定价的灵活性。这种策略主要有以下几种方式。

1. 现金折扣

现金折扣又称付款期限折扣。即对按约定日期付款或提前付款的顾客给予一定的价格折扣，其目的在于鼓励顾客提前支付货款，加速资金周转，减少呆账风险。这是国际上十分流行的一种价格策略。在美国，最常见的现金折扣用语是“2/10，net30”，即要求 30 天付清货款。如果购买者在 10 天内付清货款，则给予 2% 的折扣；若在其后的 20 天内付清货款，就按原价支付。现金折扣率一般应高于银行同期贷款利率，否则，买主宁愿采用延期付款的方法。

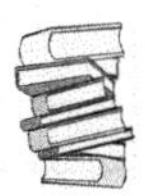

2．数量折扣

数量折扣是企业给那些大量购买某种产品的顾客的一种减价，以鼓励顾客购买更多的货物。一般来说，购买数量越大，折扣幅度越大。数量折扣分为累计数量折扣和非累计数量折扣。

累计数量折扣，即规定顾客在一定的时间内购买商品累计达到一定数量和金额时，按总量大小给予不同的折扣，其目的在于鼓励顾客经常购买本企业的产品，建立一种长期的购买合作关系。例如，一旅客在一年中累计乘坐飞机旅行超过10 000千米，每次购买机票时按基本价格结算票款，到年终，航空公司赠送旅客一张2 000千米以内的机票。

非累计数量折扣，即按顾客每次购买产品数量和金额的多少给予不同的折扣，购买越多，折扣越大，其目的在于鼓励顾客进行一次性的大量购买，便于企业大批量的生产和销售。

3．贸易折扣

贸易折扣又称职能折扣、中间商折扣。它是指企业对处于不同渠道的中间商或同一渠道中不同环节的中间商，按其在渠道中所发挥的功能及承担的风险给予不同的折扣。目的在于鼓励各类中间商充分发挥其潜在功能，调动其积极性，从而取得渠道的最佳使用效果。

4．季节折扣

季节折扣又称季节差价，是企业给那些购买季节性强的商品或服务的顾客的一种减价，使企业的生产和销售在一年四季保持相对稳定。生产厂商利用这种折扣鼓励批发商、零售商提早进货，淡季购买，从而使自己获得资金和维持稳定的生产。例如，某些旅游景点为了在旅游淡季吸引游客，对机票或旅店房间租金打折，这正是季节折扣策略的运用。

5．推广让价

推广让价是指中间商替制造商进行产品促销活动时，制造商给予中间商一定的津贴。例如，零售商为制造商的产品在当地的报刊上做广告、开辟专门的陈列橱窗、举办展销会等，制造商应给予一定的补贴。其具体做法多种多样，可以支付一部分广告费，或在价格上给予减让，或免费供应一部分产品等。

三、心理定价策略

企业在给产品定价时，一方面要从经济的角度考虑定价，另一方面还要根据消费者的购买动机和心理感受来制定价格。主要有以下几种。

1．尾数定价策略

尾数定价又称奇数定价，是指对多数日用品或低档商品在定价时保留价格尾数，以零头数来标价。例如，许多产品定为9.95元，而不定为10元，使价格与整数有一定的差额，并保留在较低一级档次。这是根据消费者求实求廉的心理，让消费者感觉价格低廉。但它一般只适用于价格较低的产品，其尾数一般使用奇数，效果更好。

2. 整数定价策略

对一些高档耐用的消费品，特别是一些消费者不太了解的商品，消费者往往以价格高低来衡量产品质量的优劣。对这些商品，企业在定价时，合零凑整，采用整数定价，利用“一分钱一分货”和方便快速的心理，使价格上升到较高一级档次。例如，一台电视机标价 2 500 元，而不标价 2 498 元，这样反而会增加顾客的购买欲望。

3. 如意定价策略

如意定价是根据消费者追求吉利、好兆头的心理，在定价时加以适当利用的定价策略。定价时，采用一些吉祥的数字给产品标价，如“8”、“9”、“6”或偶数，以及 888（发发发）、188（一路发）等，往往能收到较好的效果。但要注意不同地区、不同民族有不同的方言、风俗，灵活运用这一策略。

4. 声望定价策略

企业利用消费者仰慕名牌和“价高质必优”的心理，对在消费者心目中享有声望的产品制定较高的价格，如一些名牌产品（名烟、名酒等）、有名望的商店（老字号等）、标志性的高级消费品（高级轿车、钻石、香水、精美瓷器、水晶、珍珠等），价格定得都较高。一方面显示商品的档次和企业的声望，另一方面又迎合了消费者的求名心理，满足较高收入消费者的需要。

5. 招徕定价策略

招徕定价策略也称特价品定价、牺牲品定价。即企业利用消费者的求廉心理，在一定时期内，有意识地将某几种商品的价格定得特别低，以招徕顾客，借以带动和扩大其他正常价格产品的销售。现在，一些超级市场和百货商店几乎天天都有“特价”、“惊爆价”、“减价”等商品，就是这种策略的运用。采用招徕定价时，应注意以下几点：特价商品的确定必须是大多数消费者需要的；价格对顾客要具有足够的吸引力，降价幅度太小，难以吸引顾客，幅度太大，会造成误会，顾客误以为是残次品；数量要充足，保证供应，否则顾客会有一种被愚弄的感觉，损害企业形象。

6. 习惯定价策略

有些商品在顾客心目中已经形成了一个习惯价格，符合其标准的价格才会被顺利接受，偏离其标准的价格则会引起疑惑。因此，对这类商品，企业在定价时要按照消费者已经形成的习惯心理，力求维持产品价格不变，避免价格波动带来不必要的麻烦。当必须变价时，应同时改变包装或品牌，避开习惯价格对新价格的影响，引导消费者逐步形成新的习惯价格。

同步案例

日本东京有个银座绅士西装店。这里就是首创“打 1 折”销售的商店，曾经轰动了东京。商家的打算是这样的：先定出打折的时间，第一天打 9 折，第二天打 8 折，第三天、第四天打 7 折，第五天、第六天打 6 折，第七天、第八天打 5 折，第九天、第十天打 4 折，第十一天、第十二天打 3 折，第十三天、第十四天打 2 折，最后两天打 1 折。

第一天前来的客人并不多。从第三天就开始一群一群的光临，第五天打 6 折时客人就像洪水般涌来开始抢购，以后就连日客人爆满。当然，等不到打 1 折，商品就全部卖完了。商家运用独特的创意，把自己的商品在打 5 折或 6 折时就全部推销出去。“打 1 折”只是一种心理战术而已，商家怎能亏本呢?

四、地理定价策略

1．原产地定价

原产地定价又称离岸价格，即生产企业对不同地区的顾客制定统一的出厂价格。企业承担交货前的一切风险和费用，交货后的风险和费用则由买方负担。这样定价，使每个顾客都是按照企业的出厂价来购买产品，比较公平合理，但对远地的顾客不利，因为他们要承担较高的运费。

2．统一运送（交货）定价

这种定价与原产地定价刚好相反，企业对处于不同地理位置的顾客都实行同样的销售价格，即按出厂价加上平均运费定价。这种定价方法可能会失去附近客户的生意，但却获得远方顾客的欢迎，而且便于管理，也便于做全国统一价格的广告宣传，从而有利于巩固成熟市场和开拓边远市场。

3．分区运送定价

分区运送定价介于原产地定价和统一运送定价两者之间，即企业先将自己产品的销售市场划分为几个区域，在同一区域内执行相同的价格，离企业越远的区域，价格定得越高。

4．基点定价

即企业选定一些中心城市作为定价的基点，然后按一定的出厂价格，加上从基点城市到顾客所在地的运费来定价，而不管实际上产品是否由该城市起运。有的企业为了加大灵活性，选取许多基点城市，按离顾客最近的基点来计算运费。

5．运费补贴定价

当企业急于和某个顾客达成交易或急于进入某一地区市场时，会为购买者负担部分或全部运费。采用这种定价方法，可以使企业加深市场渗透，并且能在竞争日益激烈的市场上占据有利地位。

五、促销定价策略

1．牺牲品定价

也即招徕定价或特价品定价。见前述心理定价策略。

2．特别事件定价

企业利用某个特定的时间或场合、某种特别的节日或某些重要的社会活动日，将价格大幅度地降低，以吸引顾客。如一些商店利用寒暑假开学前的时机，降低学习用品的价格，吸引学生购买。

3．现金回扣

有些制造商在特定的时间内向顾客提供现金回扣，以刺激他们购买本企业产品，达到清理存货的目的。

4．心理折扣

企业开始时给产品制定很高的价格，然后大幅度降价出售。采取这种方式，不得违反有关法规，如虚增原价、所标原价无根据或所标原价非本次降价前的售价等。

六、产品组合定价策略

如果企业经营多种产品，而且这些产品之间存在某些关联性，定价时就应综合考虑，一般有这样几种情况。

1．产品线定价

通常一个企业不仅仅销售一种产品，而是销售各种各样的系列产品，这时企业应适当地确定产品线中相关产品之间的价格差异，这就是产品线定价策略。在许多行业中，常常利用顾客对产品线系列产品形成的理解来定价。例如，服装商店可将男衬衫分为三个档次，分别定价 15 元、18.5 元和 24 元。顾客自然会把这三种价格的衬衣分为低档、中档、高档，即使这三种价格都有所变化，顾客仍会按他们的习惯去购买某一档次的产品。另外，如果一条产品线上两种产品的价格差异不大，顾客就会购买性能较高的产品；反之，如果价格差异较大，顾客就会更多地购买性能较低的产品。

2．单一价格定价

企业销售品种较多而成本差距不大的商品时，为了方便顾客挑选和内部管理的需要，企业实行单一的价格销售全部产品。例如，一些自助餐厅，每位顾客进店用餐，不管你吃多少，只有一个价格。

3．选择品定价

许多企业在提供主要产品的同时，还提供与主要产品密切相关，但又可独立使用的产品。如自行车的车篮、车锁，舞厅里提供的饮料，汽车上的报警器，餐厅里的酒水等。企业可将选择品的价格定得很低以吸引顾客，也可定得很高来获取利润。

4．附带产品定价

附带产品又叫互补产品，指必须和主要产品一起使用的产品，如照相机的胶卷、计算机的软件、刀架上的刀片、录音机的磁带等。企业往往把相关产品中的主要产品的价格定得较低以吸引顾客，这种商品称为“引诱品”；而把与主要产品一起使用的附带产品价格定得较高以赚取利润，这种商品称为“俘虏品”。当顾客以较低价买了引诱品以后，不得不以高价来买俘虏品。一般引诱品使用寿命长，而俘虏品则是易耗品。

5．组合产品定价

企业可以把相关产品组合在一起，为它制定一个比分别购买更低的价格，进行一揽子销售，如电脑公司把电脑硬件、软件和维修合同组合在一起，瓷器店把整套餐具组合在一起，世界杯足球赛出售的套票，旅游景点的参观套票等，都是典型的组合定价。采用这种方式定价时，提供的价格优惠要足以吸引原本只准备购买部分产品的顾客转而购买全套组合产品，但一定要注意不能搞硬性搭配。

6. 副产品定价

肉类加工和化工等企业在生产过程中往往会有副产品，只要买主愿意支付的价格高于企业储存和处理这些副产品的费用，就可以接受。这样，能够减少企业的支出，为主要产品制定更低的价格，增加竞争力。

同步案例

卡特匹勒公司对其他部件和服务制定了高价格，以便在售后市场中获取高额利润。该公司设备的加成率为30%，而部件的加成率有时候达到300%。这就给“非法仿制者”带来了机会。他们仿制这些部件，然后将它们销售给那些不老实的负责安装的技师。这些技师仍以原价计算，而不把节省的成本转让给顾客。这样，卡特匹勒公司的销售额下降了很多。卡特匹勒公司为了控制这种情况，劝说设备使用者只从被许可的经销商处购买部件，以保证设备的性能。但是，很显然，该问题是由于制造商对售后市场的产品定价过高造成的。

本节小结

价格是影响商品销售的关键因素，也是市场营销组合中最活跃而又难以控制的因素。制定价格必须确定适当的、明确的定价目标，通过价格手段的运用去达到预期的营销效果。

影响企业产品定价的因素除了定价目标外，还应考虑成本费用、市场需求、竞争状况等因素。成本是制定价格的下限，市场需求是制定价格的上限，竞争状况决定了价格在上限和下限之间浮动的幅度。

企业的定价方法主要包括成本导向定价法、需求导向定价法、竞争导向定价法三种。这三种方法又分别包括成本加成定价、目标利润定价；理解价值定价、可销价格倒推定价、需求差别定价；随行就市定价、竞争价格定价、投标定价、拍卖定价等。企业应采用合适的定价方法来确定产品的基本价格。

企业的定价策略可以对基本价格进行调整和修正，体现了定价的艺术性和灵活性。主要包括新产品定价策略、折扣定价策略、心理定价策略、地理定价策略、促销定价策略、产品组合定价策略等。企业应灵活运用，既要保证与企业定价目标相一致，又要确保经销商、分销商、企业销售人员、竞争对手、供应商和政府能够接受该价格。

7.2　技能训练

7.2.1　基本练习

一、名词解释

1. 企业定价目标　　2. 成本导向定价法　　3. 需求导向定价法
4. 竞争导向定价法　　5. 理解价值定价法　　6. 需求差异定价法

7. 随行就市定价法　　8. 新产品定价策略　　9. 折扣定价策略
10. 心理定价策略　　11. 地理定价策略　　12. 产品组合定价策略

二、不定项选择题

1. 市场需求弹性较大的商品，定价时适当（　　），可以增加总收入。
   A. 提高价格　　B. 降低价格
   C. 保持价格不变　　D. 先高后低
2. 新产品投放市场时制定一个较高的价格，以求在短时间内收回投资并获取利润，这是采用了（　　）策略。
   A. 渗透定价　　B. 取脂定价
   C. 温和定价　　D. 声望定价
3. 现在许多商场、超市经常推出“特价”、“惊爆价”商品，这属于（　　）策略。
   A. 现金折扣　　B. 招徕定价
   C. 特别事件定价　　D. 习惯定价
4. 附带产品定价时，企业往往将主要产品“引诱品”的价格定得（　　），将“俘虏品”的价格定得（　　）。
   A. 较高，较低　　B. 较低，较高
   C. 较高，较高　　D. 较低，较低
5. 以维持或提高市场占有率为定价目标的企业，通常为其产品制定（　　）。
   A. 高价格　　B. 低价格
   C. 市场价　　D. 保本价格
6. 价格调整的主要形式有（　　）两种。
   A. 降价　　B. 重新定价
   C. 提价　　D. 进行价格组合
7. 为鼓励顾客提前付清货款，按原价给予一定的折扣，这种策略叫（　　）。
   A. 职能折扣　　B. 现金折扣
   C. 季节折扣　　D. 数量折扣
8. 折扣定价策略包括（　　）。
   A. 现金折扣　　B. 数量折扣
   C. 贸易折扣　　D. 季节折扣
9. 影响企业定价的因素包括（　　）。
   A. 产品成本费用　　B. 市场需求状况
   C. 市场竞争　　D. 政府的法律、政策
10. 需求差异定价法以顾客需求差异为基础，它主要的表现形式有（　　）。
   A. 因顾客而异　　B. 因产品形式而异
   C. 因时间而异　　D. 因地点而异

三、判断题

1. 定价既是一门科学，也是一门艺术。 （ ）
2. 要追求利润的最大化，就一定要给产品制定最高价。 （ ）
3. 价格与需求之间的关系是反比关系。 （ ）
4. 市场供求状况是影响产品定价的重要因素。 （ ）
5. 要想打败竞争对手，就一定要给产品定最低价。 （ ）
6. 成本导向定价法简单易行，适合所有的产品。 （ ）

四、问答题

1. 影响企业定价的主要因素有哪些？需求价格弹性对定价有何影响？
2. 企业的定价方法有哪几种？各自的定价依据是什么？各包括哪些主要形式？
3. 新产品定价策略有几种？各适宜在什么条件下采用？
4. 常用的心理定价策略和组合定价策略有哪几种形式？请举例说明。
5. 试举出一些企业为新产品定价时成功或不够成功的事例。你对此有什么看法？
6. “通常情况下，成本是企业定价的最低界限”，对此你是如何理解的？

7.2.2 理论运用

案例1

33元钱一斤的橘子皮

橘子皮，中药称其为“陈皮”。罐头厂不生产中药，百货公司的食品部也不卖中药，但汕头某罐头厂在北京王府井百货大楼竟把橘子皮卖出了33块钱一斤的价格！这事谁听了都觉得有些“邪乎”，可你抽空到北京王府井百货大楼食品部看一看，就会发现这是真的：身价不凡的橘子皮，堂而皇之地摆在玻璃柜台上，每大盒内装15克，包装10小盒，售价10元，如此一算，每500克售价高达33元之多。

汕头这家食品厂，原本生产橘子罐头，以前鲜橘装瓶后，橘子皮就被送进药材收购站，价格是几分钱一斤，近年来加工橘子罐头的多了，橘子皮几分钱一斤也卖不出去，于是这家食品厂就在橘子皮上打主意——难道橘子皮除了晾干后入药外，就没别的用场吗？他们组织人力开发研究其新的使用价值，终于开发出了一种叫“珍珠陈皮”的小食品。

产品开发出来了，要以什么样的价格将其投放市场？他们做了市场分析评估：

（1）这种小食品的“上帝”多为妇女和儿童，城市的女性和儿童多有吃小食品的习惯。

（2）城市妇女既爱吃小食品又追求苗条、美容，惧怕肥胖。女孩子视吃小食品为一种时髦。

（3）儿童喜欢吃小食品，家长也从不吝啬花钱，但又担心小孩过胖。

（4）珍珠陈皮的配料采用橘皮、珍珠、二肽糖、食盐，经加工后味道很好，食后还有保持面部红润、身材苗条的功能。由于用袋装小包装，吃起来也很方便。

（5）市场上当前很少有同类产品。

于是这种小食品采用高价策略进入了市场。一斤橘子皮卖33元钱，就是那些领新潮消费之先的年轻女士也称太贵，可是，当她们买过尝过之后，又介绍给别人去买去尝，儿童们更是口手不离。于是33元钱一斤的橘子皮，真的成了“挡不住的诱惑”。亚运会期间，北京展览馆的亚运购物中心举办的商品展销，评定出的单项商品销售冠军，竟然就是这33元钱一斤的“橘子皮”——珍珠陈皮。

问题：

1. 橘子皮采用何种定价策略？为什么要使用这种定价策略？
2. 试分析珍珠陈皮的这种高价策略为什么能取得成功。

案例2

国美的扩张之路

低价策略　制胜关键

在中国家电业发展的历史上，国美的成功可谓一个奇迹。1987年，国美还是北京市区一个面积不足100平方米的街边小店，主营进口家电。如今，国美已经发展成为拥有15家分公司、130家门店，年销售过百亿，员工10 000多名的大型家电连锁零售超市。期间，国美最引以为豪的就是低价策略，这也是他们制胜的重要法宝。

国美之所以能够做到低价，首先在于他们抛开一切中间商，直接向厂家承诺大销售量的包销和巨额现款采购，以此争取厂家的优惠价格和政策。其次，依靠全国性连锁超市的规模经营，国美做到了快进快出，以销定价，注意库存的合理性，以明天能卖多少或到后天中午能卖多少来决定今天的进货量。第三，更重要的是国美采用“招标”、“定制”等新型营销手段。

为了向消费者提供实实在在的价格，在日常经营中，国美实行“差价补偿”的消费承诺，如果顾客在国美购买的商品价格比其他商场高，国美将对差额部分给予消费者加倍的补偿，从而保证国美电器在日常经营上的价格优势。

连锁规模　推动发展

连锁，是国美发展史上又一成功创举。当国美由一家门店扩展到几家门店的时候，一个曾经是模糊的前景构想，在国美决策者的头脑中逐渐清晰起来：立足北京，走全国性家电连锁之路，将国美建设成为“全国性家电连锁超市”。

国美扩张的第一站选在天津。1999年7月10日，国美的两家连锁店在天津开业了。由于所售大件家电价格比此前天津市场上同类商品便宜100~200元，有的甚至达到400~500元，于是引来津门百姓的抢购，但也同时引来了当地不少商家的不满。

1999年12月4日，国美在天津的第三家店开业，三天销售额412万元；2000年4月15日，天津南开商场（国美连锁第四店）开业，前三天销售额超过500万元。国美在天津站稳了脚，并得到巨大发展。

1999年12月底，国美又在上海同时开设三家门店，媒体惊呼：“北方的狼抢滩上

海”。同样，在上海国美电器也曾受到当地家电商家的联合抵制，但国美同样凭借自身的优势在上海市场上闯出了一条生路。

在进军天津和上海的过程中，国美坚定了发展全国零售连锁网络的决心。其后，国美一路势如破竹，从2000年12月开始，相继在成都、重庆、郑州、西安、沈阳、青岛、济南、广州、深圳、武汉、杭州、昆明、宁波、福州、哈尔滨等地开设门店，扩张脚步的加快，使得国美的销售业绩节节攀升。2003年上半年以销售额85. 18亿元位列中国连锁30强第三名。

2004年3月27日才开张的国美电器长沙芙蓉店，一开门就迎来了万人抢购的好局面，这也预示着一个新的家电零售巨头在长沙这个消费城市攻城略地的开始。国美电器的到来无疑给长沙家电市场注入了一支强心剂，市场骤然激活，而国美电器自身的发展也是如虎添翼，屡战屡胜，仅8个月的时间开出4家门店。

问题：

1. 你认为国美凭低价策略而制胜的主要原因是什么？

2. 国美曾多次因单方面的降价行为，引发了与国内一些大型家电企业的冲突，甚至遭到企业拒绝供货。但在我国现实的市场环境下，最终的结局几乎都是：厂家妥协！那么国美是否应该考虑改善与生产厂家的关系，以赢得与生产企业、消费者的共赢？它应如何去做呢？

7.2.3 能力拓展实训

一、实训目的

深入理解和掌握企业价格调整的方法与策略。

二、实训题目

1998年10月，恒基伟业在北京举行发布会，正式宣布其“商务A计划”。由此，一场掌上电脑价格大战开始打响。

让更多的人买得起掌上电脑

恒基伟业此次降价的产品，均为其在市场上的畅销产品，销售量和消费者的认知都十分令人满意。那么，恒基伟业为何要降价呢？对此，总裁张征宇说，目前商务通用户已逾118万，但整个掌上电脑市场的规模还很大，预计当年全国销量将达到180万台以上。市场经过初期的启蒙，普及的时机和条件都已经成熟。为了让更多的消费者使用掌上电脑，恒基伟业觉得有义务有责任进行掌上电脑的普及工作。把价格降下来，让更多的人买得起掌上电脑，这是恒基伟业发动此次价格战的重要原因之一。

有专家预测，商务通此次降价将有众多同类厂家在短期内迅速跟进。恒基伟业已对此次价格战做了精心而充分的准备，已经在原材料、产品、渠道和服务上做了充分的准备，严阵以待。

打假手不软，让消费者得益

从1999年起，恒基伟业所创造的市场奇迹，为众多厂商开辟了一块新兴市场，一时间掌上电脑品牌数量激增，快译通、好易通、名人、震旦……各路诸侯纷纷出马。众多厂商参与竞争本来对行业和消费者都是有好处的，但有些厂商为了迅速占领市场，将模仿成功者作为他们的首先选择方式，造成各种不规范行为屡屡发生。为此，有人悲观地说，掌上电脑市场发展的结果将如同VCD一样。所以当“恒基”宣布降价时，引起了行业内外广泛的关注。有业内人士分析，本次降价是对国内掌上电脑市场进行的第二次“洗牌”，它将标立新的行业门槛，对生产者技术和企业实力提出更高的要求。一方面，避免了小作坊式的企业进入，使一些试图捞一把就走的企业知难而退，减少了消费者莫名其名的损失。另一方面，降价使现有市场中不合理的产品被淘汰，也促使整个市场进行大规模的调整，让消费者可以享受最好的性价比产品。一些生产规模小、成本高、性能差、服务不成体系的厂商将没有市场生存空间。很多企业和产品也将被淘汰出局，因此在一定时间内将会出现“跳楼价”的甩货现象。再次，“洗牌”后，有实力留下来的商家和商务通进行竞争，将会形成一个相对成熟和健康的竞争环境。

营造良好的市场竞争环境

从经验和调查来看，价格战始终有三大特征：一是针对竞争对手采取价格行动；二是不惜血本地抛售；三是它的结果或是消灭竞争对手，或是被对手吃掉。由于在市场竞争中第一品牌占有品牌、市场、渠道、资金等诸多优势，可以凭借规模，最大限度地降低生产和销售成本，因此其他品牌想要通过价格战打倒第一品牌几乎是不可能的；也因此只有领导品牌才有能力来决定价格和行业标准，其他品牌无力挑起价格战，也无力承受价格战。恒基伟业就是凭借其第一品牌的规模和实力，规范目前混乱的市场状况，营造一个良好的市场竞争秩序。

三、实训方案

1. 人员：学生分成若干小组，4~6人组成小组，以小组为单位进行实训。

2. 时间：与第7章教学同步。

3. 步骤：

（1）由指导教师介绍实训的目的和要求，调动学生实训操作的积极性。

（2）以小组为单位结合所提供的资料，借助图书馆、网络等途径查找相关资料。

（3）每两个小组为一个组合，分为正反两方，分别代表商家或顾客，或主张提价方和主张降价方。

（4）正反两方表达自己的观点和理由，允许对方进行反驳。

（5）在辩驳中确定企业价格调整方案（包括降价的原因、竞争对手的反应、顾客的反应以及预期收益等），并以Word文档和PPT形式展示。

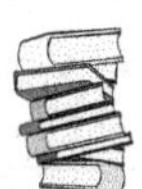

四、实训考核

1．各组自评：由各小组成员自己评出本组成绩，参照表1－4。

2．组合正反方评定：由一个组合中的正方（或反方）依据对方组员在实训过程中的表现情况评定出对方的成绩，参照表1－5。

3．小组互评：由其他小组成员根据评价指标对展示小组的成果进行评价，参照表1－6。

4．指导教师评定：指导教师依据评价指标和每组的综合表现评出各小组成绩，参照表1－6。

第 8 章　分销渠道策略

内容框架

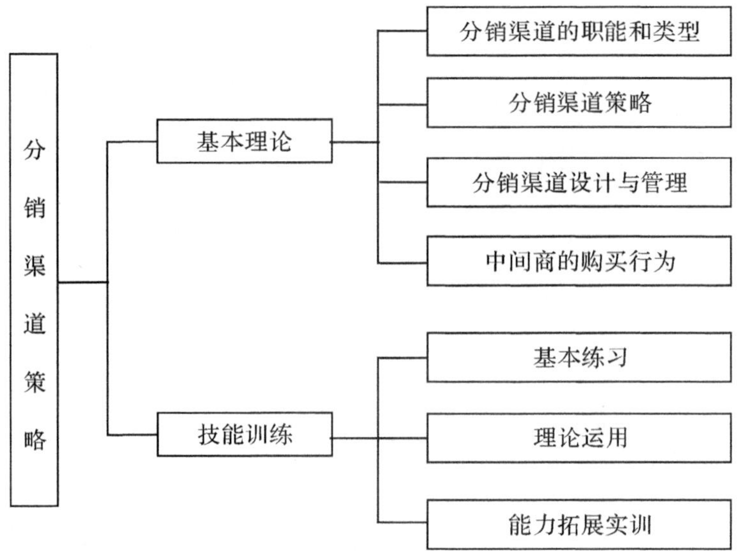

知识目标

1. 理解分销渠道的概念、特点。
2. 熟悉分销渠道的类型。
3. 掌握分销渠道的基本策略和常规管理。

能力目标

能为特定企业设计分销渠道。

案例导入

Compaq：直销计划的失败

事实上，几乎所有打算开展在线销售的传统企业都被这个问题困扰着：既有诱惑又有风险。Compaq 试图模仿 Dell 公司的网上直销战略就是一个典型。在线销售对于有意降低成本、提升利润的 PC 厂商的确有非常强烈的诱惑，但对于已经与传统分销渠道融合为一体的 Compaq，互联网为 PC 业带来的渠道革命，却让这家仿效 Dell 公司拥抱

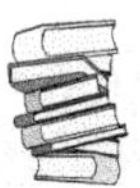

在线直销的公司陷入困境。

Dell 公司通过革命性的在线直销战略获得了 50% 以上的年增长率，势头直追领先者。特别是，在 PC 业利润日渐微薄的情况下，Dell 却获得了远比业内高数倍的利润率，这不能不令所有的同行顿起模仿和追随之意。Compaq 第一个坐不住了，1998 年 11 月它决定投入全力启动在线直销业务，自此以后，问题接踵而来。

Compaq 和经销商之间的关系因为所谓的“渠道冲突”而紧张起来。Compaq 当时是全球最大的 PC 厂商之一，它在美国的经销商大约有 11 000 个，其中 2 000 多家是为中小企业提供服务的专门店。事实上，PC 业的分销渠道与其他产业并无太大的实质性区别：通过各级代理和分销商构建的严密的销售网络，PC 及其配件、服务被送达最终用户手中。在这个过程中，厂商和分销商的利益完整地捆绑在一起，只有紧密地协作才可以给双方都带来最大的利益。Compaq 当初迅速崛起从而取代 IBM 成为业界龙头，和这些分销商的大力合作密不可分。然而，Compaq 一旦下决心要选择网上直销作为发展方向，这些分销商立刻就感受到自身利益受到极大的威胁。

显然，如果仅仅因为互联网提供了高效便捷的直销渠道，Compaq 还不会铤而走险去与分销商交恶；更重要的是，互联网提供了更好地了解顾客、响应顾客的手段，使得 Compaq 能够抓住在互联网时代竞争的核心武器。向互联网转型的趋势是不可逆的，关键是所选择的模式。

Dell 模式给我们提供了研究直销模式的绝好范例。Dell 是从 PC 的邮购直销起家，它的资产主要集中在品牌和高度合作的供应链上，它不依赖强大的分销商队伍，也就是说，它的邮购直销商业模式中分销渠道并不构成主要的资产。从邮购向互联网的转型，Dell 几乎不存在渠道冲突问题，相反地，它原来的邮购渠道可以和在线分销渠道无缝地结合起来。已有的研究表明，由邮购向在线销售转型在所有“e 转型”模式中最容易获得成功，而且在美国居前五名的邮购商的转型都能够平稳过渡，相继取得成功。

在分销商的眼里，Dell 模式是要消灭自己生存的空间。事实上，Dell 模式中分销渠道原本就不是一种起关键作用的力量。而对于 Compaq 来说，分销渠道却是以往取得成功的一种关键资产。在 e 转型过程中，它依然要依赖分销渠道的合作和谅解。所以，Compaq 试图以种种努力化解双方误解，包括邮寄广告传单给现有经销商的客户、提供经销商介绍在线销售业务的佣金，甚至还一度暂停供货给其他在线零售商。但是，Compaq 的努力并没有减少分销商的怨气，原来固有的罅隙与猜疑仍然在不断滋长。Compaq 的三心二意，使分销商失去了合作的动力，Compaq 的业绩很自然就直线滑落。最终，挣扎在渠道冲突压力之下的 Compaq 与分销商达成和解，中止了一度雄心勃勃的在线直销计划。

问题：

1. Compaq 同 Dell 一样想走在线直销的道路，为什么不能像 Dell 一样获得成功？
2. 从 Compaq 直销失败的案例中，我们可在企业渠道决策方面得到哪些重要启示？

8.1 基本理论

8.1.1 分销渠道的职能和类型

商品和劳务只有到达消费者和用户的手中，才是现实的产品。在市场经济条件下，产品在流通领域内的这种运动是依赖一系列的中间商转移其所有权来实现的，担负这一职能的就是市场分销渠道。企业应根据市场状况、消费者特征和整体营销战略，策略性地构建和管理企业的分销渠道，提升企业的渠道竞争力。

一、分销渠道的概念

在市场营销理论中，有两个与渠道有关的术语经常不加区分地交替使用，这就是市场营销渠道和分销渠道。市场营销渠道是指配合起来生产、分销和消费某一生产者的产品和服务的所有企业和个人。也就是说，市场营销渠道包括某种产品供产销过程中的所有有关企业和个人，如供应商、生产者、商人中间商、代理中间商、辅助商以及最终消费者或用户等。分销渠道是指某种产品和服务在从生产者向消费者转移过程中，取得这种产品和服务的所有权或帮助所有权转移的所有企业和个人。因此，分销渠道包括商人中间商（因为他们取得所有权）和代理中间商（因为他们帮助转移所有权），此外，还包括处于渠道起点和终点的生产者和最终消费者或用户。但是，不包括供应商、辅助商。如图 8－1 所示。

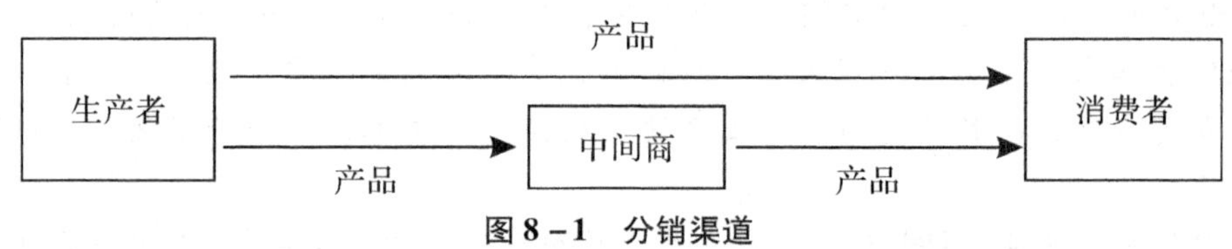

图 8－1　分销渠道

在当今的社会经济生活中，绝大多数生产厂商的绝大多数产品都不是由厂商自己直接将它们送达到最终顾客手中的，而是依靠各种类型的中间商与中介机构。那么，为什么营销企业要将大部分的销售工作委托给各种类型的中间商和中介机构去做，而不是全部由自己来完成？显然，这种委托不仅将部分商业利润转让给了中间商和中介机构，而且还放弃了对产品的市场控制权。原因是这种委托能给营销企业带来更多的利益。这种利益体现了分销渠道中营销中介的重要性。

首先，小的生产者缺乏直接进行市场营销分销的财力资源。因此，制造商会为每个区域市场选择中间商。

其次，为了获取大规模分销的经济性。一家口香糖制造商会发现，在世界各个市场上建立口香糖零售店，或者挨家挨户推销口香糖，都是不现实的。这样做缺乏效率。企业使用中间商分销商品，使中间商通过组合商品，同时实现众多商品的销售却能产生销售效率。这种效率来源于经济学意义上的范围经济。另外，从企业投资的角度分析，即使是有能力建立自己的市场分销渠道的制造商通常也是通过增加其主要业务的

投资而获得更大的回报。

再次，使用中间商是因为它们能够更有效地推动商品广泛地进入目标市场。市场营销中介机构凭借自己的各种关系、经验、专业知识以及活动规模，将比制造商干得更加出色。

总之，中间商的介入能提高分销效率，减少交易成本和费用。如图 8－2、图 8－3 所示。

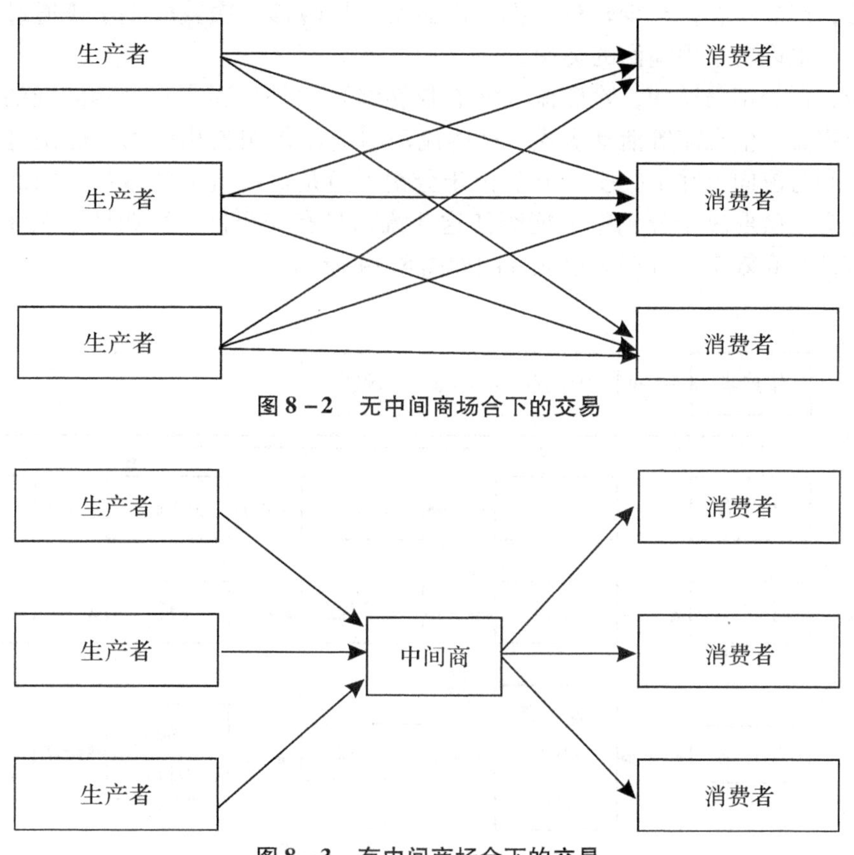

图 8－2　无中间商场合下的交易

图 8－3　有中间商场合下的交易

图 8－2 显示了三个生产者与三个消费者之间存在的交易，每个生产者都直接接触三个消费者，这个系统要求九次接触。图 8－3 显示了三个生产者通过同一个分销商，和三个消费者发生联系，这个系统只要求六次接触。图中的每一条交易线其实是由成本和费用构成的，因此，中间商的介入就减少了必须进行的工作量，减少了交易成本和费用。

二、分销渠道的特点和职能

企业要搞好分销渠道的决策与管理工作就需要了解分销渠道的特点。分销渠道的特点主要有以下几个方面：

第一，在市场营销学中，通常是以一种产品从生产者流向最终消费者或用户的整个分销过程为基本分析单位的。因此，每一条分销渠道的起点都是产品生产企业，终点则是那些在生活消费或生产消费中使用产品的最终消费者或用户。

第二，分销渠道是由参与商品流通过程的各类型的机构和人员（如生产者、各种代理商、批发商、零售商等）组成的，只有通过这些机构和人员，产品才能从生产者流向最终消费者或用户。

第三，在产品从生产企业向最终消费者或用户流动的过程中，产品的所有权也要发生转移，产品所有权至少转移一次，产品所有权转移的次数取决于流通过程中间环节的多少，也取决于中间商的类型。

第四，在分销渠道中，除商流（所有权转移）之外，还有与之相匹配的物流、货币流、促销流、信息流等活动形式。这些流动与商流是相辅相成的，但是这些流动在时间、空间与流向上并不完全一致。由于分销渠道是这些流动的载体，因而一条分销渠道的优劣也就取决于分销渠道能否使这些流动具有安全性、协调性、顺畅性、准确性、经济性与高效率。分销渠道流程图如图 8－4 所示。

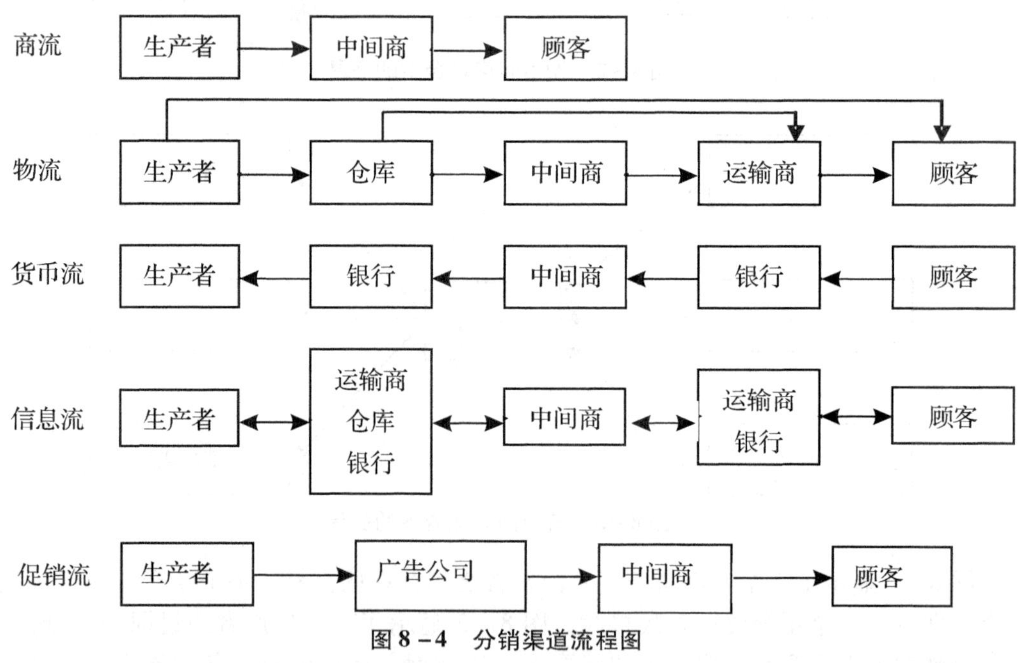

图 8－4　分销渠道流程图

从经济理论的观点来看，分销渠道的基本职能在于把自然界提供的不同原料根据人类的需要转换成有意义的产品组合。分销渠道对产品从生产者转移到消费者所必须完成的工作加以组织，其目的在于消除产品（或服务）与使用者之间的分离。

分销渠道的主要职能有如下几种：

（1）研究。即收集制订计划和进行交换所必需的信息。

（2）促销。即进行关于所供应的物品的说服性沟通。

（3）接洽。即寻找可能的购买者并与之进行沟通。

（4）配合。即使所供应的物品符合购买者需要，包括分类、分等、装配、包装等

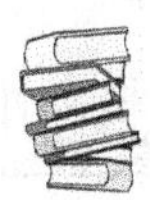

活动。

（5）谈判。即为了转移所供物品的所有权，而就其价格及有关条件达成最后协议。

（6）物流。即从事产品的运输、储存。

（7）融资。即为补偿渠道工作的成本费用而对资金的取得与支出。

（8）风险承担。即承担与渠道工作有关的全部风险。

三、分销渠道的类型

1. 直接渠道和间接渠道

分销渠道按照产品在流通过程中是否经过中间商，可以分为直接渠道和间接渠道。

（1）直接渠道。直接渠道是指生产者不经过任何中间环节，将产品直接销售给最终消费者或用户的分销渠道。直接渠道是产业用品销售采用的主要渠道，因为多数产业用品的技术比较复杂，特别是那些高技术产品，需要厂家给予安装、维护、指导使用和培训人员等方面的协助；产业用品的用户比较集中而且购买批次少、批量大，易于集中供货。

直接渠道的优点主要有：

1）了解市场。生产者通过与用户直接接触，能及时、具体、全面地了解消费者的需求和市场变化情况，从而能及时地调整生产经营决策。

2）减少费用。销售环节少，商品可以很快地到达消费者手中，从而缩短了商品流通时间，减少了流通费用，提高了经济效益。

3）加强推销。技术含量较高的商品，生产者可以对推销员进行训练，有利于扩大销售。较之中间商，消费者往往更信赖生产者直销的商品。

4）控制价格。一般情况下，分销渠道越长，生产者对产品价格控制的能力越差；分销渠道越短，对价格控制能力也越强。

5）提供服务。生产者能够直接给用户提供良好的服务，增强企业竞争力，促进产品销售。

但是直接渠道也存在缺点：生产者增设销售机构、销售设施和销售人员，就相应增加了销售费用，同时也分散生产者的精力；由于生产者自有的销售机构总是有限的，致使产品市场覆盖面过窄，易失去部分市场；由于生产者要自备一定的商品库存，这就相应减缓了资金的周转速度，从而减少了对生产资金的投入；商品全部集中在生产者手中，一旦市场发生什么变化，生产者要承担全部损失。

一般大型设备、专用工具以及技术复杂、需要提供专门服务的产品，企业都采用直接渠道分销。在消费品市场，直接渠道也有扩大趋势。像鲜活商品，有着长期传统的直销习惯；新技术在流通领域中的广泛应用，也使邮购、电话及电视销售和互联网销售方式逐步展开，促进了消费品直销方式的发展。

（2）间接渠道。间接渠道是指生产者通过若干中间环节，包括经销商、代理商、批发商、零售商等，把产品销售给最终消费者或用户的分销渠道。其优点是：

1）为生产企业缩短了买卖时间，在一定程度上帮助生产企业节约了营销费用，有利于生产企业把人、财、物等资源集中用于发展生产。

2）中间商具有较丰富的市场营销知识和经验，又与顾客保持着密切而广泛的联系，了解市场情况及顾客的需求特点，因而能够有效地促进商品的销售，弥补生产企业销售能力弱的缺陷。

3）在间接渠道中，中间环节承担了采购、运输和销售的任务，起到了集中存储、平衡与扩散商品的作用，进而调节了生产与消费需求之间的商品数量、花色品种和等级方面的矛盾。

同步案例

1995 年，杭州的饮料市场竞争异常激烈，而刚刚投放杭州市场的一种新饮料——“国力”饮料，在经销方面走出了一条与众不同的新路：既不搞总经销，也不搞直销，而是把杭州 2 000 多家街巷里弄的零售小店作为自己的主要销售网点，形成了与众不同的经销特色。

杭州国力饮料厂新开发研制了草莓胡萝卜汁和菠萝汁，新产品刚上市时，他们迫切想得到一些经销商的支持和帮助，但不少经销商提出了较高的要求；与此同时，“国力”饮料想打入杭州个别较有名望的大商场也存在不同程度的困难。面对以上情况，厂长决定在分销上走一条与众不同的经销新路子。厂长发现“国力”饮料的特点是使用无菌塑料包装，定价较低，特别适合大众消费，何不在杭州近 3 000 家零售小店上打开销路？从 4 月份开始，“国力”饮料的所有营销人员开始每天串街走巷，仅一个月时间就建立了 2 000 余小店的经销网络。虽然是小店零星卖，但销售出乎“国力”的意料，头一个月的月销量就达 1 万余箱。

“国力”饮料直接进入小商店，减少了中间环节，使小店的赢利也比从经销商进货来得高。

但是，间接渠道也存在一定的缺点，如流通环节多，不仅增加了销售费用，而且也延长了流通时间；生产者获得市场信息不及时、不直接；中间商对消费者提供的售前售后服务，往往由于不掌握技术等原因而不能使消费者满意。

间接渠道是消费品销售采用的主要渠道，有些产业用品如次要设备、零部件等经常使用这种渠道。

2. 长渠道和短渠道

在商品流通过程中，从生产者开始，商品每经过一个直接或间接的转移商品所有权的营销机构就称之为一个流通环节或一个中间层次。分销渠道的长度取决于商品在整个流通过程中经过的流通环节或中间层次的多少，经过的流通环节或中间层次越多，分销渠道就越长，反之，分销渠道就比较短。

（1）长渠道。长渠道是指经过两个或两个以上的中间环节把产品销售给消费者的分销渠道，即二阶以上的销售渠道。该渠道的优点是：

1）渠道长、分布密、触角多，能有效地覆盖市场。

2）扩大商品的销售，能充分利用中间商的职能作用，市场风险小。

3）生产者把产品大量销售给中间商，减少了资金占用，从而节约了费用开支。

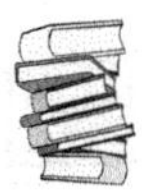

但是长渠道也存在缺点：长渠道使生产者市场信息迟滞；生产者、中间商、消费者之间关系复杂，难以协调；商品价格一般较高，不利于市场竞争。

（2）短渠道。短渠道是指没有或只经过一个中间环节的销售渠道。其优点是：

1）能减少流通环节，流通时间短，费用少，产品最终价格较低，能增强市场竞争力。

2）信息传播和反馈速度快。

3）由于环节少，生产者和中间商较易建立直接的、密切的合作关系。

但是短渠道也存在缺点：迫使生产者承担更多的商业职能，不利于集中精力搞好生产。

分销渠道的长与短只是相对而言的，仅为形式的不同而已，并不决定它们孰优孰劣。分销渠道长度决策的关键在于，企业选择的渠道类型应具有较高的分销效率和经营效益。一般情况是，在长渠道中商品分销的职能分散在多个市场营销机构的身上，在短渠道中商品分销的职能相对集中地由少数市场营销机构来承担。例如，一家服装加工厂决定改由自己的推销机构直接向消费者出售商品，这样一来，这家服装加工企业就要把原来由批发商、零售商替他承担的储存、运输、包装、匹配、资金周转、风险承担等多项职能统揽起来。因此，企业在选择分销渠道时，关键是要针对自身条件和环境要求，权衡利弊得失，选择适合本企业和产品的渠道。

3．宽渠道和窄渠道

分销渠道的宽度，取决于分销渠道内每个层次上使用同种类型中间商数目的多少。在分销渠道的每个层次上，使用同种类型中间商数目越多，分销渠道越宽，反之，分销渠道就比较窄。

（1）宽渠道。宽渠道是指生产者通过两个或两个以上的同类中间商来销售自己的产品。例如，某种产品的生产者通过较多的批发商、零售商将其产品销售给广大地区的消费者，这种产品的分销渠道就比较宽。其优点是：

1）通过多家中间商来广泛分销，使消费者随时随地买到需要的产品。

2）容易使竞争者展开竞争，提高产品的销售效率。

但是其缺点是不利于中间商的合作。

（2）窄渠道。窄渠道是指生产者只选用一个中间商来销售自己的产品。其优点是：有利于生产者控制市场和价格，激发中间商经营的积极性，提高企业形象。但也存在一定的风险，如果中间商选择不当，会给企业在这一地区的销售活动带来很大的损失。

8.1.2　分销渠道策略

一、影响分销渠道的因素

影响渠道设计的限制因素很多，主要有客户、产品、企业、中间商和环境等方面。

1．客户因素

客户是市场营销活动的中心，市场营销组合中的所有方面都离不开对市场的分析。

（1）潜在客户的状况。潜在客户的数量直接决定着渠道的长度和宽度。通常，客户数量越大，渠道的长度和宽度相对也会更大一些。

（2）市场的地区性。通常，目标客户相对集中，分销渠道可以短些；潜在客户的分散程度较高，渠道的控制较难，费用也相应较高。

（3）消费者的购买习惯。消费者对各类商品的购买习惯，如对购买场所的偏好、对服务的要求等均直接影响分销渠道。例如，消费品中的便利品（如香烟、肥皂、牙膏等）购买次数很频繁，消费者希望方便地买到，生产者就应该选择长而宽的渠道设计，尽可能地提高产品的市场暴露度。

2．产品因素

产品本身的特点对渠道设计影响重大，主要表现在以下几个方面：

（1）产品的耐腐性。产品是否易腐烂决定了渠道的长短。如果产品极易腐烂变质，就应该采用短而迅速的渠道结构。

（2）产品的时尚性。对式样、款式变化快的产品，应利用短而迅速的渠道结构。

（3）产品的单位价值。一般而言，单位价值越高的产品，渠道结构越短、越窄；反之，渠道越长、越宽。

（4）产品的体积和重量。体积过大或过重的产品应选择直接或较短的渠道，减少搬运和装卸的麻烦与损失。

（5）产品的标准化程度。通常，产品的标准化程度越高，渠道越长、越宽。

（6）产品的技术性和售后服务。具有高度技术性和需要经常服务与保养的产品，分销渠道较短。

（7）产品的生命周期。处于产品生命周期不同阶段的产品渠道结构有所不同。例如，衰退期的产品就要压缩分销渠道。

3．企业因素

渠道设计还应符合企业自身的特点。

（1）企业的规模。企业渠道的选择往往受到企业规模的限制。通常来说，大公司更容易获得中间商的支持。而且，大公司产品组合宽度和深度大，即产品的种类、型号规格较多，企业可以直接销售给各个零售商，这种分销渠道是短而宽的；反之，如果企业的产品组合的宽度和深度小，就应采取长而宽的渠道。

（2）企业的基本目标。如果企业为了实现其战略目标，在策略上就需要控制市场零售价格和渠道系统，加强销售力量，减少中间商的数目，以加强自身权力的集中程度。

（3）企业的管理能力。企业的声誉、财力、经营管理能力制约了企业渠道设计。如果企业产品质量好，资金雄厚，又有经营管理销售业务的经验和能力，在设计分销渠道和挑选中间商上就有很大的自由度，甚至可以建立自己的销售力量。反之，企业财力薄弱或缺乏管理销售业务的经验和能力，一般只能通过若干中间商推销其产品，采用长而宽的渠道。

4．中间商因素

作为分销渠道中的主要成员，可供企业利用的中间商数量及其特点对渠道结构影响举足轻重。

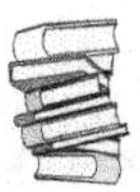

（1）可供利用的中间商种类和数量。不同类型的中间商在执行各种任务时有不同的优势和劣势。可供企业利用的中间商种类决定了企业渠道的构成，而其数量则限制了渠道设计的宽窄。

（2）利用中间商所需要的成本。利用中间商的成本高于企业自己销售，企业会考虑选择直接渠道或组建自己的销售队伍。

（3）中间商的能力。中间商的销售和服务能力在很大程度上决定着企业的渠道策略。如果中间商的能力较弱，企业宁可自己进行直接销售。

（4）中间商可提供的服务。企业希望能够以合理的价格获得中间商提供的服务，包括售前、售中、售后服务等。

5．竞争者因素

企业在进行渠道设计时，必须考虑竞争对手的渠道决策。一般情况下，企业尽量避免和竞争者使用一样的分销渠道。例如，雅芳公司采取上门推销化妆品的形式，避开与竞争者在商店货柜的竞争。但是有时候，由于受到消费者购买模式的影响，企业不得不使用与竞争者一样的渠道。例如，消费者在挑选电视机等家电产品时往往要比较品牌、价格和性能等，企业必须使自己的产品出现在同类产品集中的零售商店中。

6．环境因素

渠道设计还受到经济、社会文化、法律、技术等宏观环境因素的影响。这些宏观环境因素有时直接影响企业的渠道设计决策，但更多的时候是通过对市场和客户发生影响而反映到渠道结构上。例如，随着信息技术的发展，计算机的广泛运用使消费者享受网络购物的便捷和轻松，企业可以通过电子商务设计自己的分销渠道。再如，在经济环境不景气时，企业会用最经济的方法推销其产品，这往往意味着采用较短的渠道和取消一些非根本性的服务。

二、分销渠道的基本策略

根据分销渠道宽窄的不同选择，可以形成密集分销、独家分销和选择分销三个策略。

1．密集分销策略

密集分销策略指尽可能通过较多的中间商来分销商品，以扩大市场覆盖面或快速进入一个新市场，使更多的消费者可以买到这些产品。但是，这一策略生产者付出的销售成本较高，中间商积极性较低。

2．独家分销策略

独家分销策略指生产者在一定时间、一定地区只选择一家中间商分销商品。生产者采取这一策略可以得到中间商最大限度的支持，如价格控制、广告宣传、信息反馈、库存等。其不足之处是市场覆盖面有限，而且当生产者过分信赖中间商时，就会加大中间商的砍价能力。

3．选择分销策略

选择分销策略指在一个目标市场上，依据一定的标准选择少数中间商销售其产品。选择分销策略可以兼有密集分销策略和独家分销策略的优点，避开两个策略的缺点。

三种分销渠道策略的比较，如表 8－1 所示。

表 8－1　分销渠道三策略比较

分销渠道策略	密集分销策略	选择分销策略	独家分销策略
渠道的长度、宽度	长而宽	较短而窄	短而窄
中间商数量	尽可能多的中间商	有限中间商	一个地区一个中间商
销售成本	高	较低	较低
宣传任务承担者	生产者	生产者、中间商	生产者、中间商
商品类别	便利品	选购品、特殊品	高价品、特色商品

8.1.3　分销渠道设计与管理

渠道设计指企业为建立市场营销渠道或对已经存在的渠道进行变更的策略活动。企业在进行渠道设计决策时，应该确定理想的渠道、可行的渠道和适用的渠道。为此，企业需要分析客户需要的服务水平，建立渠道目标和限制因素，识别主要的渠道选择方案，并做出评价。

一、渠道设计的基本内容

1．分析客户需要的服务水平

设计渠道的第一步是理解其所选择目标市场的潜在客户需要的服务水平。企业应该充分了解客户习惯购买的商品及其购买的地点、原因、时间和方式，从而明确渠道应对客户购买商品提供何种解决方案，即为目标客户设计的服务供应水平。影响渠道服务供应水平的因素主要有：

（1）批量大小。即市场营销渠道在购买过程中提供给典型客户的单位数量。一般而言，批量越小，由渠道所提供的服务供应水平越高。

（2）等候时间。即渠道客户等待收到货物的平均时间。客户总是喜欢快速交货渠道。但快速服务要求一个高的服务产出水平。

（3）便利程度。即客户能够在他所需要的时候方便地获得商品的程度。

（4）选择性大小。一般来说，渠道成员提供的产品花色品种越多，使客户满足需要的机会就越多。

（5）服务支持。即渠道提供的诸如信贷、交货、安装、修理等附加服务的程度。渠道成员提供的附加服务越多，要求的服务支持越强大。

值得注意的是，服务供应水平并非越高越好。因为高的服务供应水平往往也意味着渠道成本的增加和价格的提高。有时候，客户在降低服务水平能降低价格时，宁愿接受较低的服务水平，折扣店的成功就是有力的例证。企业要根据目标客户的需求特点，设立恰当的服务供应水平。

2．设定渠道目标与限制因素

渠道目标包括企业预期要达到的客户服务水平和中间机构应该发挥的功能等。企

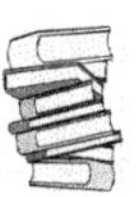

业总是希望以最低的成本完成期望的渠道服务供应水平。他们可以根据消费者对服务的不同需求来划分市场，安排渠道成员的功能任务。有效的渠道计划首先要决定需达到的目标和进入的市场。企业渠道目标因环境的变化而变化。同时，渠道策略作为企业市场营销整体策略的一部分，还必须注意与有效组合的其他方面相协调。

在渠道目标设置好之后，企业还必须将达到目标所需要执行的各项任务，如购买、销售、沟通、运输、储存等，明确地列示出来，以便依据不同类型的中间商的优势，合理安排各项功能任务。

3．明确各种渠道设计方案

确定渠道设计的目标和限制因素之后，企业要明确各种可能的渠道设计方案。渠道设计方案一般包括三方面的基本内容：中间商的基本类型（渠道长度）、中间商的数目（渠道宽度）以及各中间商的特定任务和责任。

（1）中间商类型。企业要明确能够完成渠道工作的各种中间商的类型，即明确如何以有效的方式将特定的产品送达用户市场。企业在选择中间商时，常常会面临若干个可行的方案。

例如，某一制造商开发一种商用空气净化机，有以下渠道方案可供选择：

1）运用企业现有的推销人员，借助直接邮寄和商业杂志。

2）扩大企业的推销队伍，上门与特定用户接洽。

3）依靠熟悉不同行业及不同地区情况的代理商推销产品。

4）通过能够承担一定促销活动，并拥有一定存货水平的批发商销售产品等。

（2）中间商的数目。企业必须决定每个渠道层次使用中间商的数目。同一渠道层级的中间商数目反映了渠道的宽度，是企业追求市场覆盖面和销量的表现。从独家分销，到选择分销，再到密集分销，渠道的宽度逐步增加，企业的市场覆盖面也在提高。但不同产品适合的市场覆盖面不同。例如，密集分销并不适合于高档名牌商品，如果将独家专卖的高档名牌产品盲目地扩大到大众商业企业，将会失去原有的品牌、服务和价格优势，损害消费者心目中的品牌形象和价值认同。

（3）渠道成员的特定任务和责任。在将产品由企业转移到目标市场的过程中，需要完成运输（将产品运送至目标市场）、广告（通过广告媒介通知并影响购买者）、储存（准备接受订货的货物存储）和接触（寻找购买者并与购买者协商交易条件的推销工作）等主要任务。企业应该将这些任务一一列出，然后根据渠道成员不同类型的差异和执行任务时的优势和劣势，合理安排，避免冲突。

在处理企业和渠道成员的责任分配时，主要涉及价格政策、销售条件、地区权利以及每一方所应提供的具体服务。

1）价格政策。价格政策要求企业制定价目表和折扣细目单，并确保这些价格信息是公平的和充分的。

2）销售条件。销售条件指付款条件和企业的担保。大多数企业对于及时付款的分销商给予现金折扣，并向分销商提供有关质量问题和价格下跌的担保。

3）分销商的地区权利。分销商需要知道企业如何划分特许经销权的范围，以便明确自己的责任和权利范围。

4）企业和中间商的服务与责任。渠道设计方案还必须明确企业与中间商各自承担的服务和责任，尤其是在采用特许经营和独家代理等形式时。

4．评估和确定渠道方案

企业对以上各种可能的渠道方案进行评价，确定最能够对渠道任务做出相对合理的分配，并满足企业长期目标的方案。评估标准有三个，即经济性、可控制性和适应性。

（1）经济性标准。经济性标准即考核渠道的成本效益。每一种渠道方案都将产生不同的销售量和成本。企业要比较是利用企业的销售队伍销售量大，还是使用代理商销售量大。大多数营销经理认为，使用企业自己的推销队伍销售量更大，因为企业自己的销售代表熟悉企业的产品，接受过推销训练，并且将自己的未来和企业密切联系，因而更富有进取精神，客户更喜欢直接与企业打交道。但销售代理在销售人员数量、市场联系广泛等方面也有优势。

在成本方面，利用销售代理机构的固定成本比企业组建自己的办事处要低，但利用代理机构的费用随时间有所增长，因为他们的佣金更高。

（2）可控制性标准。可控制性标准是考核企业对渠道成员的销售活动是否符合规范和企业利益的监管程度。代理商是一个有着独立经济利益的组织，它关心的是自己的利润最大化。因此，代理商往往更加关注对自己利润贡献最大的产品，而不是对某个特定企业的产品感兴趣。另外，代理商的推销人员可能没有掌握公司产品的技术细节，或不能有效地对待和运用委托人的促销材料。

（3）适应性标准。适应性标准考核渠道适应环境变化的能力，即应变能力如何。但是，任何渠道方案都会有一定的稳定性，即在合约有效期内，即使采用其他销售法会更有利，企业也不得任意取消合约。所以，当涉及一项长期承诺的渠道合约时，企业一定要慎重，在经济性和可控制性方面都很优越的前提下，才考虑承诺。

同步案例

东莞某家家具制造商希望在上海出售其产品，正在考虑两种方案：一是聘用10名新的销售代表，在上海组成一个销售办事处。销售人员除基本工资外，视其销售量获得佣金；二是利用一家与零售商有广泛联系的销售代理，该代理机构有30个销售代表，将按其销售量获得佣金。

问题：

请帮助该制造商评价两种方案的优劣。

二、分销渠道管理

企业在进行渠道设计之后就需要对渠道进行管理。即对中间商进行选择，在分销渠道设计运行后还涉及对中间商的激励、评估以及对渠道系统进行调整等问题。

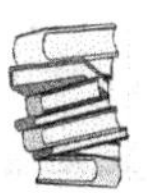

1．选择渠道成员

企业在招募中间商时经常出现两种情况：一是毫不费力地找到愿意加入渠道系统的中间商；二是必须费尽心思才能找到期望数量的中间商。不论遇到哪一种情况，企业都必须在明确有关中间商的优劣的基础上，根据分销渠道的设计要求对中间商作出选择。一般来讲，企业在选择渠道成员的过程中，要了解中间商经营时间的长短、成长记录、人员的素质与数量、清偿能力、合作态度、经销的其他产品大类的数量与性质、商店的位置、经常光顾的顾客类型、市场形象与声望、未来发展潜力等情况。

2．激励渠道成员

尽管促使中间商加入渠道的因素和条件已构成部分激励因素，但在分销渠道的运行过程中企业仍需通过不断地监督、指导与鼓励以使中间商尽职尽责。由于进入分销渠道的中间商类型多种多样、运营方式各异、与企业之间的经销关系不完全相同，因而监督、指导与激励中间商的工作非常复杂。

3．评估渠道成员

企业除了选择和激励渠道成员外还必须定期评估他们的绩效，如果某一渠道成员的绩效低于既定标准就要找出原因并考虑可能的补救方法。

测量中间商绩效的方法一般有三种：一是纵向比较法，将每一中间商的销售绩效与上期销售绩效进行比较；二是横向比较法，将每一中间商的本期销售绩效与整个群体的平均销售绩效进行比较；三是定额比较法，将各中间商的绩效与根据对该地区销售潜量分析而设立的销售定额相比较，然后将各中间商按先后名次进行排列。

中间商的销售绩效低于群体平均水平或未达既定比率而排名偏后，可能是主观原因所致，也可能是一些客观原因造成的，如当地经济衰退、某些顾客不可避免地流失、主力推销员的丧失或退休等。因此，企业应根据具体情况采取有针对性的措施来加以扭转。

4．调整渠道系统

企业在设计了一个良好的分销渠道系统后，不能放任其自由运行而不采取任何纠正措施。事实上，为了适应市场需要的变化，整个渠道系统或部分渠道成员必须随时加以调整。

分销渠道的调整可以从三个层次上来考虑：从经营的具体层次看，可能涉及增减某些渠道成员；从特定市场规划的层次看，可能涉及增减某些特定分销渠道；在企业系统计划阶段，可能涉及整个分销系统构建的新思路。

（1）增减某些渠道成员。在分销渠道的管理与改进活动中，最常见的就是增减某些中间商的问题。企业在进行这方面决策时，应注意渠道上成员之间业务上的相关关系与相互影响，要着重弄清增减某些渠道成员后企业的销售量、成本与利润将如何变化。

（2）增减某些分销渠道。随着市场需求、环境条件以及自身生产经营活动的不断变化，企业的某些分销渠道可能会失去作用，同时又需要新的分销渠道进入新的市场。因而，企业在分销渠道的管理活动中应注意分销渠道的增减调整。

（3）调整整个分销渠道系统。调整整个分销渠道系统是生产企业最困难的渠道变化决策，因为这种决策不仅涉及渠道系统本身，而且涉及营销组合等一系列市场营销策略的相应调整，因此必须慎重对待。

8.1.4 中间商

中间商是指处于生产商和消费者之间，参与商品交易活动，促进买卖行为发生和实现的具有法人资格的经济组织或个人。按其在流通过程中所起的不同作用，中间商可以分为批发商和零售商，按其是否拥有商品所有权可以分为经销商和代理商。在商品流通过程中，中间商所起的作用非常重要，他们是生产者和消费者之间的纽带与桥梁。实际上，要想更好地了解中间商及其购买行为，中心问题就是中间商的选择以及生产者与中间商、最终消费者或用户之间关系的协调问题。

1. 选择中间商的条件

（1）中间商的市场范围。市场是选择中间商最关键的原因。首先要考虑预先订的中间商的经营范围所包括的地区与产品的预计销售地区是否一致。比如，产品在东北地区，中间商的经营范围就必须包括这个地区。其次，中间商的销售对象是否是生产者所希望的潜在顾客，这是最根本的条件。因为生产者都希望中间商能打入自己已确定的目标市场，并最终说服消费者购买自己的产品。

（2）中间商的产品政策。中间商承销的产品种类及其组合情况是中间商产品政策的具体体现。选择时一要看中间商有多少“产品线”（供应来源），二要看各种经销产品的组合关系，是竞争产品还是促销产品。一般认为应该避免选用经销竞争产品的中间商，即中间商经销的产品与本企业的产品是同类产品，比如都为21英寸的彩色电视机。但是若产品的竞争优势明显就可以选择出售竞争者产品的中间商。因为顾客会在对不同生产企业的产品作客观比较后，决定购买有竞争力的产品。

（3）中间商的地理区位优势。区位优势即位置优势。选择零售中间商最理想的区位应该是顾客流量较大的地点。批发中间商的选择则要考虑其所处的位置是否利于产品的批量储存与运输。通常以交通枢纽为宜。

（4）中间商的产品知识。许多中间商被规模巨大、而且有名牌产品的生产者选中，往往是因为他们对销售某种产品有专门的经验。选择对产品销售有专门经验的中间商就会很快地打开销路。因此生产企业应根据产品的特征选择有经验的中间商。

（5）预期合作程度。中间商与生产企业合作的好会积极主动地推销企业的产品，对双方都有益处。有些中间商希望生产企业也参与促销，扩大市场需求，并相信这样会获得更高的利润。生产企业应根据产品销售的需要确定与中间商合作的具体方式，然后再选择最理想的合作中间商。

（6）中间商的财务状况及管理水平。中间商能否按时结算包括在必要时预付货款，取决于财力的大小。整个企业销售管理是否规范、高效，关系着中间商营销的成败，而这些都与生产企业的发展休戚相关，因此，这两方面的条件也必须考虑。

（7）中间商的促销政策和技术。采用何种方式推销商品及运用选定的促销手段的能力直接影响销售规模。有些产品广告促销比较合适，而有些产品则适合通过销售人员推销。有的产品需要有效的储存，有的则应快速运输。要考虑到中间商是否愿意承担一定的促销费用以及有没有必要的物质、技术基础和相应的人才。选择中间商前必

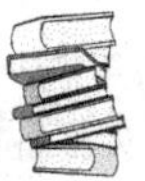

须对其所能完成某种产品销售的市场促销政策和技术的实现可能程度作全面评价。

（8）中间商的综合服务能力。现代商业经营服务项目甚多，选择中间商要看其综合服务能力如何，有些产品需要中间商向顾客提供售后服务，有些在销售中要提供技术指导或财务帮助（如赊购或分期付款），有些产品还需要专门的运输存储设备。合适的中间商所能提供的综合服务项目与服务能力应与企业产品销售所需要的服务要求相一致。

2. 有效地激发中间商的购买行为

在生产者激发中间商以及试图与中间商建立长期、稳定、协调的合作关系时，应注意以下问题：

（1）了解各个中间商的心理状态与行为特征。了解各个中间商的心理状态与行为特征是激励的基础，中间商有下列心理和行为时，需引起重视：不重视某些特定品牌的销售；缺乏有关产品的知识；不认真使用生产者的广告资料；忽略了生产者认为重要的顾客；不能准确地保存销售记录，等等。针对以上问题，生产者应及时采取措施予以解决。

（2）生产者应尽量避免激励过分与激励不足两种情况 。当生产者给予中间商的优惠条件超过取得合作与努力水平所需条件时，就会出现激励过分的情况，其结果是销售量提高而利润下降。当生产者给予中间商的条件过于苛刻以致不能激励中间商努力工作时，则会出现激励不足的情况，其结果是销售量降低、利润减少。所以，生产者必须确定采用何种方式以及花费多少力量来鼓励中间商。

一般来讲，生产者对中间商的基本激励水平应以现有交易关系组合为基础。如果对中间商仍激励不足则可以考虑采取以下措施：

1）提高中间商可得的毛利率，放宽条件或改变交易关系组合。

2）采取人为的方法来刺激中间商使之付出更大努力，如挑剔中间商迫使他们创造更有效的销售机制，举办中间商销售竞赛以提高其销售积极性，单独或与中间商联手开展广告与宣传活动调动中间商的积极性等。

不论上述方法是否与真正交易关系组合有直接或间接关系，生产者都必须小心观察中间商如何从自身利益出发来看待、理解这些措施，因为在渠道关系中存在着许多潜伏的矛盾点，拥有控制权的生产者很容易无意识地伤害到中间商的商誉。

同步案例

河南某酒厂在1998年度抢滩山西市场时，共选择了98家中间商分布在全省各地。为调动中间商的积极性，该酒厂规定完成300吨销售任务者奖励带有广告宣传厢体的送货车一部，另外厂家还赞助中间商2.5万元的促销费用，从而大大调动了中间商的积极性，使这一个名不见经传的小酒厂在名酒云集的山西市场占有一席之地。

“野老”牌稻田除草剂的生产厂家浙江天丰化学有限公司在进军湖北市场时，向基层几千家中间商发布消息：1999年将评选“野老”除草剂10大中间商。具体办法是：在每箱产品（一箱200小包）中放置一张抽奖券和一张调查问卷。中间商填好抽奖券和调查问卷后寄回公司，公司根据中间商寄来的抽奖券数量的多少，评选出十大中间商，每个奖长虹29英寸彩电一台。这种销售竞赛活动，能刺激销售实力较强的中间商多进货、多销货。

（3）生产者可以通过分销规划与中间商建立长期、稳定、协调的使用关系。所谓分销规划，指的就是建立一个有计划的、实行专业化管理的垂直渠道系统，从而把生产者的需要与中间商的需要更为紧密地结合起来。在建立管理型垂直渠道系统的过程中，生产者应专设一个分销关系规划处，负责确认中间商的需要，制定交易计划以及有关方案，帮助中间商以最佳方式经营。该部门应与中间商合作确定交易目标、存货水平、商品陈列计划、销售人员训练要求、广告与销售促进计划等。建立管理型垂直渠道系统，将大大提高分销系统的运行效率，生产者、中间商以及消费者都可以从中受益。

本节小结

分销渠道，是指某种产品和服务在从生产者向消费者转移过程中，取得这种产品和服务的所有权或帮助所有权转移的所有企业和个人。分销渠道有多种类型。按是否使用中间商，可以分为直接渠道和间接渠道；按使用中间商的多少，可以分为长渠道和短渠道；按各环节使用同种类型中间商的数目，可以分为宽渠道和窄渠道。

影响渠道设计的限制因素很多，主要有客户、产品、企业、中间商和环境等方面。

渠道设计指企业为建立市场营销渠道或对已经存在的渠道进行变更的策略活动。企业在进行渠道设计决策时，应该确定理想的渠道、可行的渠道和适用的渠道。为此，企业需要分析客户需要的服务水平，建立渠道目标和限制因素，识别主要的渠道选择方案，并做出评价。

在商品流通过程中，中间商所起的作用非常重要，它们是生产者和消费者之间的纽带与桥梁。实际上，要想更好地了解中间商及其购买行为，中心问题就是中间商的选择以及生产者与中间商、最终消费者或用户之间关系的协调问题。

8.2 技能训练

8.2.1 基本练习

一、名词解释

1. 直接渠道　2. 间接渠道　3. 批发商　4. 零售商
5. 分销渠道　6. 渠道冲突　7. 商人中间商　8. 代理中间商

二、不定项选择题

1. 使所供应的物品符合购买者需要，包括分类、分等、装配、包装等活动属于分销渠道职能中的（　　）。
   A. 促销职能　B. 配合职能　C. 接洽职能　D. 物流职能
2. 当生产量大且超过企业自销能力的许可时，其渠道策略应选择为（　　）。
   A. 直接渠道　B. 间接渠道　C. 专营渠道　D. 供应渠道
3. 生产牙膏产品的企业一般应选择的渠道策略是（　　）。
   A. 直接渠道　B. 间接渠道　C. 专营渠道　D. 供应渠道

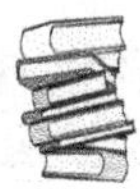

4. 下列的（　　）是工业用品分销渠道的主要类型。
   A. 专营渠道　B. 供应渠道　C. 直接渠道　D. 间接渠道
5. 一般来讲，批量大、市场比较集中或产品本身技术复杂、价格较高的产品适用（　　）。
   A. 长渠道　B. 短渠道　C. 中渠道　D. 零渠道
6. 当产品进入成长期和成熟期后，随着产品销量的增加，市场范围的扩大，竞争的加剧，企业可采用（　　）策略。
   A. 长渠道　B. 短渠道　C. 中渠道　D. 零渠道
7. 通常企业具有较丰富的市场销售知识与经验，有足够的销售力量和储运与销售设施，可以采用（　　）策略。
   A. 长渠道　B. 短渠道　C. 宽渠道　D. 窄渠道
8. 许多小企业因规模有限不值得建立自己的销售力量，也不值得与代理商签订长期契约，（　　）就是较合适的选择。
   A. 代理商　B. 信托商　C. 特许经营　D. 经纪人
9. 以下的（　　）策略适用于一些选择性较强的耐用消费品、高档消费品和专用性较强的零配件以及技术服务要求较高的工业品的销售。
   A. 广泛性分销　B. 选择性分销　C. 差异性分销　D. 独家分销
10. 分销渠道的每个层次使用同种类型中间商数目的多少，被称为分销渠道的（　　）。
    A. 宽度　B. 长度　C. 深度　D. 关联度
11. 以大批量、低成本、低售价和微利多销的方式经营的连锁式零售企业是（　　）。
    A. 超级市场　B. 方便商店　C. 仓储商店　D. 折扣商店
12. 批发商的最主要的类型是（　　）。
    A. 商人批发商　B. 经纪人
    C. 代理商　D. 制造商销售办事处
13. 企业对中间商的基本激励水平应以（　　）为基础。
    A. 中间商的业绩　B. 企业实力
    C. 交易关系组合　D. 市场形势
14. 生产消费品中的便利品的企业通常采取（　　）的策略。
    A. 密集分销　B. 独家分销　C. 选择分销　D. 直销

三、判断题

1. 分销渠道是产品从制造商转移到零售商所经过各中间商连接起来形成的通道。（　　）
2. 对体积大而重、价格又昂贵的工业品，应采用间接渠道策略。（　　）
3. 代理商与经销商的本质区别在于是否拥有产品的所有权。（　　）
4. 经纪人是从事购买或销售或二者兼备的洽商工作，并取得产品所有权的商业单位。（　　）

5. 由于广告拉力过大而渠道建设没有跟上等原因，很容易产生地区窜货现象。（　）

6. 自动售货机能向顾客提供24小时服务和无需搬运产品等便利条件。（　）

7. 企业一般根据竞争者的现行顾客服务水平来确定自己的顾客服务水平。（　）

8. 专业商店是指规模较大，能够满足顾客对时尚商品多样化选择需求的零售业态。（　）

9. 百货商店是指经营某一类商品或某一类商品中的某一品牌的零售业态。（　）

10. 当中间商是销售代理商时，生产者除了评估其经营时间的长短及其成长记录、清偿能力、合作态度、声望以外，还应评估其经销的其他产品大类的数量与性质、推销人员的素质与数量。（　）

四、问答题

1. 什么是分销渠道？分销渠道的类型有哪些？
2. 渠道的控制方法有哪些？
3. 影响分销渠道设计的因素有哪些？
4. 简述分销渠道管理的内容。

8.2.2 理论运用

案例1

娃哈哈：渠道的成功与困惑

杭州娃哈哈集团有限公司（以下简称“娃哈哈”）是目前中国最大的食品饮料生产企业，在全国23个省市建有60多家合资控股、参股公司，在全国除台湾外的所有省、自治区、直辖市均建立了销售分支机构，拥有员工近2万名，总资产达66亿元。娃哈哈主要从事食品饮料的开发、生产和销售，已形成年产饮料600万吨的生产能力及与之相配套的制罐、制瓶、制盖等辅助生产能力，主要生产含乳饮料、瓶装水、碳酸饮料、茶饮料、果汁饮料、罐头食品、医药保健品七大类50多个品种的产品。2003年，公司营业收入突破100亿元大关，成为全球第五大饮料生产企业，仅次于可口可乐、百事可乐、吉百利、柯特4家跨国公司。自1998年以来，娃哈哈在资产规模、产量、销售收入、利润、利税等指标上一直位居中国饮料行业首位。

娃哈哈的产品并没有很高的技术含量，其市场业绩的取得和它对渠道的有效管理密不可分。娃哈哈在全国31个省市选择了1 000多家能控制一方的经销商，组成了几乎覆盖中国每一个乡镇的联合销售体系，形成了强大的销售网络。娃哈哈非常注重对经销商的促销努力，公司会根据一定阶段内的市场变动、竞争对手的行为以及自身产品的配备而推出各种各样的促销政策。针对经销商的促销政策，既可以激发其积极性，又保证了各层销售商的利润，因而可以做到促进销售而不扰乱整个市场的价格体系。娃哈哈对经销商的激励采取的是返利激励和间接激励相结合的全面激励制度。娃哈哈通过帮助经销商进行销售管理，提高销售效率来激发经销商的积极性。娃哈哈各区域

分公司都有专业人员指导经销商，参与具体销售工作；各分公司派人帮助经销商管理铺货、理货以及广告促销等业务。

娃哈哈的经销商分布在全国31个省市，为了对其行为实行有效控制，娃哈哈采取了保证金的形式，要求经销商先交预付款。对于按时结清货款的经销商，娃哈哈偿还保证金并支付高于银行同期存款利率的利息。娃哈哈总裁宗庆后认为："经销商先交预付款的意义是次要的，更重要的是维护一种厂商之间独特的信用关系。我们要经销商先付款再发货，但我给他利息，让他的利益不受损失，每年还返利给他们。这样，我的流动资金十分充裕，没有坏账，双方都得了利，实现了双赢。娃哈哈的联销体以资金实力、经营能力为保证，以互信互助为前提，以共同受益为目标，指向持久的市场渗透力和控制力，并能大大激发经销商的积极性和责任感。"

为了从价格体系上控制窜货，娃哈哈实行级差价格体系管理制度。根据区域的不同情况，制定总经销价、一批价、二批价、三批价和零售价，使每一层次、每一环节的渠道成员都取得相应的利润，保证了合理有序的利益分配。

同时，娃哈哈与经销商签订的合同中严格限定了销售区域，将经销商的销售活动限制在自己的市场区域范围之内。娃哈哈发往每个区域的产品都在包装上打上编号，编号和出厂日期印在一起，根本不能被撕掉或更改，借以准确监控产品去向。娃哈哈专门成立了一个反窜货机构，巡回全国严厉稽查，一旦发现问题马上会同企业相关部门及时解决。总裁宗庆后及各地的营销经理也时常到市场检查，一旦发现产品编号与地区不符，便严令彻底追查，按合同条款严肃处理。娃哈哈奖罚制度严明，一旦发现跨区销售行为将扣除经销商的保证金以支付违约损失，情节严重的将取消其经销资格。

娃哈哈全面激励和奖惩严明的渠道政策有效地约束了上千家经销商的销售行为，为庞大渠道网络的正常运转提供了保证。凭借其蛛网般的渠道网络，娃哈哈的含乳饮料、瓶装水、茶饮料销售到了全国的各个角落。2004 年 2 月新产品"激活"诞生，3 月初铺货上架，从大卖场、超市到娱乐场所、交通渠道、学校和其他的一些传统的批发零售渠道，"激活"出现在了它能够出现的一切地方。娃哈哈将其渠道网络优势运用得淋漓尽致，确保了"激活"在迅速推出的同时尽快形成规模优势。

面对可口可乐、百事可乐和康师傅、统一的全面进攻，娃哈哈大胆创新，尝试大力开展销售终端的启动工作，从农村走入城市。总裁宗庆后认为，现在饮料企业的渠道思路主要有三种：一是可口可乐、百事可乐的直营思路，主要做终端；二是健力宝的批发市场模式；三就是娃哈哈的联销体思路。娃哈哈在品牌、资金方面不占优势，关键就要扬长避短，尽可能地发挥自己的优势，而抑制对方的长处。娃哈哈推出非常可乐，从上市之初就没有正面与可口可乐、百事可乐展开竞争，而是瞄准了中西部市场和广大农村市场，通过错位竞争，借助于强大的营销网络布局，把自己的可乐输送到中国的每一个乡村与角落地带，利用"农村包围城市"的战略在中国碳酸饮料市场占据了一席之地。

有学者将娃哈哈的成功模式归结为"三个一"，即"一点，一网，一力"。一点指的是它的广告促销点，一网指的是娃哈哈精心打造的销售网，一力指的则是经营经销商的能力。“三个一”的运作流程是：先通过强力广告推新产品，以广告轰炸把市场冲开，形成销售的预期；接着通过严格的价差体系做销售网，价差使经销商获得第一层利润；最后常年推出各种各样的促销政策，将企业的一部分利润通过日常促销与年终返利让渡给经营经销商。但这种模式也存在着问题：当广告愈来愈强调促销的时候，产品就会变成“没有文化”的功能产品，而不是像可口可乐那样成为“文化产品”，结果会造成广告与产品之间的刚性循环。广告要愈来愈精确地找到“卖点”，产品要愈来愈多地突出功能，结果必然是广告的量要愈来愈大，或者是产品的功能要出新意，才能保证销量。

问题：

1. 娃哈哈为了实现有效的渠道网络管理采取了哪些措施？取得了什么样的效果？
2. 你认为娃哈哈现有的渠道模式要支撑下去，面临的问题是什么？
3. 娃哈哈应当如何完善它的渠道建设？

案例2

经销商倒戈引发“厮杀”的冷思考

“李总，联谊会已经开始了，可赵老板还没有来呀？”“什么？他还没有来？不会吧，他可是这次联谊会的主角啊，公司里最大的客户都不来，这成何体统，赶紧给他打电话!”，挂断销售主管张斌的电话，李总有点恼火。

“李总，我跟赵老板联系了，他的手机关机，打他办公室电话，没有人接。”两分钟后，张斌又打过来电话。“简直是胡闹，暂时就不用管他了，联谊会继续开吧。”李总懊恼地挂断了电话，回到主席台继续开一年一度的经销商联谊会。

这是发生在2006年嘉吉（化名）方便面经销商联谊会上的一幕情景。更令人想不到的是，一个月后，联谊会上缺席的那位嘉吉方便面公司最大的客户，竟然“倒戈”销售了另外一家方便面，并且，这个经销商采取了一系列“报复性”甚至是“自杀性”行动，不仅让嘉吉公司在该市场进退维谷，销量大幅下滑，而且，这场大客户“倒戈”带来的余震，还影响了周边的市场和客户，使嘉吉方便面公司一下子面临销售危机，嘉吉公司陷入了前所未有的恐慌之中。

赵老板是H市最大的方便面客户，也是嘉吉方便面公司在该区域最大的经销商，他经销嘉吉方便面已经8年有余，在这8年的经营当中，硬是把嘉吉方便面从一个当时无人知晓的陌生品牌，做到了今天无人不知、无人不晓的当地第一品牌，赵老板也因此多次受到嘉吉方便面公司的嘉奖。

由于市场竞争的日益惨烈和白热化，2005年，嘉吉公司决定在“调整、巩固、提高”的基础上，实现企业的战略转型，即战略放弃一些低端产品，有计划地推广中高档产品尤其是容器产品。然而，就是因为这次调整，公司和经销商之间开始出现一些争端、摩擦和矛盾。

赵老板虽然是嘉吉方便面公司销售第一大户，但多年来，却一直销售零售价格在

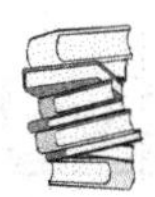

0.8 元以下的低档产品，因此，调整产品结构，做通赵老板的工作并不容易。

第一次，张斌找到赵老板，跟他沟通推广中档新产品“上汤排骨面”事宜，但已经卖惯了低档产品的赵老板死活不肯接受，弄得张斌也没有办法。后来，张斌通过搬救兵，即让李总出面协调，再次做赵老板的工作。李总的出面，的确让赵老板感觉再也无法拒绝，于是答应销销试试，但也同时向厂家提出了较大力度的促销要求，并一再要求如果销售不动厂家要给予无条件调货或退货等。

由于厂商都缺乏推广中高档产品的经验，因此，在赵老板销售新产品过程当中，可谓是一波三折，很不顺畅。先是在进店费、促销费、条码费等费用投入方面，赵老板与厂家出现分歧；其次是由于李总承诺的给予 5 名卖场促销员的人员支持，但限于销量原因，也一直没有很好地到位；最后，让赵老板更加生气的是，在推广新产品期间，周边的窜货事件频繁发生，他通过张斌甚至直接给李总打电话投诉至厂家而却又一直迟迟没有解决。因此，在销售“上汤排骨面”不到 3 个月的时间里，市场进展一直比较缓慢，然而就在这时，恰逢有一个消费者到赵老板处，投诉说“上汤排骨面”料包里有杂质，产品质量出现问题等而要求索赔。因此，结合“上汤排骨面”自推广以来一直销量就很小，厂商协作不力，以及厂家一系列在他看来较为“无能”的表现，赵老板决定不再推广“上汤排骨面”。

“上汤排骨面”是嘉吉方便面公司 2006 年的主推产品，企业最大的客户却不配合推广具有战略意义的中高端产品，这对企业来说简直是不可思议。为了说服赵老板继续销售“上汤排骨面”以及企业推出的其他中高档产品，李总带着张斌又一次拜访赵老板，并再一次阐明了企业的立场：2006 年是公司战略调整年，各个经销商必须销售中高档产品，以迎合市场发展形势。在这个问题上，赵老板仍然表现出极不情愿推广新产品的架势，在李总以及张斌反复做工作的情况下，赵老板最后亮出了自己的观点：可以经销中高档产品，但必须要给他一步到位价，由他自己来操作市场，否则，即使“砍掉”他也不做。面对这样几近无理的要求，李总和张斌婉拒了赵老板。

赵老板推广新品的事情就这样僵在了这里。事后，李总和张斌商量，通过 2006 年经销商联谊会再给赵老板一个机会。如果他仍然抵制推广新产品的话，就考虑另外重设一家经销商来代理中高档产品，从而错位经营。可想不到的是，原本说好要参加联谊会的赵老板竟然没来参会。更令人想不到的是，他竟然还用嘉吉公司召开联谊会忙于筹备相关事宜的时候，与一家产品频繁接触，并快速“倒戈”。

赵老板的突然“倒戈”在嘉吉方便面公司掀起了轩然大波，给嘉吉公司造成了很大的损失。

问题：

1. 渠道冲突的原因是什么？在这个事件中嘉吉方便面公司有没有责任？
2. 这场由经销商“倒戈”引发的商战，给我们什么启示？

8.2.3 能力拓展实训

一、实训目的

引导学生将理论用于实际操作之中来设计分销渠道，培养学生的实际动手能力和分析问题、解决问题的能力。

二、实训题目

如今的饮料市场，最鲜明的特点是品牌众多，竞争激烈。从碳酸饮料独霸市场，到茶饮料和果汁饮料各领风骚，再到功能饮料纷纷杀入，2003年的饮料市场已经形成五代饮料同台竞争局面。虽然各个产品之间有着鲜明的种类之分，但消费群体的购买却呈模糊化倾向，不同种类之间的产品替代性非常强。这种倾向使得总体广告力度加大，促销力度增强。

“体饮”于2002年4月在饮料竞争白热化的时候进入市场，“体饮”上市以前，其母公司巨能实业有限责任公司以做保健品见长。在巨能所涉及的产业门类中，饮料基本上是个空白。当巨能想向饮料行业进军的时候。饮料市场已经打得不可开交了。想在这个行业占有一席之地，其外部环境和内部环境都不容乐观。

从外部环境来看，饮料市场虽然进入门槛较低，但是2002年各种饮料的竞争已经非常激烈。碳酸饮料虽被百事可乐和可口可乐两大巨头所占领，但市场份额却有逐渐下滑的趋势；茶饮料和果汁饮料的上升势头强劲，但市场细分程度开始加大，除了红茶、绿茶、乌龙茶、花茶，娃哈哈还推出了有机绿茶；果汁饮料细分程度则更是惊人，各种口味应有尽有。以农夫果园为代表的混合果汁的出现表明了果汁细分已经不仅是品类细分，很可能到了心理细分的阶段。再加上健力宝、汇源投巨资打市场，燕京等啤酒强势介入，更加剧了市场竞争的难度。

从内部环境分析，巨能实业虽有操作食品和医药保健品的经验，但产品本身如果没有新的吸引消费的亮点和“差异”，想在市场上分一杯羹恐怕没那么容易。

在功能饮料市场，虽然红牛早在几年前就进入了中国市场，并占据了功能饮料的70%左右的市场份额。但这个市场仅指的是功能饮料市场，而且50%来自广东。其他几家功能保健品如台湾的宝矿力等投入巨大，奋斗多年，但市场业绩却没有突破性进展。

从巨能自身来看，品牌和渠道也是其进入饮料行业的软肋。2003年新出现的品牌，无论是农夫果园、康有利、脉动等都以一个成熟饮料品牌的第二品牌或子品牌的面目出现。品牌和渠道优势明显。巨能品牌虽然在保健品行业是一块金字招牌，但在饮料行业却不具号召力。另外，从渠道上看，巨能在饮料行业没有一个成形的销售网络，也没有一支成熟的销售队伍。毕竟保健品的销售通路与饮料的通路是不同的。做保健品的销售人员在操作饮料上缺乏实战经验。

三、实训方案

1．人员：5 ~7 人组成小组，以小组为单位进行实训。

2．时间：课外一周。

3．步骤：

（1）由指导教师介绍实训的目的和要求，调动学生实训操作的积极性。

（2）以小组为单位结合所提供的资料，借助图书馆、网络等途径查找相关资料。

（3）小组分工协作，为巨能公司的新产品“体饮”制定营销渠道设计方案。

（4）每个小组提交 Word 文档，并以 PPT 形式展示分析结果。

四、实训考核

1．组员自评：由小组成员自己评出个人成绩，参照表 1 –4。

2．组长评定：由小组长依据组员在实训过程中的贡献情况评定出所有组员的成绩，参照表 1 –5。

3．小组互评：由其他小组成员根据评价指标对展示小组的成果进行评价，参照表 1 –6。

4．指导教师评定：指导教师依据评价指标评出各小组成绩，参照表 1 –6。

第 9 章　促销策略

内容框架

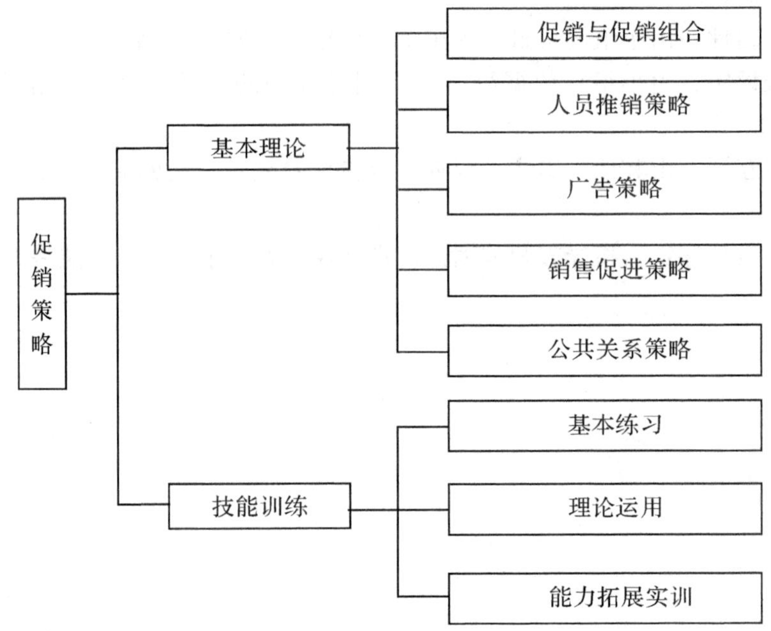

知识目标

1. 了解促销策略的基本概念、作用及促销组合。
2. 掌握人员促销、广告、销售促进和公共关系促销的特点、形式及适用性。

能力目标

能够针对特定企业所面对的环境和本身的资源设计促销策略。

案例导入

服装经典促销案例

“买 200 送 100”、“全场 3 折起”、“买一送一”。虽然经营者已经绞尽脑汁设计出各式各样的促销方法，但这种几乎是大同小异、千篇一律、老调重弹的促销方法，已经让消费者变得越来越麻木。如何能够让促销方式与众不同、出奇制胜？

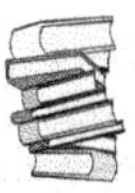

“年龄＝折扣，你的折扣你做主。”活动期间，只要出示能证明你生日的有效证件，您哪一年出生的就可以打几折，比如，1986年出生的，打86折，1951年出生的，就打51折。这是某时尚女装品牌2012年“三八”妇女节设计的促销方案。该活动由于事前宣传到位，在当地引起了广泛的关注，货品准备又充足，所以取得了巨大的成功。这个促销方式充分利用了人们爱占便宜的心理，用自己可以定价的策略大大调动了客人参与的热情，从而达到了倾销库存、加大正品销售的目的。事后证明，最终销售的产品大部分集中在6～7.5折，几单5折，没有出现4折，原因很简单，因为1940年前后出生的人已经70岁左右了，很难出来凑这个热闹。设计出这个促销方式的灵感是来源于某化妆品在电视销售中利用现场观众的年龄做折扣促销的一次活动。

问题：

此促销案例对我们有何启示？

9.1 基本理论

9.1.1 促销与促销组合

如今，社会产品日益丰富，可供选择的品种越来越多。一个企业在开发适销对路的产品、制定有吸引力的价格、开辟顺畅有效的分销渠道后，还必须组织实施一系列以说服顾客采取购买行动为最终目的的活动，即促销。通过这些活动，使潜在顾客了解产品，引起其注意和兴趣，激发其购买欲望和购买行为，从而达到扩大销售的目的。促销是市场营销组合的四个策略之一，也是其中最富变化和最显活力的部分。

一、促销的涵义与作用

1．促销的涵义

促销，是促进产品销售的简称，有广义和狭义两层含义。广义的促销是指企业通过人员或非人员推销的方式，向目标顾客传递商品或劳务的存在及其性能、特征等信息，帮助消费者认识商品或劳务所带给购买者的利益，从而引起消费者的兴趣，激发消费者的购买欲望及购买行为的活动。与产品策略、价格策略、渠道策略并列称作4P策略的就是广义的促销。狭义的促销，常常翻译成销售促进或营业推广。美国市场营销学会给促销下的定义是：促销是人员推销、广告和公共关系之外的，用以增进消费者购买和交易效益的那些促销活动，如抽奖、展示会等非周期性发生的销售努力。菲利普·科特勒认为：促销是刺激消费者或中间商迅速或大量购买某一特定产品的营销手段，包含了各种短期的营销工具，是构成营销组合的一个重要因素。

促销本质上是一种经营者与购买者之间的信息沟通和传播活动。如企业需要将信息传递给中间商、消费者和公众；中间商需将信息传递给消费者和公众；消费者之间相互交流并传播给其他公众。

2．促销的作用

通过促销活动，传递信息，沟通产需，使购买者知道他们所需的产品在哪里，使卖者知道其客户在哪里。具体来说促销有以下作用：

（1）提供商业信息。促销的实质是通过信息传递，一方面将企业的产品性能、特点和作用及可能提供的服务等信息传向消费者，引起其注意，调动其购买的欲望；另一方面及时了解消费者和经销商对产品的看法和意见，使企业迅速解决经营中的问题，从而密切生产者、经销商和消费者之间的关系，加速产品的流通。

（2）突出产品特点，提高竞争能力。产品竞争是现代企业争夺用户的焦点，当竞争激烈时，企业通过促销活动，宣传本企业产品的特点，努力提高产品和企业的知名度，增强用户的信任感，能提高企业和产品的竞争力。

（3）强化企业形象，巩固市场地位。企业的形象和声誉是企业的无形资产，能直接影响其产品的销售。通过促销活动，可以树立良好的企业形象和商品形象，培养和提高品牌忠诚度，有利于巩固和扩大市场占有率。

（4）诱导需求，扩大销售。消费者的购买行为通常具有可诱导性，促销的落脚点就是诱导需求，唤起消费者对企业及其商品的好感。当一种产品滞销时，企业可通过促销沟通引起顾客兴趣，诱导需求，并创造新的需求。

二、促销组合策略

1．促销组合的概念

促销组合是指企业根据促销的需要，对各种促销方式进行适当选择、组合和和综合运用，以求达成最好的促销效果。

2．促销组合的构成要素

（1）人员推销。人员推销是企业通过派出推销人员或委托推销人员亲自向顾客介绍、推广、宣传，以促进产品的销售，可以是面对面交谈，也可通过电话、信函等形式。推销人员的任务除了完成一定的销售量以外，还必须及时发现顾客的需求，并开拓新的市场，创造新需求。

（2）广告。广告是指商品经营者、服务提供者以促销为目的，以目标市场公众为对象，以承担、支付费用方式，有计划、有控制地通过一定的媒体形式，公开、广泛地推介自己的商品、服务，传播自己的观念、形象等信息的非人员自我宣传活动及其手段。现代广告不应只是一味地单向沟通，而是应把企业与顾客共同的关心点结合起来考虑广告的制作和传播。

（3）销售促进。销售促进是由一系列短期诱导性、强刺激的战术促销方式所组成的。它一般只作为人员促销和广告的补充方式，其刺激性很强，吸引力大。与人员促销和广告相比，销售促进不是连续进行的，只是一些短期性的、临时性的、能够使顾客迅速产生购买行为的措施。

（4）公共关系。公共关系是企业通过公关传播和对特殊事件的处理，使自己与公众保持良好关系的活动。企业的公共关系并不是要推销某个具体的产品，而是企业利用公共关系，把企业的经营目标、经营理念、政策措施等传递给社会公众，使公众对企业有充分的了解。对内协调各部门的关系，对外建立广泛的社会联系，密切企业与公众的关系，树立企业的良好形象，扩大企业的知名度、信誉度与美誉度。目的是为

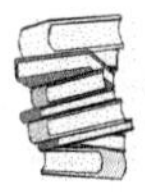

企业的营销活动创造一个和谐、亲善、友好的营销环境，从而间接地促进产品的销售。各种促销方式的优缺点比较，见表9－1。

表9－1　各种促销方式的优缺点比较

促销方式	优点	缺点
人员促销	推销方式灵活，针对性强，可当面成交	占用人数多，费用大，接触面窄
广告	传播面广，形象生动，节省人力，针对性较差	说服力较小，不能促成及时交易
销售促进	吸引力大，刺激性很强，效果明显，可促成及时交易	若使用不当，会引起顾客怀疑和反感，而且是短期性、临时性的
公共关系	影响面广，效果持久，可提高企业的知名度和美誉度	需花费较大精力和财力，效果难以控制

3．促销组合的基本策略

（1）推式策略。推式策略是指以人员推销为主要促销手段的推进策略，它以中间商为主要促销对象，促使中间商接受企业产品，并积极向最终消费者推销。这一策略需利用大量的推销人员推销产品，它适用于生产者和中间商对产品前景看法一致的产品。该策略风险小，推销周期短，资金回收快，但其前提条件是须有中间商的共识和配合。见图9－1。

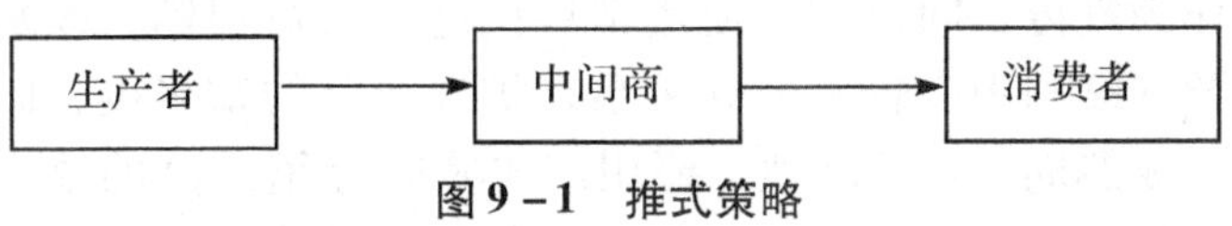

图9－1　推式策略

（2）拉式策略。拉式策略是企业针对最终消费者展开广告攻势，把产品信息介绍给目标市场的消费者，使人产生强烈的购买欲望，形成急切的市场需求，然后“拉引”中间商纷纷要求经销这种产品。见图9－2。

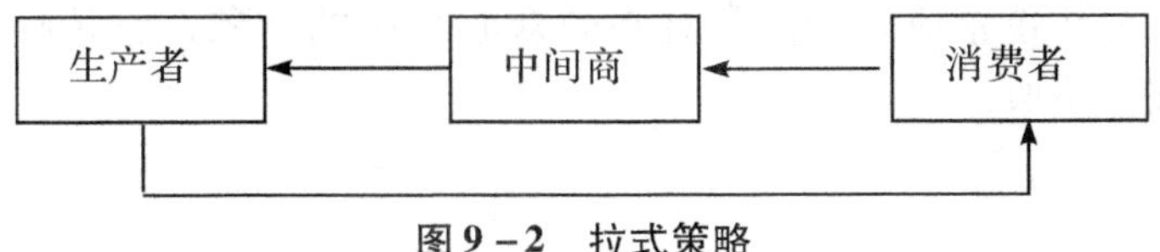

图9－2　拉式策略

4．影响促销组合的因素

由于不同的促销手段具有不同的特点，企业要想制定出最佳组合策略，就必须对促销组合进行选择。企业在选择最佳促销组合时，应考虑以下因素：

（1）产品类型。不同类型产品的消费者在信息的需求、购买方式等方面是不相同的，需要采用不同的促销方式。不同的促销方式在工业品和消费品市场上的作用不同。工业品最适合使用人员推销，因为一些生产资料用品和工业品技术性强、使用方法复杂、购买频率低、量大且比较集中，通过人员促销的方式，边解释、边洽谈，比较容易促成交易。日常生活用品首选电视广告。工业品与消费品市场促销手段发挥作用的差异。见图9－3。

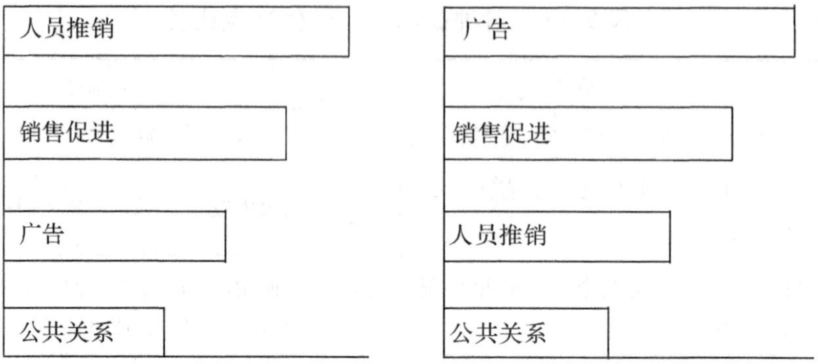

人员推销
销售促进
广告
公共关系

(a）工业品促销组合特点

广告
销售促进
人员推销
公共关系

(b）消费品促销组合特点

图9－3　工业品与消费品促销组合手段发挥作用的差异

（2）目标市场的特点。目标市场的影响主要表现在市场规模与集中性、购买者的类型、购买心理及竞争对手的促销攻势等因素上。在规模大、范围广且分散的市场上，广告有着重要的作用，而在规模小且相对集中的市场上，则可使用更有效的人员促销方式；对个人消费者应以广告、公关促销为主，而对组织、集团消费者则以人员推销为主。

（3）产品生命周期。一般来说，在导入期，要让消费者认识了解新产品，可利用广告与公共关系作为宣传，同时配合使用销售促进和人员促销，鼓励消费者试用新产品；在成长期，要继续利用广告和公共关系来扩大产品的知名度，同时用人员促销来降低促销成本；在成熟期，竞争激烈，要用广告及时介绍产品的改进，同时使用销售促进来增加产品的销量；在衰退期，销售促进的作用更为重要，同时配合少量的广告来保持顾客的记忆。

（4）促销目标。不同的促销目标一定会有个不同的促销决策。如果追求企业的短期目标，则应该选择广告和销售促进等在短期内容易生效的促销手段；如果追求企业的长远目标，十分注重企业和产品品牌在公众心目中的形象，宜选择以人员促销和公共关系为主的促销手段。

同步案例

美国的“斯里兰”百货公司，在商品销路十分艰难的情况下，为使公司走出困境，推出了“三连环”促销策略，也称“连锁”促销法。即以公司最为走俏的雪山牌毛毯为促销龙头，让利8%；只要在该公司购买一条雪山牌毛毯，顾客可得优惠购物券一张。拿着这张购物券在公司再度购物，便会得到15%的优惠价。然后再给你一张购物券，持此券再去购物，又可得20%的优惠价。如果顾客三次在该公司购物，可得“忠实上帝”奖券一张。

在众多的消费者中终于有不少的人被这种“三连环”的促销策略所打动。顾客拿着奖券购物获奖时，根据其购物价值，分级设立各种不同的奖品，如冰箱、彩电、录音机、电熨斗等。如果顾客没有中奖，可凭“忠实上帝”奖券任选一种价值在3~5元之间的商品。

这一策略为公司招徕了许多顾客，他们从四面八方涌向“斯里兰”百货店。该公司销售额因此不断提高。

9.1.2　人员推销策略

一、人员推销的涵义及特点

人员推销是指生产性企业或者经营性企业的销售人员用面谈的方式，向具有购买欲望的顾客进行口头宣传介绍，以实现介绍商品、推销商品、实现企业销售目标。人员推销是一种古老的促销方式，但在现代市场营销中仍然是有效的手段之一，尤其在组织市场中，人员推销占据着有利的地位。

同步案例

一对夫妇打算看看电冰箱。售货小姐以亲切态度作恰当说明后，似乎发现这对夫妻有购买意向。于是她便抓住时机发动热情攻势，这时3个人已谈得很融洽，小姐又问太太：“太太，您看这个够不够？”（指一个小型的）太太摇摇头。小姐再指着一个大型的问太太：“您再看看这个，可以容纳3天的鱼肉蔬菜，够吗？”太太笑道：“刚刚好。”（大小就这样决定了）小姐又问：“太太，您打算把冰箱放在什么地方，是客厅里，还是厨房里？”太太说：“厨房太小，没意思。”小姐附和道：“是，我也是这么想。”（这时已决定一半了），小姐又问道：“先生府上在哪儿，离这很远吗？”先生答：“不太远，就在附近。”小姐又问：“那么今天马上送到好呢，还是明天一早给你送去好？”“噢，明天好。”（推销成功）

人员推销长盛不衰，原因在于其具有其他促销方式不可比拟的优点。推销人员必须从各个方面满足顾客的需求，帮助顾客发现问题、解决问题，提供具有价值的产品和服务，并且积极与顾客沟通感情，努力保持长期的合作关系。人员推销的特点可以归纳如下：

（1）灵活性。推销人员能与顾客保持直接的联系，可以根据各类顾客特殊的需要、动机行为，设计具体的促销策略，并随时加以调整；可以及时发现和开拓顾客的潜在需求，对于产品的性能质量、使用和保管方法，不仅能向顾客直接介绍，还可以进行示范表演，消除顾客因为对产品不够了解而产生的各种疑虑，诱发购买欲望，促成购买。

（2）选择性。推销员在每次促销之前，可以选择有较大购买潜力的顾客，有针对

性地进行促销，并可事先对未来顾客做一番调查研究，确定具体促销方案、促销目标和促销策略等，以强化促销效果，提高促销的成功率。

（3）完整性。人员推销过程从市场调查开始，经过选择目标顾客，当面洽谈，说服顾客购买，提供服务，最后促成交易，反馈顾客对产品及企业提出的意见等过程，这也就是企业产品销售的完整过程。人员推销的完整性是其他促销方式所不具备的，因此，人员推销在收集、传递、反馈市场信息、指导市场营销、开拓新的市场领域等方面具有特殊的地位和作用。

（4）情感性。推销人员在促销产品的过程中与顾客直接接触，可以“一回生，二回熟”，彼此在买卖关系的基础上进行情感交流，增进了解，产生信赖，建立深厚的友谊。而感情的培养与建立必然会使顾客产生惠顾动机，从而确立稳定的购销关系，促进商品销售。

二、人员推销的基本形式

随着商品经济的发展和企业营销活动的开展，人员推销的形式也日益丰富。其中上门推销、柜台推销和会议推销是被企业广泛运用的人员推销形式。

（1）上门推销。上门推销是最常见的人员推销形式，它是由推销人员携带商品的式样或图片、商品说明书、订货单等走访顾客推销商品。

（2）柜台推销。柜台推销就是由营业员向光顾该店的顾客销售商品。柜台推销有两个优势：一是柜台推销的顾客大多数都有购物的要求，态度比较积极主动，容易达成交易；二是柜台上商品的种类、花样、款式齐全，并可陈列摆放，方便顾客比较和挑选。

（3）会议推销。会议推销是指利用各种会议向与会者宣传企业、介绍产品，开展推销活动。如订货会、展销会等。会议推销的优点是企业接触面广，顾客集中，若推销成功则成交量大，能取得较好的效果。

三、人员推销的步骤

不同的促销方式可能会有不同的促销工作步骤，通常情况下，人员推销一般包括以下几个相互关联又有一定独立性的工作步骤：寻找顾客；促销准备；接近顾客；促销说服；异议处理；交易促成；跟踪服务等。见图9－4。

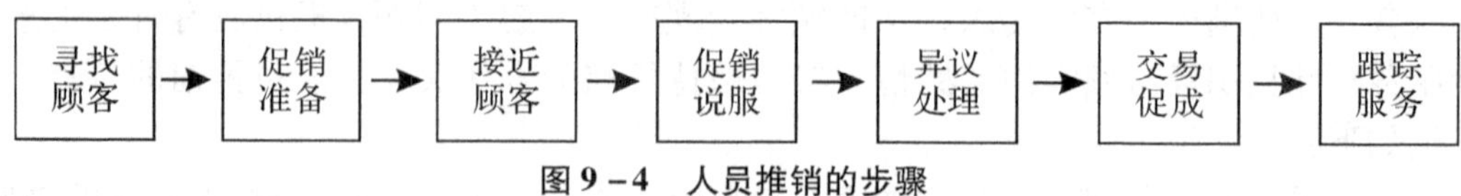

图9－4　人员推销的步骤

1．寻找顾客

这是促销工作的第一步，目的是要寻找需要本企业的产品、又有支付能力和购买决策权的潜在购买者。寻找顾客的方法很多，如推销人员自行观察、访问、查阅资料，或通过他人介绍、广告吸引、会议招引等。推销人员可根据产品和促销环境的特点灵活选用。

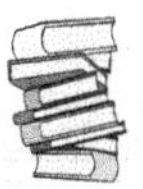

2. 促销准备

在正式约见顾客之前，推销人员必须做好促销准备工作。首先是掌握信息，尽可能充分地了解潜在顾客、自身产品以及竞争产品的情况；其次是做好计划，确定好会客的议题和步骤，选择好合适的促销方式和策略，设计好自身的形象并做好心理上的准备，包括对顾客可能提出的异议的应对准备，并充分准备好必要的材料。

3. 接近顾客

（1）产品接近法。推销员直接利用推销的产品引起顾客注意，它适用于本身有吸引力、轻巧、质地优良的产品。

（2）利益接近法。利用商品的实惠引起顾客注意和兴趣。

（3）馈赠接近法。推销人员利用赠品来引起顾客注意和兴趣，进入面谈。

推销员接近顾客时，一定要信心十足，面带微笑。国外推销人员平时非常注意微笑训练，甚至有人发明了所谓“G 字微笑练习法”，即每天早晨起床后对着镜子念英文字母 G，以训练笑脸，把微笑变成一件十分自然的事情。

4. 促销说服

促销说服是一个传递促销信息并说服顾客购买产品的过程。促销说服首先要运用提示和演示的方法，如利用语言艺术来传递促销信息、出示文字或图片、播放声音和图像、展示产品、操作产品等，有的放矢地向顾客介绍企业及产品情况，使顾客能较好地认识并喜爱产品。

5. 异议处理

顾客有时会对推销人员所作的促销说明提出不同的看法，推销人员必须认真分析和恰当处理这些意见，力求克服成交的障碍。推销人员经常遇到的顾客异议有：

（1）需求异议。顾客自以为不需要推销的商品。

（2）财力异议。顾客自以为无钱购买推销品

（3）权力异议，即决策权力异议。顾客自以为无权购买推销品。

（4）产品异议。指顾客自以为不应该购买此种推销品。

（5）价格异议。指顾客自以为推销品价格过高。

另外还有货源异议、推销人员异议、购买时间异议等。

6. 交易促成

在促销说服过程中，各个阶段都可能达成交易。推销人员要善于识别和捕捉顾客发出的成交信号，当机立断地采取适当方法，促成顾客立即采取购买行动。成交越早，促销效率越高。

7. 跟踪服务

产品销售后，并不意味着整个推销过程的终止，如果推销人员希望确保顾客满意并重复购买，就必须对顾客进行跟踪服务。跟踪服务是推销人员为已购产品的顾客提供各种售后服务，帮助顾客解决使用中的问题，听取顾客对产品的改进意见。跟踪服务是人员推销的最后环节，也是推销工作的始点。通过跟踪服务，推销人员一方面可以获得各种反馈信息，为企业决策提供依据，另一方面有利于密切双方关系，促成重复购买。

四、人员推销的技巧

推销人员面对的是一个个个性、心理、需求状态各异的促销对象，只有充分注意个体的特殊性，灵活选用促销方法，善于运用促销技巧，才能赢得顾客，促成交易。但富有个性的促销功夫并不仅仅在于临场时的一闪念，它总是以一些带有共性的基本认识为基础的。

1．自我介绍的技巧

推销有句名言：推销产品之前要先推销自己。简单地讲，推销自己就是在与顾客初见面时，尽量消除顾客的紧张感和恐惧感，建立与顾客之间的亲密感和信任感，因此，推销人员应特别重视与顾客的每一次见面。推销自己的方式除了从仪表、举止上迎合顾客的情感之外，自我介绍也必须要切中顾客的口味。为此，自我介绍时，一要态度诚恳、热情；二要保持亲切的微笑；三要步履轻盈、快捷，正面走近顾客；四要在与顾客握手问候时，语调热情洋溢、精神饱满、音量适中；五要在自我介绍时掌握分寸，态度谦虚，先从自己的姓名、单位、身份开始，辅之恭敬地递上自己的名片。若顾客有兴趣或有耐心，再进一步介绍企业或产品，这样有利于顾客迅速、准确地知晓自己的情况，加深印象，从而加快交往的过程。

2．交谈的技巧

推销人员与顾客交谈必须要抓住对方的心，引起对方的共鸣。为此在交谈时应做到：一要顾及对方的自尊心，不能说出让对方厌恶或对方忌讳的话；二要注意关注和兼顾对方的利益；三要注意交流互相感兴趣的信息和经验；四要给顾客说话的机会；五要直视顾客的脸和眼睛，真诚、尊敬地聆听顾客的谈话；六要附和、赞美顾客的谈话。总之，与顾客谈话，应以引起顾客注意为目的，以顾客为中心，以尊敬、重视顾客为准则，这样才能消除顾客心中的紧张与恐惧，才能为下一步商谈奠定良好的基础。

3．应付顾客拒绝的技巧

被拒绝是推销人员的家常便饭，勇敢面对顾客的拒绝并不是一种厚颜纠缠，而是推销人员依据实际情况树立起来的必胜信心的表现。推销人员推销产品如果遭到拒绝，必须心平气和地面对。无论顾客以什么方式拒绝，都不能有丝毫的失望神态，而要采取积极的态度，分析原因，寻找应付顾客拒绝的技巧。

4．排除顾客异议的技巧

推销人员在推销产品过程中常常会遇到顾客异议，排除顾客异议是顺利促销和达成交易的必备条件。有效地排除顾客异议，除了需要推销人员采取不躲避顾客异议、不轻视顾客异议的态度，有倾听顾客异议的气度，不与顾客争议、不为自己辩白、尊重顾客的立场之外，还要主动询问顾客的异议，分析顾客产生异议的原因，商量解决顾客异议的方案和对策。

5．成交的技巧

在实际推销工作中，顾客往往不愿主动地提出成交，即使心里想成交，为了杀价或保证实现自己所提出的交易条件，顾客也不会首先提出成交。好在成交的意向总会以各种方式表露出来，如在顾客接待推销人员的态度逐渐好转时、在顾客主动提出更

换面谈场所时、在顾客主动介绍其他相关人员时、在顾客的疑问和异议一个接一个时，都可能是成交意向的表示。推销人员要不失时机地运用成交技巧，促成交易。

6. 注意形象，培养感情

推销人员在促销过程中同时扮演着两个角色：一方面是企业的代表，另一方面又是顾客的朋友，因此推销人员必须十分重视自身形象的把握。在同顾客的接触中，重视促销礼仪，做到举止大方、不卑不亢，给顾客留下可信、可亲、可敬的印象，以便顾客产生信任感。在同顾客进行的交易活动中应做到言必信，行必果，守信重诺，以维护自身和企业的声誉，应避免惹人讨厌的倾力促销，努力创造亲密和谐的促销环境。同时推销人员应把促销过程当做与顾客交流情感的过程，重视发展同顾客之间的感情沟通，设法与一些主要的顾客群体建立长期关系，以超越买卖的关系建立起同他们之间的个人友情，形成一批稳定的顾客群。要做到这一点，推销人员往往不能局限于站在企业的立场上同顾客发生联系，而应学会站在顾客的立场上帮其出主意、当参谋，帮助指导消费，选购商品，甚至可向其推荐一些非本企业的产品，以强化促销活动中的“自己人效应”。

五、推销人员队伍的管理与建设

为了推销商品，推销人员必须和各种各样的人打交道。其素质和能力的高低直接影响到促销的成败及企业形象。因此，对推销人员队伍进行设计和管理具有重要意义。

1. 制定推销人员的能力标准

推销人员素质水平的高低，直接影响着促销效果的好坏。企业不论采取何种方式经营，其最终成果一定要用销售业绩表现出来。因此，推销人员履行职责是否合格，对企业的经营具有很重要的意义。挑选出合格的推销人员，就为产品的顺利销售打下良好的基础。作为推销人员，要想能够胜任推销工作，至少应该具备四个方面的素质：

（1）态度热忱，责任心强。推销人员往往需要独当一面。如果没有一个积极热忱的工作态度，没有责任心，没有使命感的话，他对工作就会缺乏积极性、主动性，也不会认真研究适合于自己的推销区域的推销技巧。所以，较强的责任心和使命感，是推销人员首先应该具备的素质。

（2）知识广博，善于学习。图9－5列出了推销人员应具备的基本知识。

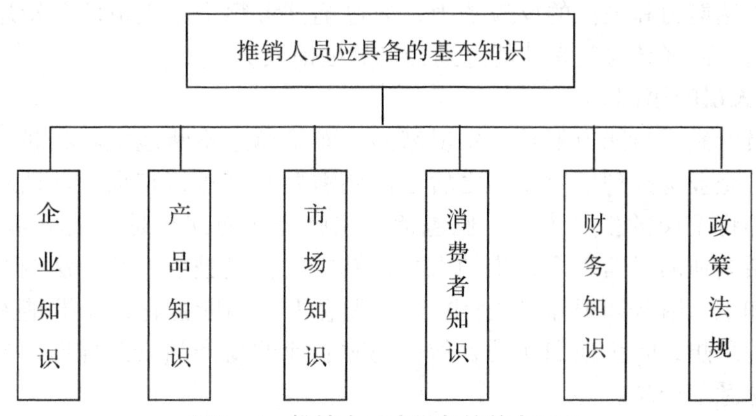

图9－5 推销人员应具备的基本知识

1）企业知识。主要是了解企业的经营理念和宗旨，了解企业的竞争对手在哪些方面具有优势，这样，在与营销对象洽商的过程中，才能够做到言之有物，让推销对象信服。

2）产品知识。推销人员不仅要了解产品的一般功能、特性与维修保养常识，还要了解本企业产品与竞争对手产品各自的优缺点，以及产品的改进等方面的情况。

3）市场知识。掌握市场营销学的基本理论，会运用市场调查和市场预测的基本方法了解商品的市场变化规律。这是能使推销人员占据主动地位的非常重要的基础知识。

4）消费者知识。推销人员应会运用社会学和心理学的知识来了解和分析消费者的特点、需求情况，以便采取针对性的推销方式。

5）财务知识。推销人员掌握一定的财务知识是非常有益的。所以企业应该选择那些具备一定财务知识的人员作为推销员，或者对推销员进行必要的财务知识培训，让推销人员掌握一些基本的财务知识。

6）政策法规和有关制度。首先不能违法，同时还要了解政策法规，例如推销人员面对销售区域的地方政策，要了解哪些对自己有利，哪些对自己不利，以便更好地利用或规避。

（3）文明礼貌，善于表达。推销人员在促销过程中实际上是在推销自己，所以推销人员要塑造自己的第一形象，既要考虑穿着打扮，又要考虑个人的爱好，同时还要考虑促销对象的喜好。推销人员在清晰地表达主题的同时，不失诙谐幽默也是应该具备的素质。

（4）富于应变，技巧娴熟。推销人员自己独当一面，他所面对的环境经常会发生变化，善于应付变化的环境也是推销人员应该具备的素质。当然，这需要不断提高自己的促销技巧，以适应当地目标市场的氛围。

2. 推销人员的甄选

甄别选择推销人员时，要考虑推销人员的来源。

推销人员主要来自两个方面：一个是企业内部，企业家要善于发现人才，并能够量才使用，这是企业家应该具备的素质；另一个是到人才市场去选择。

选择推销人员采取的方法主要有两种：笔试和面试。通过面试考察推销人员是否具备良好的表达能力和灵活的反应能力，通过笔试考察推销人员的逻辑思维能力和分析问题的能力。两者结合起来才能选到合格的推销人员。

3. 推销人员的培训

推销人员的素质与能力不是与生俱来的，而是通过不断地学习和时间逐渐积累形成的。因此，企业选择到推销人员之后往往还需要对其进行培训。培训对象既包括那些新选入的即将上岗的推销人员，也包括一些已经在岗甚至是业绩卓著的推销人员。培训内容包括企业的经营理念，推销人员最基本的推销技能，政策法规知识，新产品知识，市场知识，财务知识等。企业的经营理念需要不断强化，让推销人员牢固树立以企业为荣的思想，防止他们居功自傲；同时企业的新产品不断推出，老推销人员也需要了解和熟悉新产品。

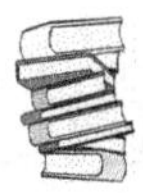

4．推销人员的管理

推销人员的管理核心就是对推销人员进行激励和评价。

（1）激励。激励在管理学中被解释为一种精神力量或状态，起加强、激发和推动作用，并指导和引导行为指向目标。任何组织中的任何成员都需要激励，推销人员也不例外。因此，企业必须建立激励制度来促使销售人员努力工作。激励推销人员的方法主要有订立销售定额和佣金制度两种。

1）订立销售定额。订立销售定额是企业的普遍做法，它规定了销售人员在一定时期内应销售多少数额，并按产品加以确定，然后再把报酬与定额完成情况挂钩。

2）佣金制度。佣金制度是指企业按销售额或利润额的大小给予销售人员固定的或根据情况调整比率的报酬。佣金制度能鼓励销售人员尽最大的努力工作，并使销售费用与现期收益紧密相连。但其缺点是管理费用过高以及可能导致销售人员的短期行为等。

销售定额和佣金制度都是物质激励方式。对一个企业来说，为了激发推销人员的工作热情，物质激励方式是必不可少的，但企业同时应加强对推销人员的精神激励，即企业领导者应从人际关系、荣誉地位、成就满足感、个人能力全面发挥等多方面着手，全面提高推销人员的积极性。

（2）评价。推销人员的评价是企业对推销人员工作业绩考核与评估的反馈过程。它不仅是分配报酬的依据，而且是企业调整市场营销战略、促使推销人员更好地为企业服务的基础。评价推销人员的业绩主要经历以下三个步骤：

1）掌握和分析有关的情报资料。情报资料的最重要来源是销售报告。销售报告分为两类：一是销售人员的工作计划；二是访问报告记录。另外，销售经理个人观察所得、顾客信件与投诉、消费者调查等，也是情报资料的主要来源。

2）建立评估指标。评估指标要基本上反映推销人员的销售绩效，主要有：销售量增长情况；毛利；每天平均访问次数及每次访问的平均时间、平均费用，每百次访问收到订单的百分比；一定时期内新顾客的增加数及失去的顾客数目；销售费用占总成本的百分比，等等。

3）实施正式评估。企业在占有了足够的资料，确立了科学的标准之后，就可以正式评估。评估有两种方式：一种是将各个推销人员的绩效进行比较和排队；另一种是把推销人员目前的绩效同过去的绩效相比较。

9.1.3　广告策略

一、广告的含义与作用

1．广告的含义

广告，顾名思义，就是广而告之。广告的含义有广义和狭义之分。广义的广告是指借用一切传播媒体向公众传播信息的活动。它包括商业广告和非商业广告两大类。非商业广告是为了达到某种宣传目的而做的广告，如政治的、法律的、文化的，以及通知、公告、启事等，是不以赢利为目的的。狭义的广告是指商业广告，是以赢利为目的，以广告主的名义，采用一定的媒体，以支付费用的方式向目标市场传播产品或

企业信息的有说服力的信息传播活动。市场营销学研究的是狭义的广告，包括以下几个要点：

（1）广告是一种有计划、有目的的活动。

（2）广告主体是企业，广告对象是消费者。

（3）广告活动是通过大众传播媒介来进行的。

（4）广告活动的内容是经过有计划选择的企业信息、产品或劳务信息。

（5）广告活动的目的是为了提高企业知名度，促进商品或劳务的销售，并使广告主从中获取利益。

2. 广告活动的基本要素

广告是一种动态过程，它不是独立地指某一种信息。广告活动的构成要具备以下六个方面的基本要素：

（1）广告主。广告主即广告的发布者。

（2）信息。即广告的内容。它包括企业信息、商品信息、服务信息和观念信息。

（3）广告中介。广告中介指代理广告主进行广告策划、设计和媒体选择的中间机构，如广告策划公司。

（4）广告媒体。广告媒体指表现广告内容的媒介物，如报纸、电视、广播、杂志等。它是广告传播的物质技术条件。

（5）广告对象。广告对象即广告信息的接收者，只有当预期中的广告对象能够接触到媒体传递的信息时，才能形成完整的信息沟通。

（6）广告费。广告员即广告主向广告中介或广告媒体所有者支付的费用。

3. 广告的类型

（1）以宣传商品为目的的广告。

1）报导式广告。以教育性或知识性的图像或文字向消费者介绍商品的性能、特点、用途、价格等情况，促使消费者对商品产生初步需求，而不是劝导购买。

2）劝导式广告。通过产品间的比较突出本企业产品的特点和优点，使消费者体验到产品的差别优势和购买之后所获得的好处，使消费者对产品的品牌加深印象，刺激选择性需求。

3）提示式广告。是指刺激消费者重复购买，强化习惯性消费的广告。主要适用于一些消费者比较熟悉，已有使用习惯和购买习惯的日常用品。

（2）以建立商誉为目的的广告。此类广告不直接介绍商品和宣传商品的优点，而是宣传企业的一贯宗旨和信誉、企业的历史与成就。其目的是为了加强企业自身的形象，增强消费者对企业的信心，沟通企业与消费者的关系，为长期的销售目标服务。如 IBM 公司的宣传广告“IBM 就是服务”。

（3）以传播消费观念为目的的广告。此类广告不直接介绍商品，也不直接宣传企业的信誉，而是通过宣传，建立或改变一种消费观念，以强化消费者对一个企业、一种新产品在其心目中的形象。这种观念的建立客观上有利于广告主。

4. 广告的作用

（1）引起注意，激发欲望。这是广告最基本的作用。一个成功的广告就在于能够

说服消费者相信企业的产品能较好地满足其需要。

（2）指导消费，扩大销售。成功的广告活动可以针对不同对象，着重介绍各种商品知识，指导消费者做出正确的判断和选择，增进消费者对企业及产品的认识和了解，诱发消费者的购买欲望，促使购买行动的发生。

（3）改变消费者的态度。广告的作用之一就是要改变消费者不利于企业的对某种商品或服务的态度，其中可能是根本不喜欢某类产品，也可能是不喜欢某种品牌的产品。企业可以借助广告，针对消费者的不同特点和不同心理，用商品和服务的利益来说服他们，变不喜欢为喜欢、甚至偏爱企业的商品或服务。

（4）树立声誉，利于竞争。企业通过广告把自己产品的性能、特点、质量、适用范围及企业经营方针公之于众，接受消费者的评判，扩大产品的知名度和美誉度。同时，通过同行的广告，也可以了解其他企业及其产品的情况，从中找出自己的优势和劣势，促使企业不断创新，努力在竞争中取胜。

同步案例

美国全国电台电视广播公司协会会长哈罗德·费洛斯雷在20世纪50年代后期就预言，假如广告突然停止，那将使美国2 700家电台和400家电视台关闭，许多报纸和杂志社倒闭，失业人数大幅度增加，许多人会争取进入制造业和运输业。它摧毁美国的速度比起1千颗原子弹或氢弹更快。

二、广告策略

广告策略是企业在总体促销战略指导下，对企业的广告活动进行的一系列规划与控制。有力的广告决策是企业在消费者心目中树立良好的企业和产品形象，提高企业的知名度，进而扩大产品市场占有率的有效途径。

广告策略的制定主要包括确定广告目标、确定广告预算、筛选广告信息、选择广告媒体以及评价广告效果。见图9－6。

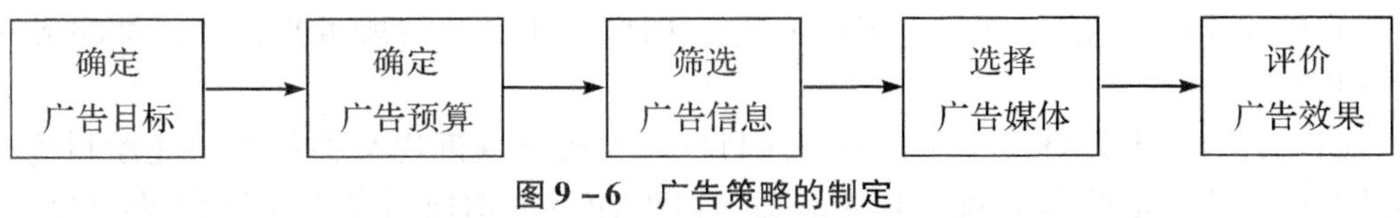

图9－6 广告策略的制定

1. 确定广告目标

广告目标是企业借助广告活动所要达到的目的。为了制定恰当的广告目标，企业必须围绕广告的中心任务收集、分析企业内部和外部的各种资料。广告目标概括起来有以下几个方面：

（1）以告知为目标的广告。主要是向市场介绍推向市场的新产品，它比较详细地介绍产品的主要性能、用途、结构、样式、产品的使用方法等。目的在于使他们了解新产品，提高产品的认知度，唤起顾客的初步需求。

（2）以增加销售量为目标的广告。以此为目标的广告除了对商品进行详细的介绍外，一般还附有图示，说明价格、信贷条件、购买地点，有时还有广告附表。顾客通过阅读这样的广告，即可决定是否购买。

（3）以提示为目标的广告。当产品进入成熟期之后，顾客对产品已非常熟悉，企业没有必要向投入期那样详细地介绍产品，只需要提示人们商品销售地点，向顾客提供新的附加利益。因此，配合销售促进策略，企业应采取以提示为主的广告目标。

（4）以建立需求偏好为目标的广告。这一目标要使人们不仅知道企业产品的名称，更要了解并记住企业及其产品的特色及为顾客提供的竞争产品所不具备的差别利益，以形成顾客对企业产品的偏好。

2．确定广告预算

广告预算是企业为从事广告活动而准备投入的费用。确定广告预算要考虑以下因素：

（1）产品的生命周期。对于处于不同生命周期阶段的产品，广告预算应有所不同。

（2）市场份额。企业对市场份额高的产品，只求维持其市场份额，因此广告预算在销售费用中所占的比例较低；而企业若想扩大某种产品的市场份额时，则需要大量的广告费用。

（3）竞争状况。当市场竞争激烈时，广告预算就比较高，否则将难以维持市场份额。

（4）广告频率。指广告信息传达给消费者次数的多少，与广告预算有直接关系。如果次数较多，就需要较高的广告预算。

（5）产品替代性。产品的替代性很明显，与其他同类产品极为相似，就需要较高的广告预算，以树立差异形象；产品具有独特的物质利益或特色，广告预算就相对较少。

3．筛选广告信息

广告策略的中心问题是有效的广告信息。最理想的广告信息应能引起顾客的注意，唤起顾客的兴趣，激起顾客的欲望，形成顾客的购买行为。

在广告活动中，企业必须了解对预期的沟通对象说些什么，才能产生预期的认识、情感和行为反应。这就涉及广告构思问题，即广告主题。一般说来，广告主题形式有以下几类：

（1）理性主题。理性主题是直接向目标顾客或公众诉说某种行为的理性利益，或商品能产生的满足顾客需求的功能利益，以促使目标沟通对象做出既定的行为反应。通常，这类广告主题适用于生产资料购买者，或者较理性化的顾客。

（2）情感主题。情感主题是试图向目标沟通对象诉说某种否定或肯定的情感因素，以激起人们对某种产品的购买欲望。这类广告主题，一般适用于大多数生活用品或感情购买动机较强的顾客。

（3）道德主题。道德主题是为使目标沟通对象从道义上分辨什么是正确的或适宜的，进而规范其行为。这种广告主题通常用于规劝人们支持某种高度一致的社会活动，如“保护环境，造福子孙”等。

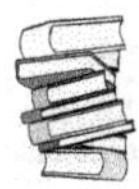

4. 选择广告媒体

广告媒体是广告与广告对象之间信息沟通的载体和媒介物。主要有以下几类：

（1）印刷媒体。如报纸、杂志、电话号码簿、商品目录、挂历、日历、画册等。

（2）电子媒体。如广播、电视、电影、霓虹灯、电子显示屏等。

（3）直接邮购。如函件、定购单等。

（4）店堂媒体。常称为POP媒体，即以商店营业现场为布登广告的媒介，如橱窗、柜台、模特儿、悬挂旗帜等。

（5）户外广告。如路牌、招贴、灯箱、气球、充气物等。

（6）交通工具媒体。如火车、汽车、轮船等交通工具的内外表面等。

（7）电子计算机及互联网络媒体。

总之，现代广告媒体种类繁多，选择的余地越来越大，不同媒体具有不同的优越性和局限性，见表9-2。企业应根据广告活动的目标，选择合适的媒体进行合理地配置，才能尽可能减少广告浪费，实现广告目标。

表9-2　不同媒体的优缺点比较

优缺点 媒体类型	优　点	缺　点
电视	覆盖面广、视听效果好、感染力强	费用高、传播时间短、不便查询
报刊	收费低、便于查询、方便快捷、覆盖面较广、制作简单	感染力较弱、缺乏形象表现
杂志	图文并茂、易保存、查询、针对性强	覆盖面较窄、时效性差
广播	覆盖面广、费用低、传播速度快	不能恒久保存、不便查询、表现方式单一
直邮广告	选择性强、自主控制、有的放矢、准确性高、制作简便、杜绝浪费	成本高、容易引起顾客反感
户外广告	形式多样、制作费低、主题鲜明、色彩鲜艳、文字简明、易于记忆	受场地限制、覆盖面窄、观众选择性差
网络广告	覆盖面广、易于查询、便于预订、成本较低、更新速度快	可信度不高、受网络的普及影响较大

5. 评价广告效果

广告是一项投资，对于这种费用较高的投资活动，企业必须要进行评估，目的在于提高广告的经济效益。要准确地评估广告效果绝非易事，但并不意味着不能评估。企业可以采用预审法检查广告是否将信息正确、有效地传递给了目标受众。此方法是在广告公布于众之前对其效果进行评估的。具体方法有：

（1）消费者评估法。即请目标市场的消费者对准备好的广告稿采用记分方式，对广告的注意力、易读易记力、感染力等进行评估。

（2）邮寄广告评估法。即将不同广告缩印后邮寄给目标顾客，对广告内容、编排、效果等进行评估。

（3）机械评估法。即运用各种机械如视力记录仪、印象测量器、心理测量器等对广告效果进行评估。

同时，企业还可以以销售情况的好坏直接判断广告的效果，进行事后评价，主要采用广告效果比率法、广告效益法和广告费比率法等三种方法。

同步案例

2002年的保健品市场风起云涌。有一匹“黑马”杀出，业界认为得益于它的广告。这匹“黑马”就是清华清茶。这款产品是清华大学研制的，是针对戒烟不成功男士提供的清肺产品。我们知道，一个家庭里面最关心丈夫的就是妻子，很多妻子非常反感丈夫抽烟，可是要戒烟谈何容易。清华清茶推出广告：“老公，戒不了烟，清清肺也是好的。”广告一出现，就俘虏了很多妻子的心。

9.1.4 销售促进策略

销售促进又叫营业推广，是指企业针对消费者或销售人员或中间商提供短期强烈激励的一种促销活动，目的在于诱导消费者购买企业的某一特定产品。它是一种临时的或短期的、带有馈赠性质或奖励性质的促销方式。随着市场经济的快速发展，销售促进正被很多不同类型的企业越来越频繁地运用到市场营销活动中，成为必不可少的促销手段。

一、销售促进的目标和特点

1．销售促进的目标

就消费者而言，销售促进的目标包括鼓励消费者更多地使用产品和促进大批量购买；争取未使用者试用，吸引竞争者品牌的使用者。就中间商而言，销售促进的目标包括吸引中间商们经营新的产品品种和维持较高水平的存货，鼓励他们购买冷落产品，贮存相关品种，抵消各种竞争性的促销影响，建立中间商的品牌忠诚和获得进入新的零售网点的机会。就销售队伍而言，销售促进的目标包括鼓励他们支持一种新产品或新型号，激励他们寻找更多的潜在消费者和刺激他们推销冷落产品。

2．销售促进的特点

销售促进一般有以下三个特点：

（1）刺激性。销售促进是直接面向顾客开展的短期特殊化促销措施，容易使顾客有一种意外的惊喜，从而使顾客心理上产生较强的诱惑力。例如推行优惠价销售，会使一部分原来不准备购买的顾客成为购买者。

（2）灵活性。销售促进有各种各样的方式，营销者可以根据市场情况的变化灵活决定采用适当的方式进行促销。

（3）短期性。销售促进所要达到的目标是短期的和即时的，只要创意新颖、方法得当，就能激发购买兴趣和参与热情，产生立竿见影的销售效果。

二、销售促进的方式

根据目标市场的不同，企业可将销售促进方式分为针对消费者、中间商、销售人员三种形式，具体如下：

1．针对消费者的销售促进

直接针对消费者的促销工具有赠送样品、优惠券、展销、现场示范、技能竞赛等，目的是鼓励老顾客继续使用、促进新顾客使用，引导顾客改变购买习惯，或培养顾客对本企业的偏爱行为等。

（1）赠送。向消费者赠送样品或试用样品。样品可以挨户赠送，在商店或闹市区散发，在其他产品中附送，也可以公开广告赠送。赠送样品是介绍一种新产品最有效的方法，费用也最高。

（2）优惠券。给持有人一个证明，证明他在购买某种商品时可以免付一定金额的钱。优惠券可以通过广告或直邮的方式发送。

（3）廉价包装。是在产品包装上注明，比通常包装减价若干，它可以是一种产品单装，也可以把几件产品包装在一起。

（4）奖励。可以凭奖励券买一种低价或者免费出售的产品，以示鼓励，或者凭券买某种产品时给一定优惠。各种摸奖、抽奖也属此类。

（5）现场示范。企业派人将自己的产品在销售现场当场进行使用，示范表演，把产品的使用方法介绍给消费者。

（6）展销活动。企业将一些能显示企业优势和特征的产品集中陈列，边展边销。

（7）消费者竞赛。以技能竞赛、知识比赛等活动形式，刺激消费者参与各种促销活动。

2．针对中间商的销售促进

这是鼓励批发商大量购买，吸引零售商扩大经营，动员有关中间商积极购存或推销某些产品的促销方式。具体可以采用以下方式：

（1）免费提供陈列样品。中间商在向顾客推销商品时，需要一定数量的样品作为货架展示和橱窗陈列。如果生产商不主动提供陈列商品，批发商和零售商可能出于成本费用的考虑，减少商品的陈列展示，由此可能减少了商品成交的机会。因此，生产商应该主动地、经常性地向各级营销中间商提供陈列商品，以便及时推广新产品，加深产品在顾客心目中的形象。例如，我国香港地区百佳、惠康超市把促销的商品摆在最显眼或最顺手的地方，一般是货架的中层，来促进自有品牌产品的销售。屈臣氏每个月推出一百种新商品，充分利用固定不变的商场空间来展示变动的商品组合，既方便消费者，又带动销售。

（2）订货折扣。指批发商和零售商在规定期限内订购某种商品，订购数量超过一定额度时，可以享受到一定的折扣优惠，以此来鼓励订货者大量购买商品，尤其是不愿意进货的品种，如单价较高的商品、新上市商品等。营销中间商可以利用这种订货折扣实现一定的利润或促销费用的补偿。

（3）推广资助。通常情况下，营销中间商的产品组合范围较广，同时销售许多生产商的产品，因此营销中间商不愿意单独为某一个企业的商品进行广告或其他销售推广的工作。生产商应在销售促进方面给予中间商一定的资助，以刺激其销售的积极性。推广资助一般采取的方式有：按订货量发放推广津贴；与中间商进行联合广告或联合展销，费用由生产商承担或双方按一定比例分摊；为中间商提供销售方案或推广物资等。

（4）扶持零售商。生产商对零售商专柜的装潢予以资助，提供 POP 广告，以强化零售网络，促使销售额增加。也可派遣厂方信息员或代培销售人员。生产商这样做的目的是提高零售商推销本企业产品的积极性和能力。

（5）指导经营。除了上述方法以外，生产商必须在人员培训、经营管理方面对营销中间商进行指导。举办经营研讨会、提供经营手册、进行销售人员的培训、发放刊物和邮寄宣传品等形式，都可以促进中间商经营效率的提高。

3．针对销售人员的销售促进

主要方式有销售竞赛、红利、给予特别推销金等，目的是鼓励推销人员推销商品，开拓市场，发掘潜在顾客。

（1）销售竞赛。在销售人员中进行销售竞赛活动，对优胜者给予奖金、奖励，或者给予称号、荣誉等精神奖励，以激发销售人员的士气和工作热情。

（2）销售津贴。即按照销售人员完成销售任务指标的多少，发放一定数量的奖金或津贴，以促使销售人员提高业务水平，改善销售方法，增大销售业务的完成量。

三、销售促进的作用

1．可以吸引消费者购买

这是销售促进的首要目的，尤其是在推出新产品或吸引新顾客方面，由于销售促进的刺激比较强，较易吸引顾客的注意力，使顾客在了解产品的基础上采取购买行为，也可能使顾客追求某些方面的优惠而使用产品。

2．可以奖励品牌忠实者

因为销售促进的很多手段，譬如销售奖励、赠券等通常都附带价格上的让步，其直接受惠者大多是经常使用本品牌产品的顾客，从而使他们更乐于购买和使用本企业产品，以巩固企业的市场占有率。

3．可以更好地实现企业有效目标

这是企业的最终目的。销售促进实际上是企业让利于购买者，它可以使广告宣传的效果得到有力的增强，破坏消费者对其他企业产品的品牌忠实度，从而达到本企业产品销售的目的。

但是，销售促进也存在不足：一是影响面较小。它只是广告和人员促销的一种辅助的促销方式。二是刺激强烈，但时效较短。它是企业为创造声势获取快速反应的一种短暂的促销方式。三是过分渲染或长期频繁使用，容易使顾客对卖者产生疑虑，反而对产品或价格的真实性产生怀疑。为此，企业要合理使用销售促销工具，既要有效

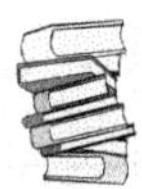

地发挥它的作用，又要避免它的负面影响。

同步案例

美国雪佛莱汽车厂积压了一批1986年生产的“托罗纳多”轿车，导致资金周转不灵，库存费用增大，工厂处于倒闭的边缘。该厂管理层检讨了企业管理方面的问题后，决定“买一送一”，即凡是买走一辆托罗纳多轿车的人即可开走一辆南方牌轿车，使得原本“门前冷落”的营销部门一下子变得门庭若市，积压轿车很快就被售空。

四、销售促进策略的实施步骤

企业在运用销售促进策略时必须经历以下步骤，即确定销售促进目标、选择销售促进工具、试行销售促进方案、实施和控制销售促进和评估销售促进效果五个步骤，见图9－7。

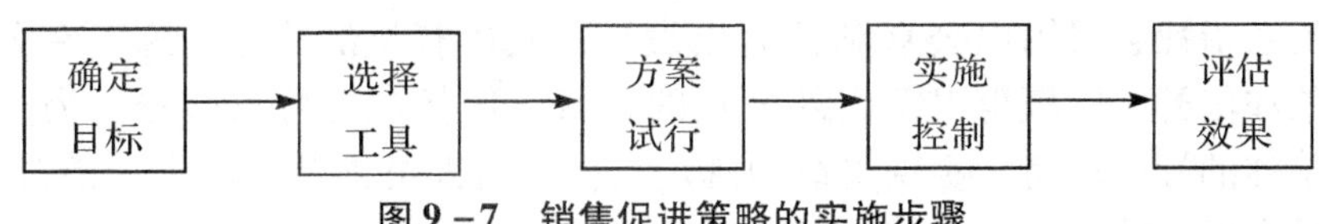

图9－7 销售促进策略的实施步骤

1．确定销售促进的总体目标

销售促进作为企业促销组合的手段之一，必须服从并服务于企业的市场营销目标，并根据企业目标市场和营销对象的差异，运用不同的销售促进方案。对最终消费者的促销目标包括：新产品的试用试销；鼓励大批量购买；吸引竞争品牌的使用者；延长产品生命周期阶段等。对零售终端的促销目标包括：吸引零售商经营新产品；提高零售商的进货量和库存量；鼓励零售商积极推销商品；抵消竞争品牌的促销影响；赢得零售商的支持与合作等。

2．选择销售促进工具

不同的销售促进工具实现不同的营销目标。企业应该结合各种销售工具的特点，根据促销对象的需要选择合适的销售促进方式。其中，应该注重考虑目标市场类型、销售促进目标、促销周期长短、促销时机的选择、促销预算大小、竞争对手策略等多种因素。

3．试行销售促进方案

为确保销售促进的效果，应经过预试以确定所选择的方式是否合理。预试的方法很多，可以在一定的区域范围内进行试验，也可以邀请消费者代表对不同的促销方式进行打分评价，企业从中可以预测销售促进方案的成功可能性和预期效果。

4．实施和控制销售促进方案

销售促进讲究科学的方法，必须制定具体的实施和控制计划。包括准备时间、实施时间及销售延续时间的计划安排；销售现场的商品展示陈列；销售现场的人员配备；预期商品存货的配送；赠品及宣传资料的准备等。

5. 评估销售促进效果

企业通过对销售促进方案实施效果的评估，可以及时进行信息反馈，吸取经验，不断完善销售促进的方式。评估工作可以运用市场调研的一系列方法，如问卷调查法、访问法、观察法等。

9.1.5 公共关系策略

公共关系是现代市场营销策略的重要组成部分。企业的生存和发展离不开市场营销环境，企业在为社会创造产品和服务、赢取利润的同时，必须在企业利润和社会公众利益之间取得平衡。作为一种促销手段，公共关系可以通过策划各类活动，加强企业的外部宣传，塑造良好的企业形象，与各相关群体建立并保持良好的关系，最终赢得公众对企业的好感和信任，从而为企业的长期发展创造有利的外部市场营销环境。

一、公共关系的特征与功能

1. 公共关系的特征

公共关系指社会组织以公众利益为出发点，通过有效的信息沟通，在公众中树立良好的形象和信誉，以赢得组织内外公众的理解、信任、支持与合作，为企业生存和发展营造最佳的社会环境，实现组织的既定目标。与人员推销、广告、销售促进不同，公共关系具有以下特征：

（1）公共关系的对象是公众。公共关系涉及的范围相当广泛，既有企业外部的公众，包括消费者、供应商、营销中介、中间商、政府有关部门、新闻媒介组织、社会一般公众以及竞争者等，又有企业内部公众，如企业员工和职能部门等。这些公众都对企业的生存与发展具有现实的或潜在的影响力。

（2）公共关系是一种双向沟通活动。一方面，企业通过媒介向公众宣传企业的性质、经营理念、为社会所提供的产品和服务等情况，使公众了解自己、认识自己、理解和支持自己；另一方面，社会公众通过媒介传递对企业的意见与要求，使企业了解社会公众所关心的利益。通过信息双向沟通，增强与社会公众的感情融通，有利于改善企业的营销环境。见图 9－8。

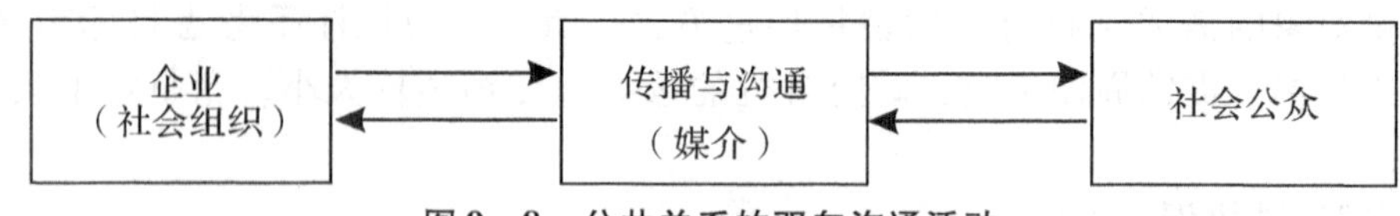

图 9－8 公共关系的双向沟通活动

（3）公共关系注重长期效应。公共关系活动本身的重点不是销售额的暂时上升，而是通过积极参与社会各种公益活动借以宣传企业经营宗旨，扩大知名度，内求团结、外求发展，创造良好的社会关系环境，在以后相当长的时期内产生良好的促销效应。

2. 公共关系的功能

公共关系作为一门经营管理的艺术，其功能主要表现在信息收集、咨询建议、信息沟通、树立形象等四方面。

（1）信息收集。公共关系需要收集的信息主要有两大类，即产品形象信息与企业形象信息。产品形象信息包括公众特别是用户对于产品价格、质量、性能、用途等方面的反映，对于该产品优点、缺点的评价以及如何改进等方面的建议。企业形象信息则包括：公众对本企业组织机构的评价，如机构是否健全，设置是否合理，人员是否精简，运转是否灵活，办事效率如何等；公众对企业管理水平的评价，如经营决策评价、生产管理评价、市场营销管理评价、人事管理评价等；公众对于企业人员素质的评价，如对决策者的战略眼光、决策能力、创新精神等方面的评价；公众对于企业服务质量的评价，包括服务态度、对顾客的责任感等。

（2）咨询建议。其内容涉及本企业知名度和可信度的评估和咨询；公众心理的分析预测和咨询；评议本企业的方针、政策、计划。

（3）信息沟通。在企业创建时期，信息沟通的主要任务是争取建立公众对本企业的良好印象，能够招揽人才，争取投资来源；建立自己的独特风格，如企业的产品的命名、商标、广告的制作、代表色的选择、门面的装修。在企业遇到风险时，要弄清事情的原因，区别对待：对公众的误解或他人的陷害，要进行必要的解释，将本企业采取的预防措施向公众宣布；对企业自身过失危害到公众利益，公共关系人员应实事求是，使恶劣影响减小到最低限度，将本企业的改进措施公之于众，帮助企业重振声誉。

（4）树立形象。作为促销组合的一部分，公共关系可以评估社会公众的态度，确认与公众利益相符合的个人或组织的政策与程序，拟定并执行各种行动方案，以争取社会公众的理解与接受，树立良好的企业形象。当企业一旦遇到突发的危及企业形象的事件时，公共关系要及时收集事件发生的各种信息，妥善处理，使不利影响因素降到最低点。

二、公共关系的具体形式

公共关系不仅是企业、企业决策部门或职能管理部门处理各种问题和难题的重要手段，而且也是一种营销手段，其主要的活动形式有：

（1）办好内部刊物。这是企业内部公关的主要内容。企业的各种信息载体，是管理者和员工的舆论阵地，是沟通信息、凝聚人心的重要工具。

（2）举办记者招待会。通过记者的笔传播企业重要的政策和产品信息，传播广，信誉好，可以引起公众的注意。

（3）参与各种社会公益活动。通过各类捐助、赞助活动，努力展示企业关爱社会的责任感，树立企业美好的形象。

（4）开展各项有意义的活动。通过丰富多彩的活动，如举办产品和技术方面的展览会或研讨会、公开参观等活动，使公众对企业有全面直观的了解，营造热烈、祥和的气氛，展现企业蒸蒸日上的风貌，以树立公众对企业的信心和偏爱。

（5）制造新闻事件。制造新闻事件能起到轰动效应，常常引起社会公众的强烈反响，如海尔张瑞敏刚入主海尔时的“砸冰箱”事件，至今人们谈及，还记忆犹新。

同步案例

美国通用食品公司，每逢圣诞节都准备一套本公司的罐头样品，分送给每一位股东，股东们对此感到十分骄傲，产生了强烈的认同感。他们不仅全力向外人夸耀和推荐本公司的产品，而且在每年圣诞节前准备好一份详细的名单寄给公司，由公司按名单将罐头作为圣诞节礼物寄给他们的亲友。因此，每到圣诞节前，通用食品公司都要额外地销售一大批商品。股东们固然受到折扣优待，公司方面也赚了一大笔钱。

三、公共关系策略实施的步骤

公共关系策略实施主要包括公共关系调查、确定公共关系目标、公共关系策划、公共关系实施、公共关系评估五个步骤。见图9－9。

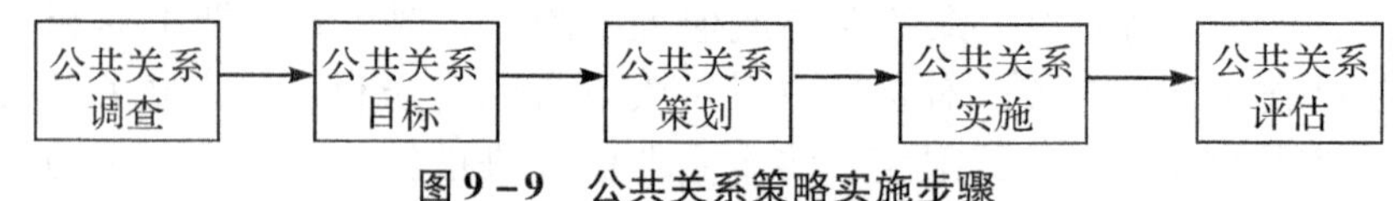

图9－9　公共关系策略实施步骤

（1）公共关系调查。公共关系调查是公共关系策略的一项重要内容，是开展公共关系工作的基础和起点。通过调查，能了解和掌握社会公众对企业决策与行为的意见。据此，可以基本确定企业的形象和地位，可以为企业监测环境提供判断条件，为企业制定合理决策提供科学依据等。公共关系调查内容广泛，主要包括企业基本状况、公众意识及社会环境三方面的内容。

（2）确定公共关系目标。在调查研究的基础上，企业应根据营销的总目标及公众对企业的了解和意见，确定具体的公共关系目标，如提升企业的知名度、减少公众对企业的误解等。

（3）公共关系策划。公共关系策划主要是将公共关系调查中所获得的情报信息运用于组织的政策和计划，确定直接影响和涉及组织各种利益的公众对象，制定组织发展的公共关系策略，编制公共关系活动方案。

（4）公共关系实施。企业的公共关系活动能否取得预期的效果，不仅取决于公关策划案制定的是否可行，而且还取决于其实施情况。公共关系实施主要是通过沟通以及其他公共关系活动，将组织经过策划制定好的企划案贯彻执行，完成和实现与组织总目标相适应的公共关系目标。但是，由于企业营销环境具有不确定性，企业的公关人员实施公关企划案时，在保持总体目标不变的前提下，应具有一定的灵活性。

（5）公共关系评估。公共关系评估是公共关系活动的最后一个环节，主要是对公共关系活动的总过程进行总结、分析，估计公共关系计划和活动实施的各种效果，为下一个公共关系活动提供翔实的资料和成功的经验。

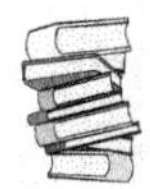

本节小结

促销，是促进产品销售的简称，是指企业通过人员或非人员推销的方式，向目标顾客传递商品或劳务的存在及其性能、特征等信息，帮助消费者认识商品或劳务所带给购买者的利益，从而引起消费者的兴趣，激发消费者的购买欲望及购买行为的活动。其本质上是一种经营者与购买者之间的信息沟通和传播活动。

促销组合是指企业根据促销的需要，对各种促销方式进行适当选择、组合和和综合运用，以求达成最好的促销效果。其包括人员推销、广告、销售促进和公共关系四种形式。

人员促销是一种古老的促销方式，具有灵活性、选择性、完整性和情感性等特点。人员促销一般包括以下几个相互关联又有一定独立性的工作步骤：寻找顾客；促销准备；接近顾客；促销说服；异议处理；交易促成；跟踪服务等。

广告策略是企业在总体促销战略指导下，对企业的广告活动进行的一系列规划与控制。其主要包括确定广告目标、确定广告预算、筛选广告信息、选择广告媒体以及评价广告效果。

销售促进是一种临时的或短期的、带有馈赠性质或奖励性质的促销方式。企业在运用销售促进策略时必须经历以下步骤，即确定销售促进目标、选择销售促进工具、试行销售促进方案、实施和控制销售促进方案和评估销售促进效果五个步骤。

公共关系作为现代市场营销策略的重要组成部分，其活动重点不是销售额的暂时上升，而是通过积极参与社会各种公益活动，扩大知名度，树立良好的企业形象，创造良好的社会关系环境，求得企业的长期发展。公共关系策略实施主要包括公共关系调查、确定公共关系目标、公共关系策划、公共关系实施、公共关系评估五个步骤。

9.2　技能训练

9.2.1　基本练习

一、名词解释

1. 促销　　2. 促销组合　　3. 推式策略　　4. 拉式策略
5. 人员推销　　6. 广告策略　　7. 销售促进　　8. 公共关系

二、不定项选择题

1. 工业产品市场主要的促销工具是（　　）。
   A. 广告　　B. 公关　　C. 营业推广　　D. 人员推销
2. 选择特定媒体工具的第一个步骤，应是决定（　　）。
   A. 在每种媒体工具上花多少钱
   B. 各媒体工具的特点是什么
   C. 企业的市场目标
   D. 企业的资金实力

3. 人员推销注重（　　），有利于顾客同销售人员之间建立友谊。
A. 人际关系　B. 商业利益　C. 顾客利益　D. 企业文化

4. 人员推销的主要缺点是（　　）。
A. 难以物色到有才干的推销人员　B. 成本费用较高
C. 顾客心理难以把握　D. 针对性不强，无效劳动多

5. 销售过程的实质，决定了销售人员的成功取决于他（她）能否顺利实现（　　）
A. 对顾客购买心理的理解　B. 对产品特性的全面介绍
C. 自身与顾客间的沟通　D. 对顾客心理的诱导

6. 下列哪一个不是企业确定广告预算的主要方法？（　　）。
A. 量力而行法　B. 销售百分比法
C. 竞争对等法　D. 主观经验法

7. 下列属于企业内部公共关系活动的是（　　）。
A. 与新闻媒体建立良好的合作关系　B. 与社区开展联谊活动
C. 企业捐助“希望小学”　D. 企业发行内部报刊

8. 下列不属于媒体广告有（　　）。
A. 户外广告　B. 电视　C. 杂志　D. 报纸

9. 下列（　　）不属于按具体指向划分的促销策略。
A. 推式策略　B. 拉式策略
C. 推拉结合式策略　D. 平衡式策略

三、判断题

1. 促销的实质是一种沟通、激励活动。（　　）
2. 推式促销策略要求制造商以中间商为主要的促销对象。（　　）
3. 广义的广告是指借用一切传播媒体形式向公众传播信息的活动。（　　）
4. 一般在产品的衰退期，最重要的促销手段是营业推广。（　　）
5. 儿童用品宜选择报纸作为广告媒介。（　　）

四、问答题

1. 广告、人员推销、公共关系和销售促进有什么区别？
2. 在什么情况下人员推销应该在促销组合中占据主导作用？
3. 广告媒体的选择应考虑哪些因素？
4. 人员促销的步骤包括哪些？

9.2.2 理论运用

《无锡旅情》的效应

在20世纪80年代，虽然苏州在日本的知名度甚高，然而同样具有丰富旅游资源的近邻——无锡，却在日本人民心中“默默无闻”。无锡市旅游界在对日本市场调查基础上得知：其原因是唐代诗人张继所写的千古名诗《枫桥夜泊》一诗曾被选入日本的中学课本。经过分析提出一个大胆创意——既然一首诗可以使一座城市出名，那么如果编一首歌唱无锡的歌，并能在日本流行起来，无锡的知名度就将大大提高。按照这一

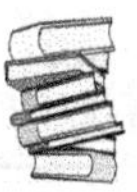

创意，无锡市旅游局与有关旅行社合作，在日本物色知名词曲作家为无锡写歌谱曲，创作了《无锡旅情》。这首歌不仅体现了无锡的风土人情，而且歌词、曲调也是日本人喜闻乐见的，再加上由当时日本当红歌星原形大作演唱，歌曲开始在日本传唱起来。为了达到人人开口唱无锡的目的，无锡市旅游局联合相关旅行社从1986年至1989年历时三年在日本进行大量的促销活动。第一，1986年7月2日，在东京召开了《无锡旅情》发布会，各大报纸杂志刊登了消息和照片，同时还散发旅游线路宣传品。第二，在日本各大电台每天的黄金时段播放《无锡旅情》。第三，1986年9月，在无锡的友好城市相模原市和明石市召开歌曲发布演唱会，同年10月1日在无锡市举行歌曲发表纪念演唱会，第二年在东京又举办了歌曲发表一周年演唱会，1989年6月在日本东京再次举行歌曲周年演唱会；第四，1988年12月31日《无锡旅情》获得日本著名“红白歌赛”金奖，当晚日本六大电视台现场直播。歌曲推介活动历时3年，但《无锡旅情》在日本市场上流行了7年，家喻户晓。1993年在名古屋进行的市场调查结果显示，想去无锡旅游的人要占到调查人数的43%，在市场拓展方面，这一个极大的飞跃，说明无锡开发日本市场的巨大成功。从1987年到1992年来无锡旅游的日本旅客逐年递增。

问题：

无锡获得了巨大成功，运用了哪些促销手段？

9.2.3 能力拓展实训

实训1 推销技巧实训

一、实训目的

正确分析推销过程中的影响因素，并有针对性地利用各种技巧开展推销活动。

二、实训题目

以小组为单位，选择小商品，面向全校学生和教职工进行推销。

三、实训方案

1. 人员：5~7人组成小组，以小组为单位进行实训。
2. 时间：与第9章教学同步。
3. 步骤：

（1）由指导教师介绍实训的目的和要求，调动学生实训操作的积极性。

（2）各组选择商品，制定推销方案。

（3）各组选派代表以PPT形式展示自己的推销方案。

（4）进行推销。

1）制定小组销售目标、销售计划。

2）小组分工完成相应的推销任务。

（5）各小组进行总结，撰写实训报告，并以PPT形式展示结果。

四、实训考核

1. 组员自评：由小组成员自己评出个人成绩，参照表1－4。

2. 组长评定：由小组长依据组员在实训过程中的贡献情况评定出所有组员的成绩，参照表1－5。

3. 小组互评：由其他小组成员根据评价指标对展示小组的成果进行评价，参照表1－6。

4. 指导教师评定：指导教师依据评价指标评出各小组成绩，参照表1－6。

实训2 广告策划实训

一、实训目的

培养学生的广告策划能力。

二、实训题目

选定某一熟悉品牌，了解该品牌的市场定位，对该品牌的某一产品进行广告策划。

三、实训方案

1. 人员：5～7人组成小组，以小组为单位进行实训。
2. 时间：与第9章教学同步。
3. 步骤：

（1）由指导教师介绍实训的目的和要求，调动学生实训操作的积极性。
（2）对学生进行广告策划的培训，确定某一品牌作为调研的范围。
（3）学生按组进行品牌市场定位的调查，并将调查情况详细记录。
（4）对调查的资料整理分析。
（5）依据广告策略的理论对产品广告进行策划。
（6）以Word形式提交广告策划书，并以PPT形式展示。

四、实训考核

同实训一。

第 10 章　市场营销计划、组织与控制

内容框架

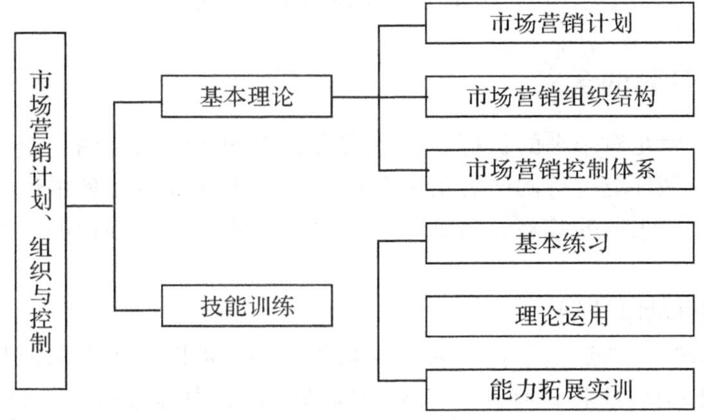

知识目标

1. 掌握营销计划的类型及内容、营销组织设置原则及营销控制策略。
2. 认识市场营销计划、控制的概念及各种营销组织形式。
3. 了解各种营销组织的优缺点和营销控制相关环节的程序和标准。

能力目标

能够为企业制定适合其实际情况的市场营销计划，构建合理的市场营销组织，并有效控制市场营销计划的圆满实施，达到预期营销目标。

案例导入

可口可乐公司向外界展示新的营销计划

可口可乐公司举办了一次有公司以外的部分人士参加的演示会，公司通过表演、演唱、舞蹈和交互讨论等方式，向约 50 名华尔街分析师和记者展示了它们的最新营销理念：顾客和他们的生活经历决定饮料的买卖，而非公司及其经理人员决定这一切。公司首席营销官 Steve Jones 说，要创建 21 世纪强大的品牌，就必须改变思考方式。经营者必须以人为本，理解他们的思维方式和不同的生活方式。可口可乐认为业绩增长的最佳机会在健康、健身、水合饮料以及提神饮料领域，即茶、水、咖啡、橙汁和能

量补充饮料等。可口可乐公司高层管理人士强调，公司的旗舰产品可口可乐品牌占其业务的60%，它们如同公司的生命和血液一样重要，公司对此将继续予以重视，但公司还将努力创新，公司认为饮料行业最大的增长领域在碳酸软饮料以外的方面。可口可乐还将在零售、包装、许可娱乐、服装和自动售货等进行探索。

问题：

可口可乐公司的新营销计划内容是什么？具体的营销策略是什么？

10.1 基本理论

10.1.1 市场营销计划

一、营销计划的含义

所谓计划，就是对未来的目标和行动方案详细而系统的阐明。企业营销计划就是在对企业市场营销环境进行调研分析的基础上，对企业及各业务单位的营销目标以及实现这一目标所应采取的策略、措施和步骤的明确规定和详细说明。企业营销计划包括以下六种。

1. 企业整体战略计划

企业整体战略计划是整个企业的业务总体计划，可以是年度的或长期的计划，它涉及的都是带有全局性和具有深远意义的问题。它的内容包括有关整个企业的任务、增长战略、发展策略、业务组合战略、投资决策和短期目标等，并不详列企业各个部门的具体活动。

2. 部门计划

部门计划是指企业的各部门在整个企业计划指导下，制定的有关部门的成长和盈利率的计划。它包括营销、财务、生产制造、人事各部门的计划。时间范围有短期、中期和长期计划。

3. 产品线计划

产品线计划主要是一种描述特定产品线的目标、战略和战术的计划。由各个产品线经理负责制定。

4. 产品计划

产品计划是一种描述特定产品的目标、战略和战术的计划。由各个产品经理负责制定。

5. 品牌计划

品牌计划主要具体描述产品群中特定品牌的目标、策略及政策等。由各个品牌经理负责制定。

6. 市场计划

市场计划是发展一个特定的行业市场或地区市场并为它服务的计划，其中必须包括与此密切相关的为重要客户准备的顾客计划，由各个市场经理负责制定。

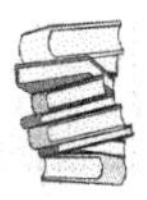

上述这些计划中，一般由各级营销部门负责草拟编制。但有时也可由上一级部门综合于一个总体计划中，尤其是产品线计划、产品计划及品牌计划，往往可以综合在一起，表现于一个产品线计划或产品计划中，不一定要单列成数量繁多的个别产品或品牌计划。

二、营销计划的分类

1. 按计划时期的长短划分

按计划时期的长短，营销计划可分为长期计划、中期计划和短期计划。

(1) 长期计划的期限一般在5年以上，主要是确定未来发展方向和奋斗目标的纲领性计划。

(2) 中期计划的期限一般是1~5年。

(3) 短期计划的期限通常为1年，如年度计划。

2. 按计划涉及的范围划分

按计划涉及的范围，营销计划可分为总体营销计划和专项营销计划。

(1) 总体营销计划是企业营销活动的全面、综合性计划。

(2) 专项营销计划是针对某一产品或特殊问题而制定的计划，如品牌计划、渠道计划、促销计划，定价计划等。

3. 按计划的程度划分

按计划的程度，营销计划可分为战略计划、策略计划和作业计划。

(1) 战略计划是对企业将在未来市场占有的地位及采取的措施所作的计划。

(2) 策略计划是对营销活动某一方面所做的计划。

(3) 作业计划是各项营销活动的具体执行性计划，如一项促销活动，需要对活动的目的、时间、地点、活动方式、费油预算等作计划。

同步案例

进入21世纪以来，山西省政府以调整产业结构为突破口，重点实施以“二重”、“三制”为主要内容的国有企业市场营销工程，牵着销售这个牛鼻子，带动全省的国企走出困境。“二重”指的是：重点营销销售收入在亿元以上、占全国产品市场份额10%以上、技术含量高、经济效益好的高效氮磷复合肥、不锈钢、老陈醋、汾酒、洗涤剂等10个名牌产品；重点营销竞争优势强、销售收入在5亿元以上、市场份额占到全国5%~10%及以上的煤炭、生铁、钢铁、化肥、铝、铜、铁合金、水泥等10个能源原材料产品。“三制”即实行推销员制、营销提成奖励制和营销股份制。更新销售队伍，建立营销队伍的动态管理机制；试行销售费用与营销业绩挂钩的奖励办法，奖励方式由奖励销售集体为主逐步转向奖励销售能手为主；强化营销体制改革力度，鼓励由营销能手参股、持股，牵头组建营销股份公司，试行一厂两制，激发营销部门的活力。2000年1~4月，全省国有控股企业的产销率达到95.44%，全省国企亏损额下降了近15个百分点。

三、营销计划的内容

一个完整的市场营销计划包括以下八方面的内容。

1. 计划摘要

营销计划开头便应对本计划的主要目的和执行方法及措施作扼要的概述，要求高度概括、用词准确、表达充分。使有关人员（最高管理层）能够迅速掌握计划的核心及内容要点。通常在摘要之后要附上内容目录，并标明内容页码，以方便检索。

2. 市场营销状况

营销环境分析是对营销方案产生的背景条件及营销因素进行分析。主要包括历史的演变过程和现状分析两大部分内容。要对影响到营销行为的各种环境做出较全面的分析与评估，营销环境的分析与评价是为制定有效的营销行动方案做准备的，因此它是营销策划的基础。

营销环境现状是正式计划的第一个主要部分。这个部分的主要内容是对当前营销情况的分析，也是对企业市场处境的分析。主要有：

（1）市场状况。按细分市场及营销地区分别列出市场规模及增长的数额，以及过去几年的总销售量及增长速度，还应包括消费需求、观念及购买行为的变化趋势等情况的介绍。

（2）产品形势。列出近几年来每一主要产品的销售额、价格、收益率（纯利润）等。

（3）竞争状况。对主要的竞争者进行识别辨认，描述其企业规模、目标市场占有率、产品质量、营销策略、战略发展趋向、技术水平以及其他特征，从而恰当地了解他们的意图和行为。

（4）分销情况。列出各个分销渠道上产品的销售量以及每个渠道重要地位的变化。这种变化不仅包括分销商、经销商能力的变化，而且也包括激励他们经销热情所需价格和贸易条件等。

（5）宏观环境趋势。描述政治、经济、法律、科技、人口统计和社会文化等各方面发展的新形势和新趋向，还应反映企业所在地区及营销范围内的社会环境发展的现状及趋向。

3. 机会和问题分析

机会和问题分析也就是所谓的SWOT分析，它是对营销的机会及企业的资源特征进行分析和说明。主要是详细列出企业的机会与威胁、优势与劣势，发现企业当前存在的问题与机会。唯有这样才能在后面的营销方案设计时做到有的放矢、扬长避短，从而建立起企业的竞争优势。

营销策划就是企业决策者与策划者共同寻找最佳的市场机会实施创新职能的过程。营销策划经理要学会利用各种新思维和新方法制造“轰动效应”，以确定科学实施方案，扩大市场影响，塑造消费者认可的形象。

4. 目标

针对面临的主要问题，企业须做出目标决策，建立财务目标和营销目标。财务目

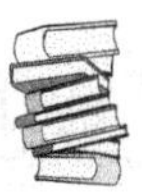

标是企业对具体的产品或产品线确定的在计划期内应实现的利润数额和投资收益率以及其他财务指标。营销目标是由财务目标转化而来的，包括计划期的总销售规模、市场占有率、知名度、分销范围和产品市场价格目标等。这些目标应确定完成期限、度量标准，同时各目标应彼此协调，具备一定的层次关系，做到切实可行、先进合理。

（1）计划要具有明确的目的性。目的性是计划成功的关键，计划一定要围绕既定的目标或方针，努力把各项工作从无序转化为有序。计划可以使人们正确地把握事物发展变化的趋势及可能带来的结果，从而确定能够实施的工作目标和需要依次解决的问题。对营销方案所要达到的目标加以说明；同时要确定具体的小目标，所有行动方案将围绕着营销目标而展开。

（2）目标描述的内容。营销计划目标的确定包含两个方面的内容：其一是目标体系的构成，其二是目标价值的确定。构成目标体系的主要项目因不同研究者提出的项目内容不同而各有特点，但是基本内容是相同的。例如，作为企业营销业务发展计划来说，是指反映计划营销成果的定量目标、一般收益性目标，成长性目标和安全性目标的项目组。具体内容如下：

1）收益性目标，最常用的目标是总体资本利润率、销售利润率、资金周转率等。

2）成长性目标，主要有销售额增长率、销售利润增长率、市场占有率等。

3）安全性目标，主要有自存资本比例、附加值增长率、盈亏平衡点率等。

5. 营销战略

营销战略是企业为达到营销目标所灵活运用的逻辑方式或推理方法。为确定实现目标的方法，需做出最基本的战略选择。应列出战略的主要内容，包括目标市场、产品定位、产品线、价格、分销网点、销售队伍的配备、广告、促销方式、研究与开发和市场调研等。制定这部分计划需与各部门人员共同协商研讨，既有利于正确选择策略，又有助于将来有效地实施战略计划。

6. 行动方案

各种营销策略确定之后，要真正发挥效用，还必须将它们转化为具体的行动方案。行动方案就是对所设计的营销方案进行详细的描述和论证；企业的营销活动确定方针和策略的，所有的行动方案将围绕着营销目标而展开。

这些行动方案大致围绕下列问题的答案来制定：①要完成什么任务；②什么时候完成；③由谁负责；④完成这些任务需要多少费用。

详细地阐述战略的各个要素，阐明行动内容、时间、主体及成本等问题，即将各项措施具体落实到人、财、物等要素的组合上，逐项列出每年行动方案的名称、内容、时间、经理人、预计费用、参与部门及人员范围等。

7. 预计损益表

前述的营销目标、策略及行动方案拟订之后，企业就应制订一个保证该方案实施的预算。制定该方案的预计损益表，收入方列出预计销售数量和平均实现价格；支出方列出设计、研究成本，实体分销成本和营销费用。收支差即为预计利润，报管理部门审核（可能要做出调整）。企业的高层经理将负责预算的审查，予以批准和修改。预算一经批准，便成为原料采购、生产安排、人员计划和营销业务活动的依据。

8. 控制

计划书的最后一部分为控制，这是用来监督检查整个计划进度的。阐明监督控制计划实施的标准、方式和方法，这里应包括有关保障措施及应变计划。目标和预算一般按月、季、年度制定，这是每期进行审查、监督的依据。具体来说，需进行年度计划控制、盈利控制及营销计划对于总战略符合程度的战略控制，以便保持计划的顺利实施，及时纠正偏差和失误，对于意外情况做好相应的准备。

四、制订营销计划的程序

营销计划的制订程序，大致需要经过11个步骤。

1. 分析营销现状

分析营销现状是对企业及其营销环境的一种整体机构分析。这种分析又包括四个阶段：

（1）对企业实力和弱点的定期综合分析。这种分析主要通过营销决策进行。因为在营销决策中，对企业过去的成绩和现在的实力都有严密的估计和评价。在这种分析中，特别要注意企业产品线、分销路线、销售促进效果及定价的分析，这些情况从不同侧面反映了企业的实力。这样，营销决算的结果将直接影响未来营销策略的制定。

（2）营销环境研究。这种研究要求使用科学正确的调研技术来发现直接影响管理决策的各种重大环境问题，包括对企业的微观环境和宏观环境的调查研究。因为这些因素将直接影响企业的生产能力和销售状况。

（3）销售额和市场费用分析。这种分析可通过不定期的专题调查来进行。最好使这种分析成为企业正式营销信息系统的一个组成部分。因为销售额和营销费用的分析资料是进行销售预测、编制营销计划不可或缺的依据。

（4）销售预测。销售预测是在前几个阶段的分析基础上做出的，它是计划编制程序中极其重要的一个步骤。通过这种预测，企业可以估计到整个行业的销售额及企业本身的销售额，是企业营销计划最直接而具体的依据，或者这种预测值也就是企业的计划指标数。

2. 确定市场机会

确定市场机会主要是对市场现状分析中所发现的各种问题做出解释。在企业面临的几种市场机会评价中，对消费者因素、经济因素和公共环境因素都要仔细考虑，从而分析本企业与竞争者相比，哪些方面处于优势，哪些方面处于劣势，哪些方面更能满足消费者要求，从而有针对性地制定相应的战略、策略和具体的营销方向。

3. 选择目标市场

经过市场现状分析和市场机会估计后，就可以确定几个可以开拓的目标市场。选择具体目标市场，则要取决于一系列因素的影响。如应考虑与目标市场相关的企业目标、目标市场的潜在机会、企业开拓此目标市场的能力如何等问题。另外，对目标市场的阐述必须一清二楚，使人容易辨认。如目标市场的地理位置、顾客人数、顾客的购买力、顾客的需求性质和强度等都应通过营销调研弄清楚。对竞争对手的情况也应有充分的估计。此外还应对每个目标市场的近期和长期销售潜力做出正确的判断。

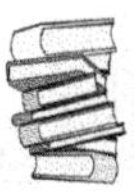

4．确定投资范围

虽然一个企业可以同时拥有几个有利的目标市场，但是每个企业的物力、财力等资源都是有一定限度的，所以企业都会十分注意如何将有限的资源使用在最恰当的目标市场上。在计划工作这一阶段，首先要根据所选择的目标市场情况，预计为开拓这些市场需要付出多大的物力、财力，然后与自己的投资能力相比较，看开拓哪些目标市场才能与自己的能力相称。一般来说，尤其应考虑财务上的牵制、生产能力的限制及人力资源的短缺这些限制因素。经过严密谨慎的权衡之后，才最后决定应如何把这些资源分配到最有利的目标市场中去。

5．拟定策略

结合企业的资源能力选定具体的目标市场后，企业计划人员便应拟定几个可供选择的营销策略，以便从中选出最佳的策略。一般来说，策略的拟定愈多愈好，这样可以增加策略的选择性。

6．选择最佳策略

这一阶段的主要任务，就是要从前阶段所提出的几个可供选择的策略中选出最可行的策略。这种选择，最直接的根据就是企业的营销目标。假如企业的主要营销目标是提高自己产品的市场占有率，那么在选择营销策略时，便应着重选择那些最有利于提高市场占有率的策略。

7．确定相应的市场营销因素组合

这一阶段是主要任务，就是根据前面所选定的最佳营销策略，进一步具体制订营销方案的细目。因为每一营销策略的贯彻，都是要通过与之相适应的营销因素组合完成。关于营销因素组合的各个策略，即产品策略、分销渠道策略、促销策略及定价策略，在编制营销计划的这一阶段，则应把这些一般性策略，结合特定企业的特定营销策略来加以考虑，并使其具体化。

8．综合制定市场营销计划

经过制订计划的前述步骤后，现在便可将前面几个阶段的情况分析、目标市场选择、策略选择等方案统一协调起来，写成正式的计划。营销计划经部门通过后，便应呈送企业最高领导审查、修订、批准。

9．审核批准计划

企业最高领导接到营销部门送来的营销计划后，就应结合其他职能部门的计划一起进行综合平衡，协调各部门的能力和任务，尽量使计划建立在可行的基础上，并能达到预期的经济效益。如发现各部门计划或营销计划本身有不协调之处，便应进行修订，直到满意之后才正式予以批准。

10．通报与执行

计划批准后，必须马上传达给执行部门的有关人员，具体研究贯彻执行的方案，并付诸实施。这种执行计划的行动方案大致包括如下步骤或内容：将达成目标的行动计划分为几个步骤；说明每一步骤之间的关系和顺序；每一步骤由谁负责；确定每一步骤所需的资源；每一步骤要花费多少时间；规定每一部分的完成期限。

另外，还应尽可能提供一些与营销计划有关的信息资料，如总体市场容量大概有多大，企业可能的占有率有多大，企业的预期销售量有多少，营销总费用大约多少，毛利有多少等。

11. 考核与调整

计划工作程序的最后一个步骤，就是对付诸实施的计划进行监督检查。因为在前几个阶段的工作中，会存在考虑不周的环节。加上市场瞬息万变，存在许多客观不可控的因素，因此计划在执行过程中很可能会出现一些障碍和偏差，这就要求在整个计划执行过程中，还必须同时进行必要的考核、监督和检查，通过信息反馈，判断所采取的计划行动是否有效。如发现不当或与原计划有脱节的地方，便应及时修正计划，或改变行动方案，以适应新的情况。

五、制订营销计划时需要考虑的问题

（1）制订市场营销计划需要掌握大量且真实准确的市场营销活动方面的信息。信息是有价值的信息或资料。市场营销活动中的信息主要来源于企业内部和外部。内部的信息是从企业的推销员、中高层管理人员和股东中获得的；外部信息是从顾客、经销商、代理商、竞争者以及官方中获得的。其中，无论是内部信息或外部信息都存在好坏之分。市场营销管理人员一定要学会收集和整理信息，把有用的和无用的信息区分开，对有用的信息进行处理，把准确全面的信息集中使用好，把残缺不全的信息保管好、补充上。

（2）制订市场营销计划应该符合企业的客观实际。在制订具体市场营销计划时，要考虑企业的特点、性质和能力，应该按企业的实际重点地制订计划。计划要描述企业的发展机会，并有一定的灵活性。

（3）市场营销计划目标应切实可行。营销人员决不可好高骛远，好大喜功，一定要在市场细分的基础上确定目标市场，实现产品定位。在制定目标和产品定位上，要考虑以下几点：目标的可衡量性，即目标能够被衡量；目标的可到达性，即通过努力目标可以实现；目标可盈利性，即目标有利可图；目标的可行性，即确定的目标具有可操作性。

（4）制订市场营销计划时一定客观地分析企业内外部的环境。企业营销管理人员要努力学会分析环境、利用环境和创造环境，善于分析和观察环境变化中的市场，在市场中找灵感、找需要，从而适应市场环境，满足市场要求，实现企业的价值，确保企业的发展。

（5）制订市场营销计划时，一定要反映出自己企业的特色服务或自创的品牌。服务是以无形的方式，在顾客与服务人员，有形资源产品或服务系统之间发生的，可以解决顾客问题的一种或一系列行为。品牌是一种名称符号，标记或标志，或是它们的组合运用，其目的是同竞争对手的产品和劳务区别开来。市场营销人员一定要学会用自己的服务和品牌创造价值，用特色服务和品牌战略展开营销活动，满足市场需求，实现企业目标。

10.1.2 市场营销组织结构

一、市场营销组织的概念

管理的实质在于使人们为了共同目标而有效的合作，因而管理离不开组织。组织的决策是市场营销管理的一项重要职能。市场营销组织就是对企业内部涉及营销活动的各个职能、部门及其互相关系的设计。

市场营销组织的任务就是在明确营销目标的基础上，根据人员、环境和任务的具体要求，进行工作任务的分类和相应部门、职务结构的设计，并通过组织内信息沟通、协调和配合，提高组织工作的效率，使整个市场营销组织结构成为一个严密而有活力的整体，以保证企业营销目标的顺利实现。

同步案例

耐克（Nike）公司成立于1964年，耐克是领导性的世界级品牌。当年奈特先生仅仅花35美元请一位学生设计的耐克弯钩标志如今价值超过100亿美元。耐克的成功之道是虚拟生产商业模式：以优良的产品设计和卓越的营销手法控制市场，而将生产环节外包。

耐克的董事长和首席执行官迈克帕克对未来充满自信，他的自信源于耐克的营销组织变革。2006年耐克品牌总裁Charlie Denson宣布耐克将进行营销组织和管理变革，以强化耐克品牌与新兴市场、核心产品以及消费者细分市场的联系。实施这一变革后，将使耐克从品牌创新为支撑的产品驱动型商业模式，转变为以消费者为中心的组织形式，通过对关键细分市场的全球品类管理，实现有效益的快速增长。耐克为此强化了四个地区运营中心，新设立了五个核心产品运营中心。四个地区运营中心是：美国、欧洲、亚太、中东及非洲，五个核心产品运营中心是：跑步运动、足球、篮球、男士训练、女士健康。这是一个矩阵式的管理，目标是把企业的资源向关键区域、核心产品集中，抓住企业最大的市场机会。正是采用这种协同矩阵的管理方式，耐克公司组建了一支专门的队伍，将公司足球用品市场的经营额从1994的4000万美元扩大到今天的15亿美元。

二、市场营销组织的类型

现代企业的市场营销部门，有各种组织形式，但组织形式的设计无不是围绕职能、地区、产品和市场四个方面加以考虑的。不论采用何种形式，都必须体现“以顾客为中心”的指导思想，才能使其发挥应有的作用。常见的营销组织类型有以下六种。

1. 职能型组织

职能型组织是最古老也是最常见的市场营销组织形式。如图10-1所示。其组织结构设计是按照营销职能划分企业的营销活动，继而设置对应的管理部门，在市场营

销副总经理领导下，在企业内部设立营销各专业领域的职能部门和职能主管，由他们各自负责具体的某一范围营销业务。市场营销主管领导负责协调各个市场营销职能科室、人员之间的关系。

这种组织形式的主要优点是：机构简单，分工明确，避免部门重叠。这种组织形式主要适用于品种单一、规模较小、市场地域范围集中、市场类型单一的企业。其缺点是：首先，可能缺少按产品或市场制定的完整计划，使得有些产品或市场被忽略；其次，各个职能部门之间为了争取更多预算，为了得到比其他部门更高的地位，相互之间进行竞争，市场营销副总经理可能经常处于调解纠纷的困扰之中。

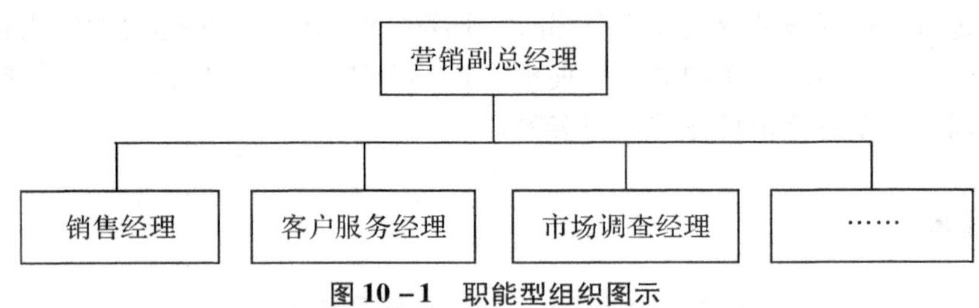

图 10－1　职能型组织图示

2. 地区型组织

地区型组织是按照目标市场地域的分散化程度划分企业的营销活动，继而设置对应的地区性综合营销管理部门，在地区营销经理领导下，进一步设立营销各专业领域的职能部门和职能主管，由他们各自负责具体的某一地区市场范围的营销业务。业务涉及全国甚至更大范围的企业，可以按照地理区域组织、管理销售人员。比如在推销部门设有中国市场经理，下有华东、华南、华北、西北、西南、东北等大区市场经理；每个大区市场经理的下面，按省、市、自治区设置区域市场经理；再往下，还可以设置若干市场经理和销售代表。如图 10－2 所示。

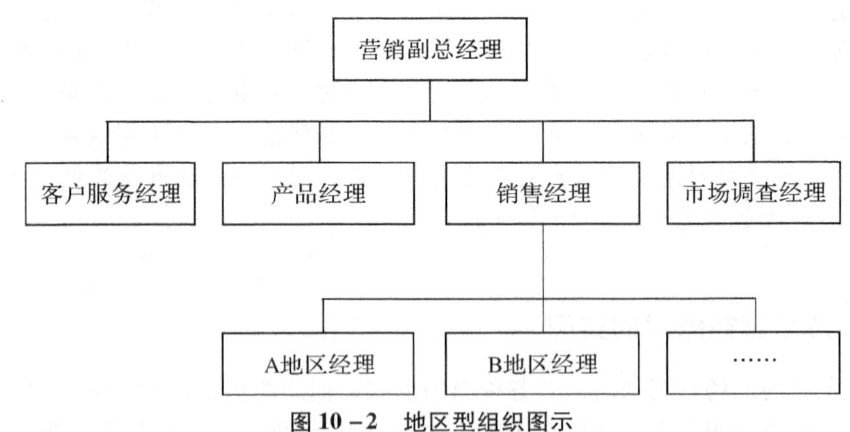

图 10－2　地区型组织图示

3. 产品型组织

生产多种产品或拥有多个品牌的企业，往往按产品或品牌建立市场营销组织。通常是在一名总经理的领导下，每类产品分设一名经理，每种具体品种再设经理，分层管理，如图 10－3 所示。在一个企业，如果经营的各种产品差别很大，产品的数量又

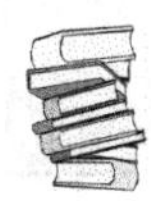

很多，超过了职能型组织所能控制的范围，就适合于建立产品型组织。

这种组织形式的优点是：有专门的部门专注某一产品的经营；有助于不同产品之间的合理竞争；有助于比较不同产品部门的业绩与贡献；也有助于培养“多面手”与“全面手”。这种组织形式的缺点是：企业需要更多的“全面手”管理某一产品的所有营销事务，显然有一定的难度；权力分散，会增加总部的监督成本；层次增加、职能机构重叠也会增加企业的营销成本。

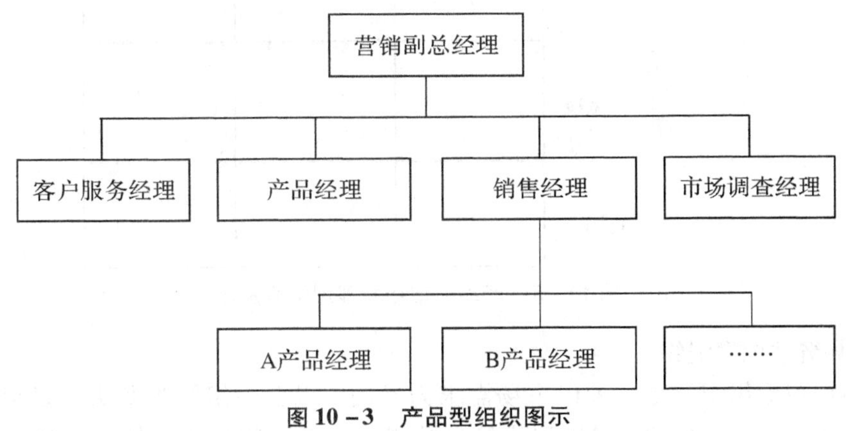

图 10－3　产品型组织图示

4. 市场型组织

如果市场能够按照顾客特有的购买习惯和偏好细分，则可以建立市场管理型组织，如图 10－4 所示。它同产品管理型组织相似，由一个总市场经理管辖若干细分市场经理。各个市场经理负责自己所辖市场的年度销售利润计划和长期销售利润计划。这种组织形式的主要优点是企业可以围绕特定消费者或用户的需要，开展一体化的市场营销活动，而不是把重点放在彼此隔离的产品或地区上面。

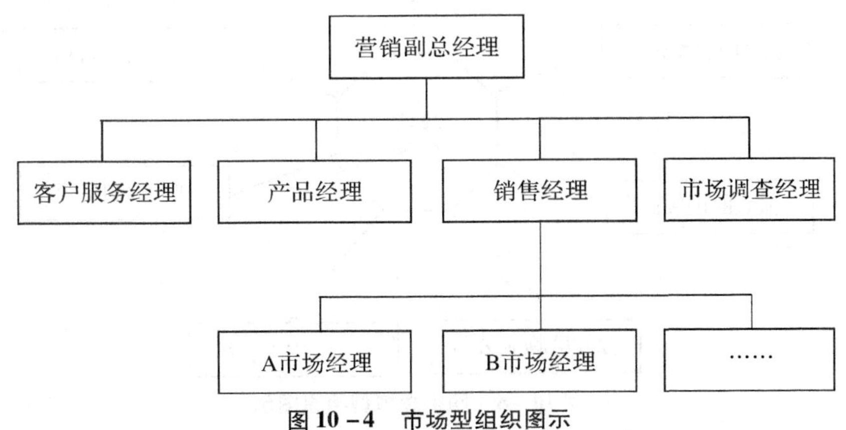

图 10－4　市场型组织图示

5. 产品—市场管理型组织

面向不同市场、生产多种产品的企业，在确定市场营销组织结构时，会建立一种既有产品经理、又有市场经理的矩阵组织。如图 10－5 所示。但是，矩阵组织的管理费用高，容易产生内部冲突。绝大多数大企业认为，只有相当重要的产品和市场，才

需要同时设产品经理和市场经理。也有的企业认为，管理费用高的潜在矛盾并不可怕，这种组织形式能够带来的效益，远远超过需要为它付出的代价。

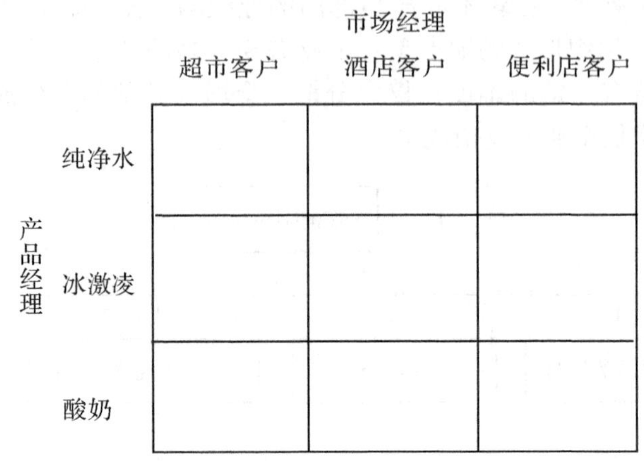

图 10－5　产品—市场管理型组织图示

6. **网络虚拟型组织**

网络虚拟型组织，是一种以市场需求为导向，以营销组织为龙头，以契约为联结纽带，以盈利为共同目的，借助现代信息技术，跨越空间约束，把互相独立的生产组织、广告公司、产品研发组织、物流配送组织、销售组织等联结在一起，把分布在不同企业的各种资源组织起来，去完成特定的营销任务的组织形式，如图 10－6 所示。其主要特点是：营销功能的集合性，组织地域的分散性，组织结构的非持久性。

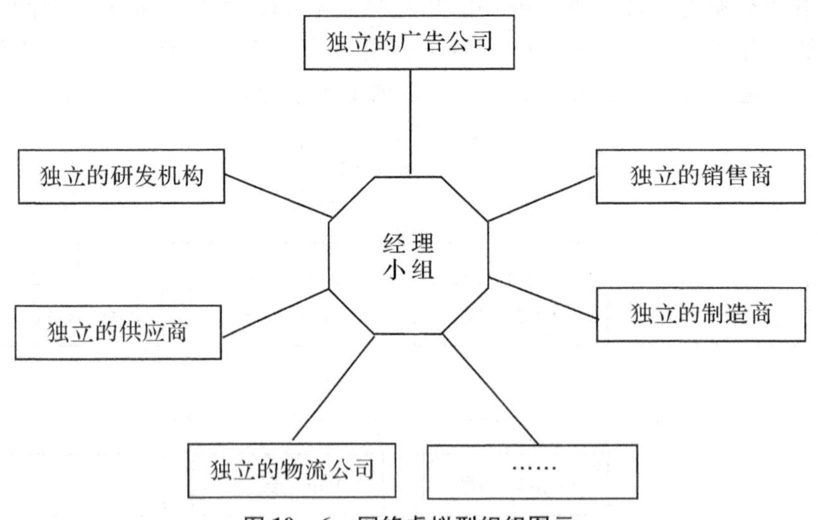

图 10－6　网络虚拟型组织图示

采用网络型结构的组织，它们所做的就是创设一个关系的网络，与独立的制造商、销售代理商及其他机构达成长期协作协议，使它们按照契约要求执行相应的生产经营功能。由于网络型组织的大部分活动都是外包、外协的，因此，公司的管理机构就只是一个精干的经理班子，负责监管公司内部开展的活动，同时协调和控制与外部协作

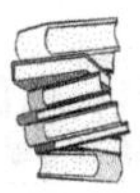

机构之间的关系。如，卡西欧是世界有名的制造手表和袖珍计算器的公司，却一直只是一家设计、营销和装配公司，在生产设施和销售渠道方面很少投资。

此六种市场营销组织类型比较如表 10－1 所示。

表 10－1　市场营销组织类型比较

类型	特点	优点	缺点	适用范围
职能型组织	最古老、最常见，按照营销职能设置的营销部门	机构简单、分工明确，避免部门重叠	缺乏按产品或市场制定的完整计划，部门冲突严重	产品品种单一，市场规模小，市场集中，市场单一的企业
地区型组织	按照地区细分市场设置地区型综合营销管理部门	专门的部门负责经营某一地区市场	加大基层部门管理制度，权力分散，层次增加，职能机构重叠增加企业营销成本	业务涉及全国甚至更大范围的企业
产品型组织	按产品或品牌建立市场营销组织	专门的部门专注经营某一产品，不同产品部门之间合理竞争	加大基层部门管理制度，权力分散，层次增加，职能机构重叠增加企业营销成本	经营多种产品或拥有多个品牌，产品品种关联度小且数量多的企业
市场型组织	按细分市场设置市场营销组织	企业可以围绕特定市场开展一体化的营销活动	加大基层部门管理制度，权力分散，层次增加，职能机构重叠增加企业营销成本	市场能够按顾客特有的购买习惯和偏好细分
产品—市场管理类型	建立横向产品管理、纵向市场管理的组织结构	综合产品型组织与市场型组织的优点	双重领导、管理成本高、权责不清、冲突多	面向不同市场、生产多种产品的企业
网络虚拟型组织	营销功能的集合性、地域上的分散性、组织结构的非永久性	风险分散，反应敏捷，资源互补，利益共享	缺乏持续性与稳定性	市场需求随机性强、变化速度快，行业技术更新快的企业

三、市场营销组织设计应考虑的因素

经济全球化、市场细分、技术进步和政府管制对企业的营销组织和营销活动提出了新要求，营销环境的变化使企业需要重组业务以适应新环境，需要设计与环境适应的营销组织来进行应对。任何一个市场营销组织都是在不断变化着的市场经济环境中运行的，必然要受这些环境因素的影响和制约。因此，市场营销组织必须根据这些环境因素设计与调整其组织结构与功能。

同步案例

好的市场营销计划，管理人员常会因为没有适当的组织结构支持而无法执行。某一时期适合的组织结构，过了一段时间后也许就不再适合了，家具零售店王经理对此有深刻的认识。1990年年初，王经理和妻子开了一家家具零售店，1995年家具店已发展到三家并成为国内几家品牌家具制造商的省级总代理。更令王经理兴奋的是，这几家品牌家具制造商准备将本省作为全国重点市场，并将开展系列营销宣传活动，这和王经理准备在省内增加家居连锁店数量的计划不谋而合。可是几家品牌家具制造商提出开连锁店不能沿用目前零售店的组织结构，否则就不会在本店投入宣传活动。

目前王经理的家具零售店的组织结构是以夫妇为中心，家具店的所有重大决策权都掌握在他们夫妇手中。在只有一家家具零售店时，这种形式运作得相当好，但是到开了几家家具连锁店时就不那么有效了。王经理夫妻俩也感到越来越难照顾周全各家连锁店。

认识到了问题，王经理决定重新设计组织结构：成立连锁总部，由王经理担任总经理，总部主要负责制定连锁店经营战略规划、分店指导、监管和统一采购工作。各连锁门店配备驻店经理，给各驻店经理放权实行独立核算制，驻店经理全面负责店内的日常经营和管理工作。新组织结构下的家居连锁店业绩增长迅速，年增长达20%。目前王经理的家具连锁店已成为省内最大的家具连锁店。

1. 环境因素

环境变化将对企业的营销战略产生重大影响。环境的影响主要来自一般环境与具体环境。环境对营销组织结构的影响主要表现在环境不确定性的影响。随着全球化竞争、产品创新越来越快及顾客需求不断的提升，营销管理者在进行营销组织结构设计时，应设计出在快速反应、灵活应对、精干改组等方面更能适应环境变化的市场营销组织。

2. 市场特点因素

市场是建立营销组织时应考虑的最主要的因素。企业所面临的市场由几个较大的、基本独立的目标市场组成时，常采用按目标市场（顾客）划分的营销组织；如果目标市场是按照地理因素细分而成，市场分布的地理特点比较明显时，地理因素成为划分企业销售人员业务区域的标准。当企业面临的市场规模较大时，营销组织相对要大一些，设计的专职人员和部门也要多一些；如果市场规模狭窄，销量有限，营销组织当然也不需要太大规模。

3. 企业规模因素

一般来说，企业规模越大，营销组织越复杂，职能划分越细，组织层次划分越多，营销事务越复杂，管理幅度也越小。小企业的营销组织，业务简单，往往只有一个或几个人进行营销管理活动。

4．产品类型因素

产品的类型也影响到营销组织的形式，尤其是在工作侧重上有所不同。产业用品倾向于人员推销的组织，消费品组织结构则重视广告、分销部门等。

5．企业所处行业和市场阶段

原材料加工企业的营销功能主要是物流、存储、运输；服务企业营销功能主要是同顾客的沟通和形象塑造。创业阶段的营销组织一般集权程度较高，进入规模化后则多采用分权制的组织结构。

营销组织结构设计是实现企业战略目标的重要步骤之一，营销组织结构设计应满足企业目标市场的需要，能提供满足消费者需求的产品、服务；能满足公司管理的需要，能保证组织决策的实施；能满足员工的需要，权利清晰，人际关系和谐，绩效考核清楚，激励富有吸引力。同时，只有根据环境的变化不断完善企业的营销组织，企业才能在不断变化的市场中取得辉煌的业绩。

10.1.3 市场营销控制体系

同步案例

麦当劳公司是家喻户晓的世界上最成功的餐饮零售企业之一，其食品质量上乘、价格低廉、供应迅速、环境优美，连锁店遍布世界各地。鉴于在快餐业中食品质量和服务水平是经营成功的关键，麦当劳公司在采取特许经营战略开辟分店和实现地域扩张时，制定了一套全面而周密的控制系统，对世界各地的连锁店进行管理和控制。

麦当劳公司主要通过授予特许经营权的方式来开辟连锁店，购买特许经营权的人成为该分店的所有者和经营者。麦当劳公司总是通过详细调查后才慎重地选择那些具有卓越经营管理才能的人作为店主，而且一旦事后发现其经营不符合要求就会撤回这一授权。精心挑选管理者是进行预防控制的基本方法之一。

麦当劳公司对制作汉堡包、炸土豆条、招待顾客和清理餐桌等工作都规定了详细的程序、规则和条例。麦当劳公司在芝加哥开办了专门的培训中心——汉堡包大学，要求所有的特许经营者在开业之前都必须接受为期一个月的强化培训，确保公司的规章条例得到准确的理解和贯彻执行。

为了确保所有特许经营连锁店都能按统一的要求开展活动，麦当劳公司总部的管理人员还经常出访，巡访世界各地的连锁店，进行直接的监督和控制。麦当劳公司还根据营业额、经营成本、利润等信息定期对各连锁店的经营业绩进行考评，以便把握各连锁店经营的动态和出现的问题，及时商讨和采取改进的对策。

一、市场营销控制的概念

执行和控制市场营销计划，是市场营销管理过程的重要步骤。由于在市场营销计划的执行中会出现许多意外情况，所以必须连续不断地控制各项市场营销活动。所谓市场营销控制，是指市场营销管理者经常检查市场营销计划的执行情况，看看计划与实际是否一致，如果不一致或没有完成计划，就要找出原因所在，并采取适当措施加以整改，以保证市场营销计划的完成。

二、市场营销控制的步骤

（1）确定控制对象。营销控制的内容多，范围广，在确定对哪些市场营销活动进行控制的同时，必须注意控制成本与控制活动所带来利益之间的关系。常见的控制内容为一些单项指标，如市场调查、推销人员的工作、消费者服务、新产品开发、广告等。

（2）建立衡量制度。对营销活动的效果进行检测的衡量尺度必须健全，形成一套测量尺度体系。

（3）确定控制标准。即对控制加以定量化，如某新产品在投入市场一年后，应使市场占有率达到8% ~10%，控制标准允许有一个波动范围。

（4）比较实绩。即将营销实绩与控制标准进行对比。

（5）分析偏差原因。即找出偏差是出自实施过程中的问题，还是计划本身的问题。例如，某推销员未完成访问次数，可能是由于在旅途中花费时间过多，这样就要改进访问路线；或由于定额标准过高，这时就要降低定额标准，保证每次访问的质量。

（6）采取改进措施。根据实际情况迅速制定补救措施，对计划加以改进，或适当调整某些营销计划目标。

上述营销控制步骤是一般性的，在具体执行中，不同类型的控制，其步骤也是有差异的。

三、市场营销控制的内容

1. 年度计划控制

任何企业都要制定年度计划，然而，年度市场营销计划的执行能否取得理想的成效，还需看控制工作进行的如何。年度计划的控制是市场营销控制的重点。所谓年度计划控制，是指企业在本年度内采取控制步骤，检查实际绩效与计划之间是否有偏差，并采取改进措施，以确保市场营销计划的实现与完成。许多企业每年都制定周密的计划，但执行的结果却往往与计划有一定的差距。事实上，计划的结果不仅取决于计划制定并付诸实施之后，搞好控制工作也是一项极其重要的任务。年度计划控制的主要目的在于：促使年度计划产生连续不断的推动力；控制的结果可以作为年终绩效评估的依据；发现企业潜在问题并及时予以妥善解决；高层管理人员可借此有效地监督各部门的工作。

综合国内外企业市场营销控制的基本做法，年度计划控制通常从以下四个方面展开。

（1）销售分析。销售分析就是对比、衡量和评估计划销售目标与实际销售之间的差距，找出产生缺口的各种原因。对比、衡量和评估主要有以下两种方法：

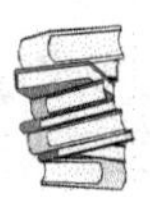

1）销售差异分析。用于衡量不同因素对造成销售差距的影响程度。

2）地区销售量分析。用于确定导致销售差距的具体地区。

（2）市场占有率分析。销售分析不能反映出企业在市场竞争中的地位，而市场占有率是基本的销售目标之一，其增减变化对销售量和利润水平均有较大影响，通过市场占有率分析可以揭示出企业同其竞争者在市场竞争中的相互关系。市场占有率分析要从多方面入手，例如，企业销售额增加了，可能是由于企业所处的整个经济环境的发展，也可能是因为其市场营销工作较其竞争者有相对改善。如果企业的市场占有率升高，表明企业的营销绩效的提高，在市场竞争中处于优势；如果企业的市场占有率下降，则说明企业营销绩效的下降，在竞争中失利。市场占有率分析一般采用三种不同的度量方法：

1）全部市场占有率。全部市场占有率是指企业的销售额（量）占行业销售额（量）的百分比。市场占有率通过销售额（量）计算，可以反映出企业间在争取顾客方面的竞争地位的变化。

2）目标市场占有率。目标市场占有率是指企业销售额（量）占其目标市场总销售额（量）的百分比。对于一个企业，可能有近100%的目标市场占有率，却只有相对较小百分比的全部市场占有率。企业一般很重视目标市场占有率，通过不断开发新产品或强化销售手段，以提高其在目标市场上的占有率。

3）相对市场占有率。相对市场占有率是指企业销售额（量）和几个最大竞争者的销售额（量）的百分比。

（3）市场营销费用分析。年度计划控制的任务之一，就是在保证实现销售目标的前提下，控制销售费用开支和营销费用的比率。在我国商业系统，营销费用被称为商品流通费用，营销费用率被称为商品流通费用率。

（4）顾客态度追踪分析。年度计划控制的衡量标准大多是以金额、数量或相对值为特征的，它们的作用很重要，但不充分，因为它们没有对市场营销的发展变化进行定性分析和描述。为此，企业应建立专门机构来追踪顾客、经销商以及市场营销系统其他参与者的态度，分析变化的原因、寻找调整措施。

顾客态度追踪分析，一般要做以下三方面的工作：

第一，建立听取意见制度。企业对来自顾客的书面的或口头的意见应该进行记录、分析，并做出适当的反应。对不同的意见应该分析归类汇编成册，对意见比较集中的问题要查出原因，加以根除。企业应该鼓励顾客提出批评和建议，使顾客经常有机会发表意见，从而收集到顾客对其产品和服务反映的完整资料。

第二，固定顾客样本。有些企业建立由一定代表性的顾客组成的固定顾客样本，定期地由企业通过电话访问或邮寄问卷了解其需求、意见和期望。这种做法有时比听取意见更能代表顾客态度的变换及其分布范围。

第三，顾客调查。企业定期让一组随机顾客回答一组标准化的调查问卷，其中问题包括职员态度、服务质量等。通过对这些问卷的分析，企业可及时发现问题，并及时予以纠正。

通过以上分析，企业发现营销实际与年度计划指标差距较大时，则必须采取调整措施：调整市场营销计划指标，使之更切合实际；调整市场营销策略，以利于实现计划指标。

2. 盈利能力控制

除了年度计划控制之外，企业还需要衡量不同产品、不同销售区域、不同顾客群体、不同渠道以及不同订货规模的获利能力。获利能力的大小，对市场营销组合决策有着直接关系。

（1）市场营销成本分析。市场营销成本是指与市场营销活动有关的各项费用支出。市场营销成本直接影响企业营销的利润。因此，企业不仅要控制销售额和市场占有率，亦要控制营销成本。市场营销成本主要包括如下内容：

1）直接推销费用。其包括直销人员的工资、奖金、差旅费、培训费、交际费等。

2）促销费用。其包括广告媒体成本、产品说明书、印刷费用、赠奖费用、展览会费用、促销人员工资等。

3）仓储费用。其包括租金、维护费、折旧、保险、包装费、存货成本等。

4）运输费用。其包括托运费用等。如果是自有运输工具，则要计算折扣、维护费、燃料费、牌照税、保险费、司机工资等。

5）其他市场营销费用。其包括市场营销管理人员的工资、办公费用等。

上述成本连同企业的生产成本构成了企业的总成本，直接影响企业经济效益。其中有些与销售额直接相关，称为直接费用；有些与销售额无直接关系，称为间接费用。有时二者也很难划分。

（2）盈利能力分析。获得利润是企业最重要的目标之一。企业盈利能力历来为市场营销管理人员所高度重视，因而盈利能力控制在市场营销管理中占有十分重要的地位。在对市场营销成本进行分析之后，就应考察以下盈利能力指标：

1）销售利润率。一般来说，企业将销售利润率作为评估企业获利能力的主要指标之一。

$$销售利润率 = 本期利润/销售额 \times 100\%$$

2）资产收益率。即本期利润与资产总额的比率，用公式表示为：

$$资产收益率 = 本期利润/资产总额 \times 100\%$$

3）净资产收益率。净资产是指总资产减去负债总额后的净值。这是衡量企业偿债后的剩余资产的受益率。

$$净资产收益率 = 税后利润/净资产平均余额 \times 100\%$$

4）资产管理效率。可以通过资产周转率、存货周转率来分析：

$$资产周转率 = 产品销售收入净额/资产平均占用额$$

该指标可以衡量企业全部投资的利用效率，资产周转率高，说明投资的利用率高。

$$存货周转率 = 产品销售成本/存货平均余额$$

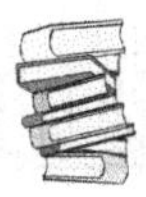

这项指标说明某一时刻内存货周转的次数，从而考核存货的流动性。存货平均余额一般取年初和年末余额的平均数。一般来说，存货周转率次数越高，说明存货水准越低，周转快，资金使用效率高。

3. 效率控制

假如盈利能力分析显示出企业关于某一产品、地区或市场所得的利润很差，那么紧接着下一个问题便是有没有高效率的方式来管理销售人员、广告、销售促进及分销。

(1) 销售人员效率。企业各地区的销售经理要记录本地区内表示销售人员效率的几项主要指标，这些指标包括：每个销售人员平均的销售访问次数；每次会晤的平均访问时间；每次销售访问预订购的百分比；每个期间新增加的顾客人数；每个期间流失的顾客数；销售成本对总销售额的百分比。

企业可以从以上分析中，发现一些非常重要的问题。例如，销售代表每天的访问次数是否太少，每次访问所花的时间是否太多，是否在招待上花费太多，每百次访问中是否签订了足够的订单，是否增加了足够的新顾客并且保留住原有的顾客。当企业开始正视销售人员效率的改善后，通常会取得很多实质性的改进。

同步案例

华为的销售人员除了在培训时打下了扎实的业务功底以外，还有提高工作效率、实现自我管理的一大法宝，即填写工作日志。市场部的销售人员每天工作结束前填写一次工作日志，在工作日志中必须详细记录当天的目标是什么、完成的情况如何。如果完成的顺利，有什么心得体会；如果没有完成既定目标，要仔细分析，找出原因。虽然工作日志在一定程度上加大了员工的工作量，但所起的作用非常巨大。

首先，让员工目标明确，工作日志实质上是将员工的工作目标具体化，将一个长远的目标细化到了每一天、每一个工作阶段，甚至是每个小时，明确每天、每个工作阶段的工作任务。填写工作日志会使工作更有针对性、目标更明确，利于员工加强自我管理。

其次，可以使员工迅速成长，华为的销售人员大部分都是刚出校门没多久的大学生，基本没有什么销售经验，而通过写工作日志，很多人都可以从中一目了然地看到自己当天的工作是否顺利完成，然后有针对性地找出解决的方法。这种做法，能使新员工很快地融入市场，迅速地获得提高。有目的的工作总结对于经验的积累具有极其重要的意义。

第三，能积极评价工作效果，主管领导可以通过工作日志随时了解市场一线员工的工作状态，评估工作成效。透过工作日志，领导还可以清晰地看到员工的成长轨迹，在员工欠缺的方面给予具体的帮助和指导。

(2) 广告效率。企业应该至少做好如下统计：每一媒体类型、每一媒体工具接触每千名购买者所花费的广告成本；顾客对每一媒体工具注意、联想和阅读的百分比；

顾客对广告内容和效果的意见；广告前后顾客对产品态度的变化情况；受广告刺激而引起的询问次数。

企业高层管理者可以采取若干步骤来改进广告效率，包括进行更加有效的产品定位、确定广告目标、利用电脑来帮助寻找较佳的媒体，以及进行广告后效果测定等。

（3）销售促进效率。为了改善销售促进的效率，企业管理者应该对每一销售促进的成本和对销售的影响做记录，注意做好如下统计：由于优惠而比同期销售增加的百分比；每一销售额的陈列成本；赠券收回的百分比；因示范而引起询问的次数。

（4）分销效率。分销效率主要是对企业存货水准、仓库位置及运输方式进行分析和改进，以达到最佳配置并寻找最佳运输方式和途径。

4．战略控制与市场营销审计

（1）战略控制。企业的市场营销战略是指企业根据自己的市场营销目标，在特定的环境中，按照总体的策划过程所拟定的可能采用的一连串行动方案。但是在复杂多变的市场营销环境中，原定的目标、战略、方案往往会失去作用，因此，企业市场营销管理者应采取一系列行动，使实际市场营销工作与原计划尽可能一致，在控制中通过不断评审和信息反馈，对战略不断修正。市场营销战略的控制既重要又难以准确。因为企业战略的成功是总体的和全局性的，战略控制必须注意的是控制未来，是还没有发生的事件，所以难度较大。同时战略控制需要注意以下方面：以市场为导向、以客户为中心的营销观念的有效性；公司营销战略和营销目标的实施情况；营销组织的适宜性；市场营销情报的质量；工作效率。

（2）市场营销审计。企业在进行战略控制时，可以运用市场营销审计这一重要工具。所谓市场营销审计，是对一个企业市场营销环境、目标、战略、组织、方法、程序和业务诸方面进行综合的、系统的、独立的和定期的审查，以便发现市场机会，寻找困难和问题所在，并提出改善营销工作的行动计划和建议，改进市场营销管理效果。市场营销审计实际上是在一定时期对企业全部市场营销业务进行总的效果评价。其特点是，不限于评价某一些问题，而是对全部活动进行评价。目前，国外越来越多的企业开始运用市场营销审计进行战略分析。

营销审计是一项复杂而细致的评估活动。其具体实施步骤是：第一，制订审计计划。在正式进行营销审计之前，应根据企业的审计目标、审计范围、审计深度、审计数据来源途径及时间安排等，制订一份审计计划。即确定由组织中的哪些人提供信息、由谁具体实施审计工作、审计工作人员的时间进度安排、需要审计的内容等。第二，搜集相关资料。根据审计计划和审计内容，有目的地向相关人员收集资料。审计人员既要向公司经理征询意见，也要访问顾客、经销商以及外界其他有关人士。第三，执行审计工作。实施具体的审计，按照审计内容对收集到的资料进行整体分析评价，得出审计结论。最后，提出调查报告和建议。报告应对营销审计中所发现的缺点与问题提出相应改进建议或纠正措施，且每一条建议都应该附上佐证材料。

同步案例

2003 年年初，我国一家大型机械公司审计处在对下属子公司进行的 2002 年年报审计中发现这样一个反常现象：子公司 2001 年、2002 年的商品销售收入分别为 4 563万元、5 323 万元，呈上升趋势；财务反映的废旧物资销售的数量分别是 863 吨、510 吨，废旧物资销售的收入分别是 78 万元、45 万元，呈下降趋势。正常情况下，生产过程中发生的边角料等废旧物资应该与生产规模同比例增长或下降，为什么财务数据反映的却是不正常的趋势呢？带着疑问，审计处对子公司物资处的废旧物资的回收、销售、收款等情况进行了重点审计。经审计，发现子公司物资处处长、综合室主任、仓库主任、废旧物资回收站站长等 4 人为了小团体的利益，擅自决定出售、截留废旧物资数量 81.5 吨，款额 91 200 元。截至审计时，他们已经将私自出售和截留的销售收入私分 50 605.80 元，同时擅自决定降价销售废旧物资，造成损失 1.4 万元。从审计结果看，这是一起严重的舞弊案件。

四、市场营销控制的方法

（1）跟踪控制。是指对系统进行全过程不间断的控制，如对战略规划决策、外部环境变化、新产品开发等控制。

（2）基准控制。是指确定某一指标作为衡量控制的基准，如对投资回收率、产品质量、资金周转、库存量等的控制。

（3）事后控制。是指将结果与期望进行比较，找出产生偏差的原因，总结经验和教训，便于调整未来的行动。

（4）集中控制和分散控制。集中控制是指由最高一级做出最后决策的制定和调整，起协调的作用。分散控制，是指控制权限分别由各级主管部门或职能部门分担，各部门在规定权限内独立行使职责。

（5）全面控制与分类控制。全面控制是指对某一活动的各个方面实施控制。如对企业战略目标、市场目标、竞争目标等的控制。分类控制是指将活动按其类别分别控制。例如，对市场销售地区、产品种类、销售渠道、销售部门等进行控制。

总之，市场营销控制的方法很多，企业在实际运用中，往往是根据控制的内容、对象、范围和要求的不同，使用相对应的方法，同时也可几种方法综合运用。

本节小结

营销计划是在分析企业面临的机会与威胁、优势与劣势的基础上，对市场营销的目标、营销策略、营销行动方案及其预算等方面内容的确定和控制，是企业开展营销活动的纲领性文件。

营销计划必须通过营销组织来实施。企业营销组织决策是企业营销管理者面临的重要决策之一。企业营销组织经历了从以“生产观念”为导向到以“为顾客服务”为核心的演变历程。企业营销部门组织形式主要有职能型组织、地区型组织、产品型组织、市场型组织、产品—市场管理型组织和网络虚拟型组织。

营销控制能保证营销计划的落实。其内容包括年度计划控制、盈利能力控制、效率控制和战略控制。

10.2 技能训练

10.2.1 基本练习

一、名词解释

1. 营销计划　2. 企业组织结构设计　3. 战略控制
4. 营销审计　5. 盈利能力分析

二、不定项选择题

1. 最常见的市场营销组织形式是（　　）。
   A. 职能型　B. 地区型
   C. 产品型　D. 市场型
2. 按时间跨度编制的营销计划有（　　）。
   A. 中长期营销计划　B. 年度营销计划
   C. 短期营销计划　D. 季度营销计划
3. 市场营销计划书的内容有（　　）。
   A. 市场机会与威胁分析　B. 营销目标确定
   C. 市场策略制定　D. 执行计划并进行控制
4. 市场营销控制的类型主要有（　　）。
   A. 年度营销计划控制　B. 盈利能力控制
   C. 战略控制　D. 目标控制
5. 市场营销控制的方法主要有（　　）。
   A. 跟踪控制　B. 事前控制
   C. 集中控制　D. 全面控制

三、判断题

1. 产品—市场型营销组织一般适用于大型企业或企业集团。（　　）

2. 分销效率控制主要是对企业存货水平、仓库位置及运输方式进行分析和改进。（　　）

3. 组织规模的大小是影响集权与分权的因素之一。规模越大，管理层次和管理部门越多，为了提高管理效率，集权程度就应高些。（　　）

4. 长期计划的期限一般在10年以上，主要是确定未来发展方向和奋斗目标的纲领性计划。（　　）

5. 市场营销控制是一个动态过程，发生在营销活动之后。（　　）

6. 战略控制的目的是确保企业目标、政策、战略和措施与市场营销环境相适应。（ ）

四、问答题

1. 市场营销组织结构设计主要影响因素有哪些？
2. 营销计划的分类有哪些？
3. 盈利能力控制一般分为几个步骤？
4. 营销审计具有哪些特征？包括哪些内容？

10.2.2 理论运用

案例1

明泉酒业的营销组织

明泉酒业集团公司是一家从事白酒生产和销售的企业，公司营销中心由营销总监李总负责，营销中心下设市场部、销售部，负责全国各地的营销工作。公司市场部由王经理负责，有产品经理5人，市场调研、广告宣传3人，内务人员2人；销售部由销售管理部、七个销售大区组成，有销售管理部经理1人，内务人员8人，销售大区经理7人，地区经理28人，销售业务员100人。市场部主要负责市场调研、市场研究、品牌建设、广告宣传等事宜，销售部主要负责全国各地产品销售、推广、促销工作。

问题：

1. 明泉酒业的营销组织属于哪种营销组织？
2. 明泉酒业营销组织有哪些优缺点？

案例2

销售量下降的原因

某大型家电集团下属的某洗衣机厂，1996～2006年其销售量一直是全国洗衣机市场前五位。但2007年，据全国大商场统计数字表明，其洗衣机市场占有率下降了20%，跌落全国前七位之后。经过调研，发现消费者反映的问题集中表现在对产品的售后服务不满意。主要原因是售后服务由各地经销商负责，但公司在各地的办事处工作消极也是售后服务不到位的原因之一。

原来，从2000年公司开始采取了绩效管理体系，用绩效考评办法刺激销量增长，营销人员为了获得公司高额奖励，全力实现当年销售目标。短期的突击使得2000年年底销售额增长较快，但与此同时重量轻质也导致了对渠道的管理与控制疏漏。在2000年获得较高的销售增长后，公司提高了销售指标设置的基数，但营销公司内部对绩效考核的标准不满，质疑标准的合理性，普遍认为营销公司的绩效标准高于生产部门与职能部门，其他职能部门上下级之间的考核却形同虚设。而制造部门也开始埋怨营销部门根本没有预测到市场的变化，导致制成品大量积压，造成资金周转困难、设备闲置率较高。2008年，由于洗衣机市场竞争变化以及渠道基础管理和售后服务工作不扎实，各地销售额大幅度滑坡。

问题：

1. 分析该企业2007年销售量下降的主要原因。
2. 结合营销控制的内容与方法，对该企业的绩效管理办法提出改进建议。

10.2.3 能力拓展实训

一、实训目的

1. 了解企业营销组织结构设计原则与流程。
2. 分析营销组织结构设计影响因素，选择营销组织结构模式。
3. 设计营销组织结构决策方案。

二、实训题目

五粮液集团有限公司是以五粮液及其系列酒的生产、销售为主，以生产经营精密塑胶制品、大中小高精尖注射器和冲压模具为辅，同时发展生物工程、药业工业、印刷业、电子器件产业、物流运输和相关服务业的具有深厚企业文化的现代化企业集团。

“五粮液酒”是浓香型白酒的杰出代表，以“香气悠久、口味醇厚、入口甘美、入喉净爽、各味协调、恰到好处、酒味全面”的独特风格闻名于世，五粮液集团公司也系统研制开发了五粮春、五粮神、五粮醇、长三角、两湖春、现代人、金六福、浏阳河、老作坊、京酒等几十种不同档次、不同口味，满足不同区域、不同文化背景、不同层次消费者需求的系列产品。同时，五粮液集团公司还以其开发的“仙林青梅果酒”和“亚洲干红”等优质产品来开拓国内外果酒市场。

塑胶制品和现代模具制造业务的发展使五粮液集团公司迅速地成长壮大起来。其在防伪瓶盖、PET原料及成型制品、塑胶管材等几大类产品的生产和销售上都取得了优异的业绩。特别是汽车模具、IT产业模具、家电产业模具等高精模具的设计、制造正在高速发展，并处于国内领先水平。

三、实训方案

1. 人员：5~7人组成小组，以小组为单位进行实训。
2. 时间：与第10章教学同步。
3. 步骤

（1）由指导教师介绍实训的目的和要求，调动学生实训操作的积极性。

（2）根据实训背景进行资料收集。

（3）撰写五粮液集团营销组织结构设计决策方案。

（4）每个小组提交word文档，并以PPT形式展示分析结果。

四、实训考核

1．组员自评：由小组成员自己评出个人成绩，参照表1－4。

2．组长评定：由小组长依据组员在实训过程中的贡献情况评定出所有组员的成绩，参照表1－5。

3．小组互评：由其他小组成员根据评价指标对展示小组的成果进行评价，参照表1－6。

4．指导教师评定：指导教师依据评价指标评出各小组成绩，参照表1－6。

参考文献

[1] 张利痒．顶尖销售这样做［M］．北京：北京大学出版社，2011．
[2] 侯丽敏．中国市场营销经理助理资格证书考试教材［M］．北京：电子工业出版社，2011．
[3] 石建立．市场调查实务［M］．北京：北京理工大学出版社，2011．
[4] 魏玉芝．市场营销实训项目教程［M］．北京：清华大学出版社，2010．
[5] 蔡瑞林，徐德力．客户关系管理实务［M］．北京：北京交通大学出版社，2010．
[6] 王丽丽．商务能力［M］．2 版．北京：中国商业出版社．2010．
[7] 张帆，齐斐．市场营销［M］．西安：西北工业大学出版社，2010．
[8] 孔繁正．营销综合管理［M］．北京：高等教育出版社，2010 年．
[9] 顾春梅．新编市场营销学［M］．杭州：浙江工商大学出版社，2009．
[10] 刘艳良，唐立强．市场营销基础［M］．北京：科学出版社，2009．
[11] 季辉．市场营销［M］．北京：科学出版社，2009．
[12] 张海英．企业营销实务［M］．北京：科学出版社，2009．
[13] 叶敏．市场营销原理与实践［M］．北京：国防工业出版社，2008．
[14] 张帆，齐斐．市场营销［M］．西安：西北工业大学出版社，2008．
[15] 孙金霞，方光罗．市场营销［M］．北京：电子工业出版社，2008．
[16] 胡正明．市场营销学［M］．济南：山东人民出版社，2008．
[17] 车慈慧．市场营销［M］．广州：广东高等教育出版社，2008．
[18] 吴勇．市场营销［M］．北京：高等教育出版社，2008．
[19] 科特勒．市场营销学原理［M］．11 版．北京：清华大学出版社，2007．
[20] 王妙．市场营销学教程［M］．上海：复旦大学出版社，2007．
[21] 张晋光，黄国辉．市场营销［M］．北京：机械工业出版社，2007．
[22] 李岩，黄业峰．市场营销学［M］．北京：科学出版社，2006．
[23] 李志敏，江孝东．市场营销学［M］．北京：中央广播电视大学出版社，2006．
[24] 张卫东．市场营销理论与实训［M］．北京：电子工业出版社，2006．
[25] 邱猛．如何制定市场竞争策略［M］．北京：北京大学出版社，2005．
[26] 菲利普·科特勒．营销管理［M］．11 版．梅清豪，译．上海：上海人民出版社，2003．
[27] 迈克·R. 所罗门，爱诺拉·W. 斯图加特．市场营销学［M］．王宝，来婷研，译．桂林：广西师范大学出版社，2003．
[28] 小卡尔·迈克丹尼尔．市场调研精要［M］．范秀成，等，译．北京：电子工业出版，2002．